Religiões, cultura e identidade

Tania Maria Sanches Minsky
Pablo Rodrigo Ferreira

Rua Clara Vendramin, 58 | Mossunguê | CEP 81200-170 | Curitiba | PR | Brasil
Fone: (41) 2106-4170 | www.intersaberes.com | editora@intersaberes.com

Conselho editorial Dr. Ivo José Both (presidente) | Dr. Alexandre Coutinho Pagliarini | Drª Elena Godoy | Dr. Neri dos Santos | Dr. Ulf Gregor Baranow ‖ *Editora-chefe* Lindsay Azambuja ‖ *Gerente editorial* Ariadne Nunes Wenger ‖ *Assistente editorial* Daniela Viroli Pereira Pinto ‖ *Edição de texto* Monique Francis Fagundes Gonçalves ‖ *Capa e projeto gráfico* Sílvio Gabriel Spannenberg (*design*) | Zvigo17 e simone tog/Shutterstock (imagens) ‖ *Diagramação* Querido Design ‖ *Designer responsável* Sílvio Gabriel Spannenberg ‖ *Iconografia* Maria Elisa Sonda | Regina Claudia Cruz Prestes

Dados Internacionais de Catalogação na Publicação (CIP)
(Câmara Brasileira do Livro, SP, Brasil)

Minsky, Tania Maria Sanches
    Religiões, cultura e identidade/Tania Maria Sanches Minsky, Pablo Rodrigo Ferreira. Curitiba: InterSaberes, 2022. (Série Panorama das Ciências da Religião)

    Bibliografia.
    ISBN 978-85-227-0329-6

    1. Deus 2. Religião – Filosofia 3. Religião – História 4. Religião e cultura I. Ferreira, Pablo Rodrigo. II. Título. III. Série.

21-75757   CDD-200.15

Índices para catálogo sistemático:
1. Ciências da religião   200.15

Cibele Maria Dias – Bibliotecária – CRB-8/9427

EDITORA AFILIADA

1ª edição, 2022.
Foi feito o depósito legal.
Informamos que é de inteira responsabilidade dos autores a emissão de conceitos.
Nenhuma parte desta publicação poderá ser reproduzida por qualquer meio ou forma sem a prévia autorização da Editora InterSaberes.
A violação dos direitos autorais é crime estabelecido na Lei n. 9.610/1998 e punido pelo art. 184 do Código Penal.

Religiões, cultura e identidade

SÉRIE PANORAMA DAS CIÊNCIAS DA RELIGIÃO

SUMÁRIO

8 | Apresentação
10 | Como aproveitar ao máximo este livro

14 | **1 Origem de Deus**
16 | 1.1 Conhecendo a origem de Deus
16 | 1.2 Definição de religião
23 | 1.3 Definição filosófica de religião
28 | 1.4 Religião no século XIX
32 | 1.5 Racionalismo e religião no século XIX
39 | 1.6 Religiosidade da diversidade do século XX

51 | **2 Construção histórica e sociocultural das religiões**
53 | 2.1 Origem das religiões
58 | 2.2 Religiões na história da humanidade
89 | 2.3 O fenômeno religioso como instrumento de transformação social e cultural

95 | **3 Língua, religião e diversidade: aspectos da identidade cultural**
97 | 3.1 Identidades culturais: conceitos e teorias
100 | 3.2 Língua, linguagem e cultura
114 | 3.2 Religião, religiosidade e identificação sociocultural
120 | 3.3 Diversidades religiosa, cultural e social
130 | 3.4 Religião, mídia e suas linguagens

137 | **4 Movimentos religiosos contemporâneos como movimentos globais de difusão da diversidade religiosa**
139 | 4.1 Religião
144 | 4.2 Seita
145 | 4.3 Culto
147 | 4.4 Igreja
149 | 4.5 Costumes, crenças e dogmas
151 | 4.6 Movimentos religiosos
153 | 4.7 Importância das religiões para a humanidade
156 | 4.8 Diversos tipos de religião
164 | 4.9 Movimentos religiosos contemporâneos
175 | 4.10 Diversidade religiosa e tolerância religiosa

180 | **5 Intolerância religiosa: liberdade de manifestação religiosa pelo mundo e no Brasil – busca pela identidade e proteção dos direitos**
182 | 5.1 Conflitos religiosos pelo mundo
199 | 5.2 Liberdade religiosa no Brasil e manifestações de intolerância
206 | 5.3 Intolerância religiosa e xenofobia
207 | 5.4 Religião e identidade
213 | 5.5 Proteção do direito à liberdade religiosa

228 | **6 Comunicação nas religiões, fé, mídia e tecnologia**
230 | 6.1 Conceituando diálogo inter-religioso
234 | 6.2 Diálogo inter-religioso: ações que transformam
240 | 6.3 Fé no século XXI
247 | 6.4 Mídia e religiões
252 | 6.5 Religião do século XXI: os influenciadores digitais religiosos
259 | 6.6 Tecnologia nas religiões

272 | Bibliografia comentada
275 | Considerações finais
277 | Referências
292 | Sobre os autores

APRESENTAÇÃO

Nas próximas páginas, vamos desvendar nossa história, a história da humanidade. Ao estudarmos as ciências da religião, é preciso imergir em fatos que construíram a narrativa histórica do ser humano em busca da verdade e do sagrado.

Nosso objetivo é propiciar uma compreensão ampla e crítica, que valorize cada vez mais a cultura da paz e do respeito à diversidade e o diálogo inter-religioso.

Percorrer os caminhos da história para identificar suas influências na cultura, na sociedade e na formação da identidade dos povos ganha um sentido relevante quando os significados são mais importantes do que a simples informação.

Esperamos que esse entendimento conduza o leitor à reflexão e à ressignificação de conceitos que porventura estejam revestidos de algum preconceito ou restrição.

Estudar ciências da religião, cultura e identidade deve proporcionar o exercício pleno da compreensão, da tolerância, do acolhimento e da sabedoria de quem entende o ser humano e aprendeu a utilizar os conhecimentos e as manifestações religiosas com toda sua diversidade de aspectos.

Esta obra está dividida em seis capítulos, começando pela origem, passando pela história e analisando a atualidade com base em dados estatísticos relevantes a respeito de eventos pelo mundo. Em todos os momentos, procuramos despertar a reflexão crítica acerca da diversidade e da contribuição das religiões para a cultura e formação das identidades.

Assim, devemos ter sempre em mente que "ciência" pressupõe investigação, busca constante, comparações e evidências. Para que isso realmente aconteça, é necessário que você pesquise além do que aqui oferecemos. Descubra em você seu lado cientista e não tenha limites para explorar o conhecimento.

COMO APROVEITAR AO MÁXIMO ESTE LIVRO

Empregamos nesta obra recursos que visam enriquecer seu aprendizado, facilitar a compreensão dos conteúdos e tornar a leitura mais dinâmica. Conheça a seguir cada uma dessas ferramentas e saiba como estão distribuídas no decorrer deste livro para bem aproveitá-las.

> **INTRODUÇÃO DO CAPÍTULO**
> Neste capítulo, evidenciaremos que estudar religiã[o]
> conexões com a história é uma tarefa difícil. A históri[a]
> mano sempre esteve atrelada a crenças, ao mítico – m[a]
> e acolhedor – mistério da fé e ao entendimento de qu[e]
> maior que rege e orienta nossa existência.
> Na tradição ocidental, está presente a influênci[a]
> greco-romanos e judaico-cristãos. A interação ent[re]
> religião se estabelece, inclusive, pelos registros deixad[os]
> povos, ou seja, a religião pode ser vista como mater[ial]
> Esse tipo de registro é denominado *herança cristã* ou *h*
> Anteriormente aos cristãos, os ritos e mitos também re[...]
> sobre as relações e vivências das culturas antigas.
> Nesse contexto, analisaremos quando e como a re[lação]
> a se relacionar com a história e como se transforma [...]
> neira científica de estudar as culturas e as identidad[es]
> Sob uma perspectiva cronológica, abordaremos a[...]

Introdução do capítulo
Logo na abertura do capítulo, informamos os temas de estudo e os objetivos de aprendizagem que serão nele abrangidos, fazendo considerações preliminares sobre as temáticas em foco.

> **CONTEÚDOS DO CAPÍTULO**
> - Origem de Deus.
> - Definição filosófica de religião.
> - Religião no século XIX.
> - Racionalismo e religião no século XIX.
> - Religiosidade da diversidade do século XX.
> - Implicações da modernidade para o conceito de r[eligião]
>
> **APÓS O ESTUDO DESTE CAPÍTULO, VOCÊ SERÁ CA[PAZ DE:]**
> 1. conceituar religião conforme suas várias concep[ções]
> 2. compreender as concepções sobre as religiões pela [visão] filosófica;
> 3. diferenciar as fases da religião no século XIX;
> 4. compreender o impacto da discussão entre rac[ionalismo e] religião no século XIX;
> 5. reconhecer a importância da discussão sobre rel[igião e] sua diversidade no século XX e XXI;
> 6. entender a relevância da cultura para a religião;

Conteúdos do capítulo
Logo na abertura do capítulo, relacionamos os conteúdos que nele serão abordados.

- Religião no século XIX.
- Racionalismo e religião no século XIX.
- Religiosidade da diversidade do século XX.
- Implicações da modernidade para o conceito

APÓS O ESTUDO DESTE CAPÍTULO, VOCÊ SERÁ
1. conceituar religião conforme suas várias conc
2. compreender as concepções sobre as religiões filosófica;
3. diferenciar as fases da religião no século XIX;
4. compreender o impacto da discussão entre religião no século XIX;
5. reconhecer a importância da discussão sobre sua diversidade no século XX e XXI;
6. entender a relevância da cultura para a religi
7. definir os avanços das concepções de religião

Após o estudo deste capítulo, você será capaz de:
Antes de iniciarmos nossa abordagem, listamos as habilidades trabalhadas no capítulo e os conhecimentos que você assimilará no decorrer do texto.

---

decreto que transformava o Brasil em um país la
D] Em 1980, em razão da modernização do Brasil, cessidade de se tornar um país laico, de modo q católica deixou de ser a principal do país.
Gabarito: C
Feedback da questão: Em 1890, a religião católi a religião principal do país, e a Igreja e o Estado uma íntima ligação. Nesses termos, em 1891, foi pr Decreto n. 119-A, que considerava o país como laico, autoridade federal, assim como aos Estados federa leis, regulamentos ou atos administrativos que estabe vetassem alguma religião e criar diferenças entre o do país ou nos serviços sustentados à custa do orç motivo de crenças, opiniões filosóficas ou religiosas (

Exercícios resolvidos
Nesta seção, você acompanhará passo a passo a resolução de alguns problemas complexos que envolvem os assuntos trabalhados no capítulo.

As condições dessas expressões de religiosidade racterística em comum: o reconhecimento do sagrad dência de poderes sobrenaturais.

O QUE É?
Sagrado: refere-se a Deus, a uma divindade, aos cu à religião. Vincula-se àquele que é digno de respeito espiritual, ou, ainda, àquele que sugere temor ou reve os que creem em um conjunto definido de ideias esp
Essa relação com o sobrenatural, geralmente, es formas de submissão cuja dependência se verifica existir um Criador da vida e de tudo que faz parte de
Também podemos afirmar que religião consiste (crença em Deus, em algum deus ou em deuses). Obse a seguir.

O que é
Nesta seção, destacamos definições e conceitos elementares para a compreensão dos tópicos do capítulo.

Perguntas & respostas
Nesta seção, respondemos a dúvidas frequentes relacionadas aos conteúdos do capítulo.

Exemplificando
Disponibilizamos, nesta seção, exemplos para ilustrar conceitos e operações descritos ao longo do capítulo a fim de demonstrar como as noções de análise podem ser aplicadas.

Para saber mais
Sugerimos a leitura de diferentes conteúdos digitais e impressos para que você aprofunde sua aprendizagem e siga buscando conhecimento.

Síntese
Ao final de cada capítulo, relacionamos as principais informações nele abordadas a fim de que você avalie as conclusões a que chegou, confirmando-as ou redefinindo-as.

Estudo de caso
Nesta seção, relatamos situações reais ou fictícias que articulam a perspectiva teórica e o contexto prático da área de conhecimento ou do campo profissional em foco com o propósito de levá-lo a analisar tais problemáticas e a buscar soluções.

Bibliografia comentada
Nesta seção, comentamos algumas obras de referência para o estudo dos temas examinados ao longo do livro.

ORIGEM DE DEUS

INTRODUÇÃO DO CAPÍTULO
Neste capítulo, evidenciaremos que estudar religião sem fazer conexões com a história é uma tarefa difícil. A história do ser humano sempre esteve atrelada a crenças, ao mítico – mas necessário e acolhedor – mistério da fé e ao entendimento de que existe algo maior que rege e orienta nossa existência.

Na tradição ocidental, está presente a influência de valores greco-romanos e judaico-cristãos. A interação entre história e religião se estabelece, inclusive, pelos registros deixados por alguns povos, ou seja, a religião pode ser vista como material histórico. Esse tipo de registro é denominado *herança cristã* ou *herança antiga*. Anteriormente aos cristãos, os ritos e mitos também revelam muito sobre as relações e vivências das culturas antigas.

Nesse contexto, analisaremos quando e como a religião passou a se relacionar com a história e como se transforma em uma maneira científica de estudar as culturas e as identidades dos povos. Sob uma perspectiva cronológica, abordaremos as mudanças ocorridas nas concepções de religião, resgatando o pensamento de vários filósofos, como Emanuel Kant e James Frazer, sobre o que é religião.

Conteúdos do capítulo
- Origem de Deus.
- Definição filosófica de religião.
- Religião no século XIX.
- Racionalismo e religião no século XIX.
- Religiosidade da diversidade do século XX.
- Implicações da modernidade para o conceito de religião.

Após o estudo deste capítulo, você será capaz de
1. conceituar religião conforme suas várias concepções;
2. compreender as concepções sobre as religiões pela perspectiva filosófica;
3. diferenciar as fases da religião no século XIX;
4. compreender o impacto da discussão entre racionalismo e religião no século XIX;
5. reconhecer a importância da discussão sobre religiosidade e sua diversidade no século XX e XXI;
6. entender a relevância da cultura para a religião;
7. definir os avanços das concepções de religião.

1.1 Conhecendo a origem de Deus

Ao longo da história das civilizações, Deus – ou, para determinados povos, alguém mítico e superior – foi entendido como um ser que cuida e pune, provê e amedronta, que é eterno e onipresente. Mais tarde, passou a ser considerado pelas religiões como um ser transcendente, isto é, como um ser superior.

Nas civilizações mais antigas, Deus era a denominação do senhor da Terra e do céu. Não havia, nessas sociedades, representações por imagens nem templos e sacerdotes. Acredita-se que essas representações simbólicas da religiosidade de um povo tiveram início no Período Neolítico, quando o homem deixou de ser nômade e passou a se estabelecer em locais fixos. Começou a surgir, então, a representação daquilo que é mítico e sobrenatural.

Nesse momento da história da humanidade, com o estabelecimento de grupos de forma geográfica, a ideia do ser divino adquiriu novas formas de representação, dando espaço para outros deuses e figuras sagradas. A partir disso, no decorrer da evolução humana, o monoteísmo passou a coexistir com o politeísmo, com as idolatrias e, mais tarde, com as percepções pagãs da religiosidade.

A origem das religiões é uma discussão antiga e conflitante. O único consenso é de que o homem, no decorrer da história, sempre recorreu à criação de deuses. Em períodos diferentes, tanto cultural quanto historicamente, Deus é representado de maneiras diversas. Contudo, na maioria dessas representações, é concebido como um ser que não pode ser visto.

1.2 Definição de religião

Primeiramente, cabe explicar que o termo *religião* deriva do latim *religio*, que quer dizer "fidelidade ao dever". Mesmo com significado claro e até mesmo óbvio quando contextualizado, a palavra *religião* é usada de distintas formas pelos estudiosos. Identifica-se a ausência de uniformidade para que o conceito seja universalmente aceito. Essa uniformidade está relacionada à semântica da palavra, que, em algumas línguas, pode ser interpretada de maneiras diferentes.

Para estruturar a religião em um tema a ser analisado por meio de um método, aceitou-se como ponto comum entre as diversas religiões que existem o reconhecimento de um ser superior, o qual é referenciado conforme diferentes expressões humanas frente ao divino, como orações e ritos.

Para iniciar os estudos sobre religião, destacamos a concepção formulada por Cícero, estadista romano (106 a.C.–43 a.C.), que representa a latinidade da influência filosófica no campo da religião, da metafísica e, inclusive, do estudo de uma divindade racional.

FIGURA 1.1 – Cícero

A racionalidade foi o embasamento para descrever e preconizar as leis naturais, as leis dos homens. Estabelecendo uma relação entre os termos *religio* e *relegere*, (do latim, "retomar o que foi abandonado"), Cícero apresenta as leis que deveriam reger os homens.

A análise do filósofo e professor de retórica romano Firmiano Lactâncio (240 d.C.–320 d.C.), que se converteu ao cristianismo e dedicou-se a estudá-lo e defendê-lo, retratava uma filosofia da religião em que a adoração a um único Deus, a boa conduta moral e a justiça conduziriam os homens à imortalidade da alma.

Para esse filósofo, o cristianismo combina os anseios do homem: a religião e a sabedoria verdadeira. Lactâncio ficou conhecido como o *Cícero cristão*, pois utilizava seus estudos para defender suas ideias. O filósofo romano afirmava que a palavra *religião* exercia sobre os homens poderes sobrenaturais que, na condição de autoridade, exigiam dos homens a realização ou não de determinadas ações.

Desse modo, a religião, era considerada uma orientação e forçava a realização de rituais e a permanência de crenças. O objetivo de Lactâncio era comprovar a relação entre o comportamento crente e a fé estabelecida com o cristianismo.

Aurélio Agostinho (354 d.C.–430 d.C.) propõe a reflexão do termo *religião* com base nos princípios do cristianismo. Aurélio teria relatado que ouvira uma voz misteriosa quando o Novo Testamento estava em suas mãos. A voz lhe teria dito: "Toma e lê". Nesse momento, ele teria se deparado com a mensagem de Romanos 13, versos 13 e 14, nas quais se prega a aversão a bebidas e orgias, ao ciúme e a todos os comportamentos imorais da época. Assim, Aurélio transformou-se em um convicto defensor da moral, que pregava a total conversão ao Senhor Jesus Cristo. Mais tarde, tornou-se bispo e, entre suas obras, destacam-se: *A cidade de Deus*; *As confissões*; *O Tratado da Graça*.

CURIOSIDADE

Aurélio Agostinho foi canonizado, tornando-se santo no ano de 1292, por intermédio do papa Bonifácio VIII, e foi considerado por muitos como doutor, Santo Padre da Igreja e filósofo. Como mencionado, uma de suas principais obras foi *A cidade de Deus*. Um dos motivos para Agostinho ter escrito esse livro foi sua vontade de eximir o cristianismo, após a tomada de Roma por Alarico, das acusações de causar a decadência do Império Romano. Na obra, Agostinho estabelece uma divisão entre o mundo dos homens e o mundo dos céus. Também aborda a origem e a essencialidade do bem e do mal, da culpa e da morte, do pecado, da lei, dos direitos e das penas.

Todas as obras de Aurélio Agostinho destacam as palavras *religio* e *religere* para definir o retorno de Deus à vida do homem. Logo, para o filósofo, *religião* significa recolocar Deus no centro das atenções do amor do homem. Assim, ele acreditava e defendia que a verdadeira felicidade se encontrava no distanciamento dos prazeres mundanos, para que, dessa forma, o homem pudesse encontrar a beatitude na união com Deus.

A definição de religião possibilitou ao homem viver de diferentes formas, tanto sentido moral quanto espiritual, em que somente os que alcançavam chamada *verdadeira religiosidade cristã* representavam o modo religioso de viver dentro de padrões espirituais. Esse modo estava ligado à crença ao Filho do Criador, ao entendimento do pecado e à adoração a Deus.

Após o breve resumo de como a palavra *religião* foi estruturada e das formas como foi representada no Império Greco-romano, agora veremos como esse termo é consensualmente utilizado nos dias de hoje.

Um dos autores que estudam como a religião é retratada na atualidade é Damião (2003, p. 23), que faz alguns apontamentos:

- a religião é um sistema de fé e de culto, como é o caso da fé cristã;
- a religião possui crenças e práticas organizadas, formando um sistema privado ou coletivo de pessoas influenciadas por outro grupo;
- a religião pode ser considerada uma instituição com um corpo autorizado de fiéis que se reúnem periodicamente para adoração a Deus, e que aceita as doutrinas pregadas;
- usa-se o termo de forma popular para referir-se a comprometimento e fidelidade em relação a algo. Por exemplo: "O trabalho dele é a sua religião".

A palavra *religião* também foi utilizada ao longo da história com propósitos específicos. Por exemplo, Karl Marx, importante socialista científico que propôs teorias sobre sociedade, economia e política, definiu *religião* como "ópio do povo", uma forma de mostrar sua capacidade de alienação, impedindo que as pessoas enxerguem a realidade para tomar decisões. Damião (2003, p. 28) destaca também:

> Os psicólogos, antropólogos e sociólogos com frequência expressam definições estreitas deste tipo. F. H. Bradley, psicólogo, apresentou uma definição desse tipo quando disse: "Penso que a religião é um sentimento fixo de medo, resignação, admiração ou aprovação sem importar qual seja o seu objeto, contanto que esse sentimento atinja certa tensão e seja qualificado por certo grau de reflexão (sendo estas algumas características principais das religiões primitivas.

Uma das definições de religião aponta para a representação da constatação da existência de determinado poder superior invisível; é uma convicção na respeitosa dependência em relação a esse poder nas condutas adotadas na vida. Essa convicção manifesta-se por intermédio de ações especiais, como ritos, orações, atos de misericórdia, etc., como expressões peculiares e como meios de cultivo de atitude religiosa.

Imprimindo outro sentido à religião, podemos, ainda, defini-la como um conjunto de crenças encarregadas de estabelecer relação de obediência e de regular a convivência entre o homem e as divindades.

Em comparação com outros temas controversos, como teologia, política e ética, segundo Damião (2003, p. 31), podem ser feitas as seguintes afirmações sobre a religião:

A Teologia é um estudo intelectual, sistemático e teórico, enquanto a religião se refere ao homem integral e sua prática de vida; a religião é a prática, enquanto a teologia é a teoria;

A política, como ciência humana, trata de assuntos deste mundo, enquanto a religião tem uma referência divina. Entretanto, o conceito político de uma pessoa religiosa naturalmente estará formado por seus conceitos religiosos e sua escala religiosa de valores;

A ética trata de uma maneira de viver e de se relacionar com as pessoas, e pode ser totalmente não teísta (doutrina que afirma a existência pessoal de Deus, e sua ação providencial no mundo), enquanto a religião inclui uma maneira de viver, mas se relaciona com o divino;

A cerimônia e o ritual em si mesmos são ações puramente externas, enquanto a religião é tanto externa quanto interna. A religião pode expressar-se em cerimônias e rituais, porém as cerimônias e rituais não expressam necessariamente algum grau de religiosidade;

Os esportes podem produzir muito entusiasmo a um nível humano. A religião pode produzir um entusiasmo e uma excitação emocional semelhantes, porém com uma referência divina.

Seja que os sentimentos fortes na religião, venham diretamente de Deus ou se originem ao menos em parte pela associação com outros sentimentos de semelhante convicção, de qualquer maneira se relacionam com a crença religiosa. Para um psicólogo, as emoções que experimentam nos esportes e na religião podem ser semelhantes, porém não se justifica a inclusão dos esportes na categoria de religião como fazem alguns. A semelhança é somente superficial, em um só nível, o humano, sem o divino.

Assim, concluímos que a religião envolve diferentes emoções. No entanto, todos esses sentimentos estão voltados à compreensão de um ser divino.

Exercício resolvido

Religião é também um conjunto de princípios, crenças e práticas de doutrinas religiosas, baseados em livros sagrados, que une seus seguidores em uma mesma comunidade moral chamada *Igreja*. A religião tem ligação com outros ramos de estudo. Considerando a relação que a religião estabelece com as demais áreas de estudo, analise as afirmações a seguir e assinale a alternativa correta.

A] A teologia aborda o desconhecimento; a religião, por sua vez, destina-se ao estudo do homem de forma integral, representando a prática.

B] A cerimônia e o ritual são ações puramente internas, nunca externas. Entretanto, a religião é tanto externa quanto interna, podendo expressar-se por meio das cerimônias e rituais, que, por sua vez, algumas vezes denotam certo grau de religiosidade.

C] Os esportes podem provocar muito entusiasmo aos seres humanos. A religião também pode gerar entusiasmo e excitação emocional semelhantes, porém com referência divina.

D] A ética trata da maneira de viver e de se relacionar com as pessoas e pode ser totalmente teísta, ao passo que a religião também envolve uma forma de viver, mas se relaciona com o divino.

Gabarito: C

***Feedback* do exercício**: A teologia é um estudo intelectual, sistemático e teórico, e não um retrato do desconhecimento, e a religião diz respeito ao homem integral e à sua prática de vida; a religião é a prática, e a teologia é a teoria; a cerimônia e o ritual são ações puramente externas, e não internas, mas a religião é tanto externa quanto interna. A religião pode expressar-se em cerimônias e rituais, mas cerimônias e rituais não expressam necessariamente algum grau de religiosidade. Os esportes podem provocar muito entusiasmo aos seres humanos. A religião pode gerar entusiasmo e excitação emocional semelhantes, porém com referência divina.

Como a religião aborda a relação do homem com uma divindade, o conhecimento dos demais ramos que têm ligação com ela é importante para que haja uma melhor compreensão.

1.3 Definição filosófica de religião

Muitas correntes filosóficas propõem definições para religião. A seguir, conheceremos filósofos que, por meio de seus estudos, conceberam formas de definir a religião baseadas em linhas de pensamento específicas.

Exercício resolvido

Diversos filósofos dedicaram-se ao estudo da religião, trazendo suas concepções de modo particular, pois as ideias dos indivíduos podem divergir, e cada uma pode ser um novo ponto de partida para outros estudos. Seguindo essa linha de raciocínio, analise as afirmações a seguir e assinale a alternativa que apresenta de forma **incorreta** uma concepção de religião:

A] J. Milton Yinger afirma que a religião tenta explicar algo para o qual não se conseguiu obter uma explicação.

B] Jacob Burckhardt descreve a religião como a moral em relação a Deus, em que Ele é apresentado ao ser humano unicamente por meio da razão, como legislador.
C] William James defende que a religião demonstra que Deus é o ser mais poderoso do universo e tem sua fonte em uma originalidade mental do ser humano.
D] Para Agostinho, a religião é una, portanto, no mundo só existe uma religião: a religião cristã.

Gabarito: B

Feedback **do exercício:** Jacob Burckhardt propõe que a religião relaciona-se às demonstrações da metafísica da natureza humana, eterna e indestrutível. William James afirma que Deus é o ser mais poderoso do universo e tem sua fonte em uma originalidade mental. J. Milton Yinger diz que a religião tenta explicar algo para o qual não se conseguiu obter uma explicação. E Agostinho defende que só existe uma religião no mundo: a religião cristã.

Analisando essa questão, em que foram apresentadas as concepções de alguns filósofos com relação à religião, podemos, agora, seguir para o estudo mais abrangente das definições de religião e das diferenças entre elas segundo os filósofos.

Emanuel Kant considera a religião como a moral em relação a Deus, em que Ele é apresentado ao ser humano unicamente por meio da razão, como legislador. Assim, representa o reconhecimento dos nossos como mandamentos divinos.

O filósofo **Ludwig Feuerbach** afirma que Deus é uma criação humana e que a religião consiste em um sonho da mente humana, negando que tenha sido Deus quem criou os homens.

Segundo **William James**, a fé religiosa de um homem consiste na existência de uma regra invisível de qualquer espécie, em que o enigma da disposição natural possa ser definido. Essencialmente, Deus deve ser entendido como o ser mais poderoso do universo, concebido sob a forma de uma originalidade mental. Ainda, considera a religião como um fenômeno real, cujo simbolismo remete a sentimentos e ações concretas, as quais não devem ser ignoradas pela ciência.

Para **James Frazer**, a religião corresponde a uma propiciação ou conciliação de poderes considerados superiores ao ser humano, uma vez que se acredita que dirigem e controlam o sentido da natureza e da vida humana.

Daniel Ernst Schleiermacher entende a religião como o sentimento de dependência absoluta em relação ao juiz invisível de nosso destino, sendo a relação do homem com o topo correspondente à intuição e ao sentimento do indivíduo. Ainda, afirma que a religião não se preocupa em conhecer e explicar o universo em sua natureza, pois seu desejo consciente é de estabelecer relações harmoniosas com o juiz invisível.

Emerson Giumbelli entende que a religião representa uma conformidade com a alma eterna e assegura que a religião corresponde à divindade dentro de nós tocando a divindade maior.

Na perspectiva de **Jacob Burckhardt**, a religião corresponde às demonstrações dos pedidos da metafísica da natureza humana, eterna e indestrutível. Sua grandeza está na complementação e na representação que o homem cria para si mesmo com base na religião, bem como no fato de que a religião representa toda a complementação supersensorial do homem, tudo aquilo que ele mesmo não pode providenciar. Ao mesmo tempo, a religião corresponde aos pensamentos de um grande e diferente plano, de todos os povos e culturas.

J. Milton Yinger concebe a religião como última resposta de adaptação e tentativa de esclarecer aquilo que, de outra maneira, não seria explicável; de retomar o vigor quando todas as outras forças se esgotam; de estabelecer o equilíbrio e a mansidão diante do mal e do sofrimento que outros esforços não foram capazes de eliminar.

Agostinho entende que há apenas uma única religião, a religião cristã, por meio da qual ele demonstra a presença de Deus de modo exterior a si, isto é, a presença do divino reside na verdadeira religião.

Podemos ainda considerar as diferenças de concepção de religião para os filósofos e para os sociólogos em geral. Assim,

- para os filósofos, a religião é uma condição de dependência do homem em relação a Deus, que, por meio de ritos e crenças, faz com que os fiéis respeitem regras;
- para os sociólogos, a religião constitui-se em uma instituição social, que faz com que pessoas interajam de acordo com suas *crenças* em torno de uma ideia.

A religião torna-se, então, uma forma de interação social, capaz de unir pessoas de diferentes raças, formando um elo por meio da crença em uma divindade.

Alguns sociólogos contemporâneos consideram a religião como uma ideologia político-social e, por isso, imprime seus princípios na definição de religião. De acordo com Damião (2003, p. 32),

> Religião é um serviço ou culto a Deus, ou a uma divindade qualquer, expresso por meio de ritos, preces e observância do que se considera mandamento divino. É um sentimento consciente de dependência ou submissão que liga a criatura humana ao Criador;
>
> É um culto externo ou interno prestado à divindade;
>
> É crença ou doutrina religiosa; sistema dogmático e moral;
>
> É veneração às coisas; crença, devoção, fé, piedade;
>
> É prática dos preceitos divinos ou revelados;

É temor de Deus;

É tudo que é considerado obrigação moral ou dever sagrado e indeclinável;

É ordem ou congregação religiosa;

É caráter sagrado ou virtude especial que se atribui a alguém ou a alguma coisa e pelo qual se lhe presta reverência;

É o conjunto de ritos e cerimônias sacrificiais ou não, ordenados para a manifestação do culto à divindade; cerimonial litúrgico.

A existência de crenças que ultrapassam a condição daquilo que pode ser real, manifestado também por expressões culturais, faz com que a presença de religiosidade seja confirmada. Tal fenômeno e descrição aplicam-se tanto para religiões de povos antigos quanto para as formas mais complexas de organizações religiosas.

As condições dessas expressões de religiosidade têm uma característica em comum: o reconhecimento do sagrado e a dependência de poderes sobrenaturais.

O QUE É?

Sagrado: refere-se a Deus, a uma divindade, aos cultos e rituais, à religião. Vincula-se àquele que é digno de respeito e de devoção espiritual, ou, ainda, àquele que sugere temor ou reverência entre os que creem em um conjunto definido de ideias espirituais.

Essa relação com o sobrenatural, geralmente, está atrelada a formas de submissão cuja dependência se verifica em razão de existir um Criador da vida e de tudo que faz parte dela.

Também podemos afirmar que religião consiste em "teísmo" (crença em Deus, em algum deus ou em deuses). Observe o quadro a seguir.

QUADRO 1.1 – Exemplos de teísmos

Henoteísmo	Culto a um único deus, com o reconhecimento, porém, de outros deuses.
Monoteísmo	Culto a um único Deus, com a negação de qualquer outro deus.
Politeísmo	Culto a diversos deuses.
Panteísmo	Culto a um deus considerado coincidente com o universo natural.
Panenteísmo	Culto a um deus considerado coincidente com o universo natural, professando, no entanto, a transcendência desse deus diante da natureza.

O teísmo expressa-se por diferentes exemplos, podendo haver a crença em um único ou em vários deuses, cada qual à sua maneira. Assim é concebida a religião em que diversas pessoas cultuam uma ou mais divindades de acordo com suas convicções.

1.4 Religião no século XIX

Em meados do século XIX, os estudos acadêmicos iniciaram suas pesquisas científicas sobre as religiões do Ocidente. O criador da metodologia comparada do estudo da religião foi o alemão Max Muller, importante cientista das religiões, orientalista e mitólogo. Além disso, Max foi o responsável pela tradução dos *Upanishads*, textos sagrados da cultura hindu.

Outro pesquisador contemporâneo que se dedicou ao tema foi o antropólogo britânico Burnett Tylor. Ele foi responsável por estruturar a teoria animista e aplicar o evolucionismo de Darwin para estudar religiões e culturas.

PERGUNTAS & RESPOSTAS

Burnett Tylor foi o responsável por estruturar a teoria animista. No que consiste esse teoria?
- A teoria animista corresponde a uma visão antropológica que identifica similaridades entre crenças diferentes e espiritualidade. Formulada em 1871, a teoria considera essa característica

fundamental para muitas religiões antigas, especialmente de culturas tribais indígenas.

O Ocidente, no século XIX, foi caracterizado pela explosão do cientificismo. Charles Darwin, com sua publicação *A origem das espécies*, protagonizou a ruptura definitiva entre o sistema de pensamento judaico-cristão e o sistema explicativo científico.

O Iluminismo e a Reforma Protestante corroboraram para o distanciamento entre ciência e religião no século XVIII e, principalmente, no XIX. Michel de Certeau (1994) escreveu que a Reforma Protestante enfraqueceu enormemente o poder da religião cristã, a qual, até então, era vista como a única forma legítima de explicar a existência da vida e de todos os seres.

Anteriormente à Reforma e ao Iluminismo, a religião e a política fundiam-se em um poder absoluto e, assim, a política, a ciência e a ordem social entravam em conflito.

Vivia-se, nesse momento, exatamente o contrário do que ocorrera no século XVII, quando cientistas propunham explicações de cunho religioso para os acontecimentos e fenômenos observados.

Foi no século XVIII, com o Iluminismo, que o distanciamento entre ideias religiosas e filósofos aumentou. O surgimento do deísmo (crença em uma inteligência divina ou ser supremo desvinculada de qualquer ritualismo ou dogma) e do ateísmo (negação de Deus) também ocorreu no final desse mesmo século, especialmente no Ocidente do Hemisfério Norte. É interessante mencionar, a esse respeito, que a Independência estadunidense (1776) foi liderada por deístas: Thomas Jefferson, Benjamin Franklin, James Madison, George Washington e Thomas Paine.

O deísmo surgiu, portanto, em meio ao processo de independência dos Estados Unidos. O deísmo, de acordo com Bellotti (2011), baseia-se na crença em uma inteligência máxima ou um ser supremo, criador do universo, com leis próprias, o que dispensaria a interferência e a revelação divina do cotidiano da criação. Portanto, o deísmo prescinde de uma religião institucionalizada para existir. Há relatos dessa concepção religiosa desde o século XV. No entanto, foi somente com o Iluminismo e sua crítica à Igreja Católica que o deísmo ganhou força política entre os intelectuais da época.

Dois fatores influenciaram e inspiraram as independências das colônias hispânicas nas Américas Central e do Sul: a Revolução Francesa (1789-1799) e o período napoleônico (1799-1815). Nessa época, não houve somente a perda de privilégios e propriedades da Igreja Católica, mas também de sua primazia sobre o sistema educacional. Esses fatores ajudam a entender as razões pelas quais o que denominamos *religião*, compreendendo a tradição ritualística, dogmática e institucional cristã (católica e protestante), perde espaço e poder na esfera pública ocidental. À luz do cientificismo, a religião transforma-se em um objeto de pesquisa a ser desenvolvido e analisado como qualquer outro fenômeno humano ou natural. Dessa maneira, para que o estudo científico da religião surgisse, foi necessário dessacralizá-la.

A Revolução Francesa foi um marco histórico que desencadeou diversos processos de independência e uma melhor compreensão da religião e de sua limitação. Em busca dessa limitação para a religião, foi promulgada a primeira emenda da Constituição americana, traçando uma separação entre a Igreja e o Estado. No entanto, a religião, principalmente a evangélica, decidiu se separar completamente da política, algo que ocorre ainda nos dias atuais.

Assim, para que fosse desenvolvido o estudo científico da religião, houve a necessidade de desmistificá-la. Entretanto, isso não quer dizer que ocorreu um completo afastamento entre concepções religiosas tradicionais do mundo ocidental e os procedimentos científicos no campo da etnologia e da antropologia (Bellotti, 2011). Dois grandes movimentos foram levados em consideração nesse período: o imperialismo e o evolucionismo. Sobre eles, é importante destacar:

- **Imperialismo** – dispôs de interesses por meio dos cientistas no que diz respeito a culturas consideradas primitivas ou exóticas. Da mesma maneira que Darwin desenvolveu uma explicação científica para a origem das espécies a fim de que pudesse compreender o funcionamento do mundo natural, estudiosos ingleses, franceses e alemães batalharam na investigação das origens da espécie humana, com a finalidade de explicar seus comportamentos e suas diferenças culturais e raciais.
- **Evolucionismo** – cientistas sociais estudaram o evolucionismo a partir da segunda metade do século XIX, com a finalidade de caracterizar o desenvolvimento humano sob um ponto de vista atemporal e a-histórico.

O QUE É?

Atemporal: aquilo que não pode ser controlado pelo tempo, ou, ainda, aquilo que não faz parte de um tempo determinado.

A-histórico: corresponde àquilo que não faz parte da história. Na linha de evolução da religião, Bellotti (2011, p. 18) aponta que

> Antropólogos e etnólogos como Müller, Tylor e James Frazer (O Ramo de Ouro, 1890), partiram de premissas evolucionistas para hierarquizar os povos e suas crenças religiosas: comumente encontram-se nesses trabalhos classificações que atribuem aos povos "primitivos" o domínio da magia e aos povos "civilizados" a presença da religião institucionalizada.

No mundo, os países evoluíram de maneiras distintas, e aqueles que se atrasaram no desenvolvimento da escada evolutiva nunca poderiam atingir o nível de organização religiosa dos países ocidentais europeus, já que não eram providos de verdadeira e complexa cultura.

1.5 Racionalismo e religião no século XIX

No século XIX, houve grande influência do imperialismo. As elites letradas da Europa tiveram contato com vários "outros", desencadeando uma grande discussão acadêmica acerca da definição de cultura.

Com relação à cultura, cabe ressaltar que os povos primitivos não a detinham, pois não haviam desenvolvido instrumentos de dominação da natureza.

Mathews (2002) aponta que a tradição inglesa da "cultura e civilização" considerava *cultura* a produção das faculdades humanas superiores, proporcionada pelo desenvolvimento das artes e dos estudos científicos. Isto é, a cultura seria identificada com a alta cultura, sendo distanciada e superior a uma presumida baixa cultura, preponderante nos meios populares como competição grosseira com a alta cultura. Ficou, então, estabelecido que um povo que não detivesse ciência, da maneira como era definida pelos europeus, não teria cultura. A religião era vista, portanto, como inferior à ciência, mas, mesmo assim, corresponderia a um sinal de evolução cultural ao ser comparada com a presença de elementos ditos "mágicos".

De modo geral, devemos ressaltar que esse debate foi muito além do exposto aqui. Grande parte dos estudiosos de religiões dedicou-se à busca pelas origens do sentimento ou da prática religiosa, identificando diferenças entre religião e magia.

A distinção entre religião e magia consistia, de acordo com Bellotti (2011), em:

- **Religião** – compreende uma organização social e hierárquica múltipla de rituais e crenças, sendo espelhada na experiência cristão europeia e estadunidense e na tradição judaico-cristã, patriarcal e monoteísta.
- **Magia** – consiste em uma maneira infantil e simples de ter acesso às divindades, identificadas com elementos da natureza, sem hierarquização e dependentes da figura de um chefe que induz ao contato com as entidades naturais.

Essa caracterização da evolução da religião, que concedeu valor às formas religiosas dos primeiros povos do mundo em relação aos povos civilizados, não ponderava os fatores históricos envolvidos no vínculo entre práticas religiosas e crenças e suas aplicações sociais.

É necessário, ainda, lembrar que a magia foi uma categoria elaborada no contexto religioso ocidental cristão, caracterizada pela Igreja Católica de modo exageradamente negativa durante a Idade Média e a Idade Moderna, principalmente com a atuação da Inquisição. Assim, para que esse termo possa ser utilizado tal como foi pensado em sua concepção no século XIX, deve conceituar as práticas religiosas dos povos não ocidentais sem a indagação problemática, que constitui um erro de cronologia, além da já mencionada interiorização dos países não ocidentais. No entanto, com base nas considerações feitas sobre a visão acerca das religiões, foi possível reconhecer a religião como uma instância independente, que deve ser investigada com uma metodologia comparativa.

O QUE É?

Inquisição: corresponde a um tribunal que foi criado e dirigido pela Igreja Católica Romana, responsável pelo julgamento de todos que eram considerados uma ameaça às doutrinas católicas.

Massenzio (2005) relata que, nos primeiros anos do século XX, Bronislaw Malinowki, antropólogo, conceituou o termo *cultura* como um conjunto de bens, instrumentos, hábitos corporais ou intelectuais e costumes que se destinam à satisfação das necessidades humanas. Por esse motivo, todos os elementos da cultura seriam funcionais, o que explica a denominação *funcionalismo* para essa concepção antropológica. Massenzio (2005) ainda explica que toda sociedade desenvolve conhecimento científico para sobreviver à natureza; assim, a magia, a ciência e a religião estariam presentes desde o início da cultura. Nesse sentido, podemos dizer que a religião seria uma resposta à necessidade humana de confrontar diversas situações de crise no decorrer de sua vida, mas de forma especial na morte, pois a religião carrega a ideia de negação da destruição da pessoa representada pela morte, o que confere um sentido à morte e a outros tipos de crise: restabelecer a coesão social e apaziguar a dor.

EXEMPLIFICANDO

Para muitos, a morte é vista com o fim, como uma forma de destruição da pessoa. Assim, quem crê na religião guarda o sentido da morte como o começo de uma vida eterna, ou seja, o momento escolhido por Deus para levar a pessoa para perto de si, diminuindo, dessa forma, a dor daqueles que permanecem, que sabem, em razão de sua fé, que a pessoa que morreu partiu para a vida eterna ao lado de um ser sagrado.

Émile Durkheim, antropólogo e cientista político, em seu livro *As formas elementares da vida religiosa*, publicado em 1912, mostrou que os primeiros conjuntos de representação do mundo tinham sua origem na religiosidade, responsável por determinar as noções de:

- espaço;
- tempo;
- causalidade;
- número.

Essas noções constituem o arcabouço da inteligência humana. Mesmo considerando as sociedades primárias e as civilizadas como partes de uma mesma história, Durkheim afastou-se do evolucionismo quando considerou a religião como algo real, que reproduz sentimentos, pensamentos e necessidades reais. Dessa forma, ele considera que não existem falsas religiões, visto que todas são verdadeiras a seu modo, atendendo a certas condições da vida humana (Durkheim, 2001).

Massenzio (2005) comenta que o teólogo Rudolf Otto, em seu livro *O sagrado*, publicado em 1917, e também o historiador e filósofo Gerardus van der Leeuw, em seu livro *Fenomenologia da religião*, de 1933, reconheceram a proporção de sentimento e do irracional como parcela explicativa da religião. Os dois autores romperam com a concepção de evolucionismo e de etnocentrismo quando atribuíram à categoria do sagrado a essência da religião, estando ele presente em todas as formas religiosas.

Mesmo desvalorizados na atualidade, Otto e Leeuw foram os precursores de uma das ideias mais importantes sobre a experiência religiosa, constatando que a dimensão subjetiva nem sempre depende de argumentos racionais e funcionais, ainda mais considerando o aumento da autonomia religiosa individual no decorrer do século XX.

Outro importante nome da fenomenologia é Mircea Eliade, filósofo e historiador. Suas obras foram traduzidas para o português, transformando-o em um nome consideravelmente conhecido pelos acadêmicos, também por leigos que se interessam por religião no mundo. As obras mais importantes de Eliade são: *Tratado de história das religiões*, publicado em 1949; e *O sagrado e o profano: a natureza da religião*, de 1959.

Em suas obras, Eliade analisa o sagrado e o profano em diversas culturas religiosas, afirmando que, nas sociedades arcaicas e tradicionais, haveria uma procura pela experiência sagrada, responsável pela consagração de momentos profanos ou corriqueiros. Nessa concepção, é autêntico e real somente o que é revestido daquilo que é sacro, e o cotidiano é ilusório, efêmero, privado de valor.

> O homem histórico, das sociedades desenvolvidas, estaria dividido entre a resistência ao sagrado e a impossibilidade de renunciar a ele totalmente. Uma das questões fundamentais de Eliade foi investigar o lugar específico da religião, seja nas sociedades antigas, seja nas sociedades contemporâneas. Para isso, lançou mão do método comparativo para investigar as manifestações do sagrado – as hierofanias –, única forma pela qual ele se faria conhecer. (Bellotti, 2011, p. 21)

Mesmo realizando pesquisas significativas sobre religião, Eliade recebeu diversas críticas pela corrente de historiadores da Escola Italiana de Religiões, desenvolvida no início do século XX de forma paralela aos trabalhos de Leeuw e Eliade.

Massenzio (2005) reavivou o debate existente entre Pettazzoni e Eliade sobre a religião na sociedade. No entanto, em sua obra, fez pouca referência a Eliade, destinando-se a expor a concepção dos dois grandes expoentes da escola italiana: Pettazzoni e Martino. Ambos os estudiosos italianos expõem que a fenomenologia, de modo geral, considera o sagrado e o profano como um relato real das sociedades humanas, responsável por manifestar a essência de um homem religioso que está supostamente presente em todos os homens.

É importante ressaltar as considerações de Pettazzoni, as quais, segundo Hunt (1995), foram elaboradas por volta dos anos 1920 e 1950 e criaram uma abordagem histórico-cultural que cada vez é mais adotada nas universidades. Em sua obra, Pettazzoni problematizou de modo complexo o conceito de religião, reconhecendo que sua origem advém do contexto ocidental judaico-cristão, especialmente após a cristianização iniciada no período do Império Romano.

Assim, a religião caracteriza-se pela religação entre um Deus único e o ser humano, retirado de Gênesis, que retrata a criação do mundo, do ser humano e do momento quando Eva comeu a maçã e, assim, rompeu com o divino.

Em consonância com os diversos sistemas que foram considerados religiosos, a escola italiana, fundada por Pettazzoni, intercedeu pelo rompimento da visão que valorizava demasiadamente os valores europeus sobre a religião, tendo o cuidado de poupar a simples reunião descritiva de crenças religiosas.

Podemos, então, assinalar como principal elemento para Pettazzoni a historicidade da experiência religiosa. Isso quer dizer que "toda religião é produto histórico, culturalmente condicionado pelo contexto, e, por sua vez, capaz de condicionar o próprio contexto em que opera" (Massenzio, 2005, p. 149).

> A História de qualquer povo se opera no cotidiano, esfera elogiada e reconhecida por Pettazzoni em contraposição ao menosprezo ao cotidiano conferido por Eliade. O âmbito da religião para o italiano estaria nos fatos extraordinários da vida (situações-limite como a caça, a guerra e a morte), mas também poderia se dar no cotidiano, no "mundo da norma", considerando o sagrado e o profano enquanto criações históricas (e não essenciais ao ser humano), que assumiriam pesos diferentes conforme contextos históricos específicos. (Bellotti, 2011, p. 22)

O embate entre sagrado e o profano foi debatido por vários anos, tendo em vista que o sagrado, a religião, o profano, a máfia e todos os outros conceitos que têm relação com eles são originários da tradição judaico-cristã e têm suas raízes nas histórias europeias da cristandade.

Outro historiador importante foi Angelo Brelich. Ele sugeria um procedimento de conciliação entre as várias culturas e a formulação de uma chave teórica para a compreensão da religião. Um ponto comum entre as manifestações religiosas conhecidas como *crenças* é que elas tinham função controladora e serviam para conferir sentido à morte, à vida, aos seres humanos, às contingências e aos seres sobre-humanos.

Brelich utilizou um método de comparação intercultural fundamentado no pressuposto de que todos os homens tiveram cultura e que essas culturas seriam interdependentes:

> a peculiaridade de um sistema religioso deve ser entendida, portanto, como o produto da capacidade de um determinado grupo humano de remodelar, inovar ou até mesmo de revolucionar tanto a base preexistente, que pode ser posta em relação àquilo que foi definido como "patrimônio comum", quanto ao fruto das relações, diretas ou mediadas, instauradas no curso da história com outros grupos humanos. (Massenzio, 2005, p. 184)

É pontuado por Bellotti (2011) que essa visão sobre a cultura, cada vez mais propícia para o "outro" não ocidental, fortalece não apenas uma tendência iniciada pelos estudos antropológicos críticos ao evolucionismo, mas também caminha paralelamente a um reconhecimento da diversidade cultural aberta, tendo seu início nos anos 1960 dentro e fora das academias europeias e estadunidenses, com a luta pelos direitos civis, o movimento feminista, as políticas de identidades, o multiculturalismo e os estudos pós-coloniais.

O historiador Agonlin (2005) afirma que o questionamento lançado pela escola italiana a respeito da visão que exalta demasiadamente os valores da Europa e os cristãos, predominante em parcela dos estudos de religião, não considera um desinteresse em relação ao Ocidente, mas sim reconsidera os valores do patrimônio cultural de maneira crítica.

1.6 Religiosidade da diversidade do século XX

Com as inovações trazidas pelo que foi chamado de *secularização*, que teve início no século XIX na Europa e nos Estados Unidos, foi constatada uma tendência desse fenômeno nas elites liberais no mundo ocidental, mesmo que em ritmos diversos.

No Brasil, até meados de 1891, ainda existia uma ligação entre a Igreja e o Estado, sendo promulgado em 1890 o Decreto n. 119-A, que considerou o país laico:

> Art. 1º É proibido à autoridade federal, assim como à dos Estados federados, expedir leis, regulamentos, ou atos administrativos, estabelecendo alguma religião, ou vedando-a, e criar diferenças entre os habitantes do país, ou nos serviços sustentados à custa do orçamento, por motivo de crenças, ou opiniões filosóficas ou religiosas. (Brasil, 1890)

Mesmo após esse decreto, a Igreja ainda continuou a exercer influência cultural e política até o século XX no Brasil. Assim, no Ocidente, o fenômeno da secularização obteve maior visibilidade no decorrer do século XX, contribuindo para uma tendência de afastamento maior entre os indivíduos e as instituições religiosas. Não podemos dizer que houve um resfriamento da religião, mas sim um fortalecimento da autonomia das pessoas no que diz respeito às suas escolhas religiosas.

Com a promulgação da Constituição Federal em 1988, a chamada *Constituição Cidadã*, o Brasil obteve grande avanço no cenário social, pois esta garante que todos são iguais perante a lei, além de prever inúmeros outros direitos fundamentais (Brasil, 1988).

EXERCÍCIOS RESOLVIDOS

Em vista das inúmeras religiões existentes no Brasil, qual foi o marco histórico que tornou o país um Estado laico?

A) A Constituição de 1964, que definiu o Brasil como um país laico, e o catolicismo passou a não ser a religião oficial do país.

B) A Constituição de 1988, a Constituição Cidadã, foi o marco que deixou de considerar a religião católica como religião oficial, tornando, assim, o Brasil um país laico.

C) Visando à igualdade de religião, visto que, no Brasil, inúmeras religiões avançavam, houve, em 1891, a promulgação de um decreto que transformava o Brasil em um país laico.

D) Em 1980, em razão da modernização do Brasil, surgiu a necessidade de se tornar um país laico, de modo que a religião católica deixou de ser a principal do país.

Gabarito: C

***Feedback* da questão**: Em 1890, a religião católica ainda era a religião principal do país, e a Igreja e o Estado mantinham uma íntima ligação. Nesses termos, em 1891, foi promulgado o Decreto n. 119-A, que considerava o país como laico, proibindo à autoridade federal, assim como aos Estados federados, expedir leis, regulamentos ou atos administrativos que estabelecessem ou vetassem alguma religião e criar diferenças entre os habitantes do país ou nos serviços sustentados à custa do orçamento, por motivo de crenças, opiniões filosóficas ou religiosas (Brasil, 1890).

Podemos perceber a mudança ocorrida na sociedade com relação à religião. Foi realizada uma entrevista na qual uma das participantes, chamada Sheila, ao ser indagada sobre suas crenças religiosas, respondeu, segundo Pierce (1985), que como era ela que determinada sua vida espiritual, estabeleceu que a religião que seguia era o sheilismo. Assim, em razão dessa resposta, a tendência de estudos das religiões ficou conhecida pelos americanos como *sheilismo*.

Outro importante fator que corroborou com a autonomia de escolha da religião foi a concorrência religiosa, com o surgimento:

- do espiritismo;
- da ciência cristã;
- de grupos de orientação apocalíptica, como mórmons, testemunhas de Jeová e adventistas;
- da fragmentação do protestantismo.

Essa concorrência de religião se acirrou no Brasil no século XX. No entanto, as religiões de origem africana, as correntes protestantes, os pentecostais e o espiritismo se posicionam desde o século XIX. É necessário destacar também que, no Brasil, mesmo a Igreja Católica tendo sido exclusiva no país durante os períodos colonial e imperial, houve uma acomodação dos católicos com relação à evangelização dos mais pobres, que representavam a maior parte da população.

Ressaltamos que a autonomia religiosa cresce à medida que o ser humano começa a obter mais informações, além da existência uma diversificada gama de opções e crenças religiosas. Essa obtenção de informações ocorre por intermédio da comunicação e das estratégias de propagandas que as diferentes religiões passaram a criar.

A indiferença em cultivar uma vida espiritual mais engajada foi agravada pela independência religiosa trazida pelos cristãos novos ao Brasil, seja pela irreligião de uns, seja pela postura crítica de outros quanto à autoridade religiosa institucional, tal como demonstrado por Anita Novinsky, especialista nos costumes dos criptojudeus do Brasil e da consciência judaica.

Com relação a essas propagandas, Pierce (1985, p. 23, tradução nossa) afirma:

> Ideias regem o mundo. Essa é uma nova ideia. Aplica-se em ensinar o pensamento antigo de que a união faz a força, e traz sentidos bem conhecidos na combinação que vastamente multiplica seu poder. [...] O mundo civilizado move-se rapidamente, e a verdade, o Cristianismo, a sabedoria em coisas sagradas, deve tomar a liderança. Essa união do pitoresco e do que é útil é um fator potente no progresso religioso, e seria uma alegria eterna introduzi-la em cada lar. E no apelo ao olhar e à audição consiste o mais alto desenvolvimento dos métodos de ensinar a verdade.

Conforme o mundo se desenvolve mais rapidamente, as informações seguem essa mudança, e as pessoas têm de se adaptar a elas. É assim que a religião toma proporção maiores em todos os cantos do mundo.

Seguindo essa linha, Laurence Moore, historiador, explica que a religião cristã americana precisava adaptar-se às mudanças que ocorriam na vida moderna, tal como elucidado no texto supracitado de Pierce (1985), que diz que o cristianismo precisa tomar a liderança.

No início dos tempos as pessoas também eram mais adeptas da religião. Mas, em meio a toda essa evolução, a religião foi ganhando competidores de atenção, como a ciência, os espetáculos, os entretenimentos e o consumismo, nas grandes e até mesmo nas pequenas metrópoles. Essa evolução ganhou uma proporção tão significativa que vários ministros evangélicos de diversas religiões começaram a se preocupar com as diversões públicas. Entre os séculos XIX e XX, houve um crescente aumento no número de igrejas protestantes utilizando cores diferentes em suas fachadas na tentativa de aderir ao modelo das lojas e das casas de espetáculos, tendo como finalidade atrair a atenção das pessoas.

As igrejas tentaram adaptar-se de diversas formas a esse novo mundo, repleto de coisas novas que, para eles, eram consideradas como desvio de atenção e que retiravam seus fiéis de dentro das igrejas. Foram diversas as propagandas e as tentativas de adaptação das igrejas a fim de atrair os fiéis.

Esse modelo de divulgação foi utilizado por diversos países, pois o desenvolvimento ocorria em todo o mundo, e não somente nos países estadunidenses. Esse modelo inspirou a circulação de bens simbólicos, do consumo, da cultura material de massa e das referências religiosas.

De modo a acentuar essa intensificação da circulação, no ano de 1970, houve a globalização cultural, responsável pela amplificação da cultura e pela permissão de mistura das diversas nacionalidades e culturas. Mas a pergunta que diversas pessoas fazem é: O que de exatamente circula pelos canais de divulgação midiática?

Bellotti (2011, p. 29) responde a essa pergunta:

> As informações religiosas disponíveis nas prateleiras do "supermercado cultural" muitas vezes são deslocadas de seus locais de produção, perdendo em parte sua força simbólica original. Por exemplo, o uso de vários crucifixos pela cantora Madonna no início de sua carreira como utensílios de moda nos anos 1980; o uso de imagens de santos em desfiles de moda; o uso do ritmo reggae (de origem religiosa rastafári) por grupos evangélicos contemporâneos, dentre outros exemplos. Ao invés de se considerar tal tendência como um suposto desvirtuamento da simbologia

religiosa, pode-se observar os diferentes sentidos de apropriação individual ou coletiva destes símbolos e discursos religiosos proporcionados pela circulação cultural.

No entanto, é problematizada a concepção de que as escolhas no supermercado cultural são autônomas e livres, pois as pessoas tendem a fazer sua escolha em concordância com as respectivas crença religiosa, classe, cidadania e etnia, bem como de acordo com todas as exigências de sua formação cultural, em um supermercado cultural que realiza vultuosas propagandas de determinadas escolhas e suprime outras.

Por toda essa análise do processo de evolução da religião, considerando-a em sua importância e levando em conta os pressupostos religiosos, que símbolos, práticas, crenças, hierarquias e organizações não são concebidos como formas essenciais e exclusivas, mas como criações do ser humano que constituem diferentes sentidos durante determinado tempo, sendo sua história um elemento essencial para a análise acadêmica.

Tendo em vista esse fato, podemos constatar que, para a compreensão da história das religiões, devemos ir além das instituições religiosas, devendo considerar que a religiosidade, há muito tempo, ultrapassou delimitações físicas e simbólicas dessas instituições. Por meio da análise da proposta da escola italiana de estudos da religião, elaboramos uma definição de religião como um conjunto de crenças e práticas que são relacionados aos seres sobre-humanos, podendo ser destacados os seguintes itens:

- Quando tratamos de religião como um conjunto de crenças e práticas, consideramos dois aspectos importantes: (1) as crenças coletivas e individuais; (2) as práticas como estabelecedoras de identidade.

- Com base na discussão acerca da autonomia religiosa, são mantidas as crenças religiosas tanto pelas instituições religiosas, responsáveis por assumir a função de autoridade e de guardiãs de teologias, doutrinas e dogmas, quanto em decorrência das pessoas que se apropriam dessas crenças no dia a dia, sendo capaz de fortalecer o sentido concebido pelas crenças familiares ou pelas instituições, bem como retrabalhá-lo e questioná-lo, especialmente nos tempos de crise e de decisão pessoal.

EXEMPLIFICANDO

Podemos analisar o exemplo vivenciado pela população brasileira: o repúdio da Igreja Católica pelo uso de preservativos, que apresenta essa visão em comunicados oficiais publicados pelo Conselho Nacional dos Bispos do Brasil. Entretanto, milhões de mulheres católicas desrespeitam esse rechaço da Igreja e também existem adeptos da religião que defendem o uso do preservativo e do planejamento familiar. Esse grupo é chamado de Católicos pelos Direitos de Decidir. Mesmo essas pessoas sendo contrárias à decisão da Igreja, elas se consideram católicas em virtude de suas devoções e de suas práticas.

Esse exemplo trata das regras estabelecidas pelas religiões, mas não só a religião católica estabelece um regramento. Cada religião tem suas particularidades e suas crenças, e cada fiel decide o que acha correto para sua vida.

Sabendo disso, não é missão do pesquisador julgar o caráter de determinada crença, dizer se ele é legítimo ou não, nem delimitar a consequência prática dos descumprimentos.

Desse modo, quando começamos a reconhecer as crenças e as práticas com relação aos seres sobre-humanos, podemos considerar como manifestações religiosas importantes a ser estudadas as manifestações individuais – como as religiosidades –; as atuações de grupos não institucionais – como as organizações paraeclesiásticas, os grupos de estudos e de orações, os novos movimentos religiosos, as correntes filosóficas, místicas e esotéricas –; as religiões com institucionalidade – como o protestantismo, o judaísmo, o catolicismo e o islamismo –; todas as diferentes subdivisões oficiais e não oficiais existentes no decorrer da história – como as ordens, missões e sociedades secretas –; e os canais de comunicação existente entre esses componentes – como meios de comunicação, política, artes.

> **PARA SABER MAIS**
>
> Leia o artigo publicado por Marianna Marimon, de 2017, em que ela faz uma visita à sede das Católicas pelo Direito de Decidir. Na ocasião, ela realiza uma entrevista com Regina Soares, que relata que, desde 1993, a ONG trabalha com o cruzamento entre religião e sexualidade, afirmando também sua ideia de que o catolicismo é um só, mas que existem vertentes diferentes. Disponível em: <https://www.cidadaocultura.com.br/feminismo-e-religiao-catolicas-pelo-direito-de-decidir-2/>. Acesso em: 22 set. 2021.

Sendo todos os objetivos descritos importantes para a análise histórica da religião, cabe perguntarmos qual seria a prioridade na pesquisa sobre as religiões e a religiosidade.

Novamente, o responsável por responder a essa pergunta é Bellotti (2011, p. 31), que diz:

> Pergunta semelhante foi lançada aos estudos históricos pelos teóricos "pós-modernos" e pelos seus respectivos críticos e o que observamos atualmente no campo histórico é uma ampliação de objetos, temas e abordagens que destituíram as grandes narrativas com o objetivo de introduzir a diversidade de olhares e experiências históricas, a fim de deslocar a agência da História do

sujeito universal eurocêntrico para outros povos e locais; para os diálogos e jogos de poder entre ocidentais e não ocidentais, entre homens e mulheres, entre adultos e crianças, entre cristãos e não cristãos, dentre tantas outras relações assimétricas que viraram objeto dos estudos históricos.

Com relação à cultura e deixando o conceito da antiguidade de lado, Stuart Hall (1997) propõe duas definições:

1. cultura como substantivo, isto é, como uma competência organizadora de atividades, relações sociais e instituições;
2. cultura como categoria crítica das formas de produção de conhecimento.

Assim, Hall (1997) constata que a maior disponibilidade e circulação de informações, produtos e propagandas culturais geram transformações no dia a dia e na forma como os seres humanos definem cultura, ou seja, o lugar real da cultura se refere à maneira com que ela adentra cada lugar da vida social contemporânea, fazendo disseminar ambientes secundários mediante o todo local. Esse movimento também é responsável por provocar um deslocamento da cultura no cotidiano, ou seja, comportamentos contrários à globalização e à homogeneização de indicações culturais no dia a dia, assim como os nacionalismos e os fundamentalismos.

Desse modo, é possível concluir que a cultura não corresponde a uma instância distanciada do social, ela consiste em uma determinante de ações sociais, pois atribui sentido às relações sociais, às identidades sociais e, ainda, às subjetividades, não sendo um fato restrito à alta cultura, de acordo com uma crítica realizada pelo campo de estudos culturais entre os anos de 1950 e 1960.

A partir da segunda metade do século XX, por intermédio da globalização da sociedade, houve uma redefinição de cultura como uma categoria analítica. Por meio desses relatos, é possível constatar que a cultura é fluida e encontra-se em um eterno processo de construção. Analisando por esse ponto de vista, podemos observar que estamos lidando com as categorias de **linguagem**, **identidade** e de **representação**.

Assim, a cultura é determinada de acordo com o modo como as identidades culturais são constituídas. Portanto, a cultura não é uma questão ontológica, mas se constitui e se recria conforme a interpretação e o posicionamento que as pessoas adotam em relação ao seu passado pessoal, às suas circunstâncias e ao seu grupo.

> **O QUE É?**
>
> **Ontológica**: corresponde à parte da metafísica que trata da natureza, da existência dos entes e da realidade. Também estuda o ser enquanto ser, ou seja, o ser concebido em uma natureza em comum sendo inerente a todos e a cada um dos seres que são objeto de seu estudo.

É função do ser humano definir sua subjetividade de acordo com o social, bem como seu entendimento de tradição e de todos os conhecimentos que adquire das diversas instâncias sociais. Assim, o ser humano, conforme suas diferentes necessidades, reproduz ou recria determinada tradição. Isto é, não existem identidades culturais fixas, mas construções sociais criadas por determinados grupos, com a intenção de definir seus papéis.

> o próprio processo de identificação, através do qual nos projetamos em nossas identidades culturais, tornou-se mais aberto, variável e problemático. Isto induz o sujeito pós-moderno, conceituado como isento de identidade fixa, permanente ou essencial. A identidade transformou-se numa "festa móvel": formada e transformada continuamente em relação às maneiras pelas quais somos representados e tratados nos sistemas culturais que nos circundam. (Hall, 1998, p. 11)

Além disso, ao constatarmos que nossa identidade não é fixa, mas constituída a partir do convívio, a linguagem então desempenha um papel de suma importância para o entendimento da cultura.

> O significado surge não das coisas em si – a "realidade" – mas a partir dos jogos de linguagem e dos sistemas de classificação nos quais as coisas são inseridas. O que consideramos fatos naturais são, portanto, também fenômenos discursivos. [...] A "virada cultural" está intimamente ligada a esta nova atitude em relação à linguagem, pois a cultura não é nada mais do que a soma de diferentes sistemas de classificação e diferentes formações discursivas aos quais a língua recorre a fim de dar significado às coisas. (Hall, 1997, p. 29)

Analisando essas definições expostas por Hall, podemos pensar no protestantismo, que, mesmo com uma tradição de cerca de 500 anos, esse tipo de religião se espalhou por todo o mundo e, em cada local, teve uma modificação com relação às 95 teses de Lutero.

Síntese

- O termo *religião* advém do latim *religio*, que quer dizer "fidelidade ao dever", sendo utilizado de modo divergente por diversos estudiosos.
- Firmiano Lactâncio acredita que o cristianismo combina a religião e a sabedoria verdadeira.
- Aurélio Agostinho estabelece a reflexão do termo utilizando os princípios do cristianismo, afirmando que *religião* significa "reescolher Deus, recolocar Deus no centro das atenções do amor do homem".
- Os principais filósofos que conceituaram religião foram Kant, Feuerbach, James, Frazer, Schleiermacher, Emerson, Burckhardt, Yinger e Agostinho.

- A religião consiste em "teísmo", crença em Deus, em algum deus ou em deuses.
- Com a modernidade, a religião evoluiu, deixando de lado as concepções passadas, e as pessoas formularam as próprias convicções daquilo em que querem crer e de que religião desejam seguir.

CONSTRUÇÃO HISTÓRICA E SOCIOCULTURAL DAS RELIGIÕES

INTRODUÇÃO DO CAPÍTULO

A importância da religião na construção da história de um povo é inegável. Historiadores, filósofos, sociólogos, antropólogos e teólogos têm dedicado grande parte de seus estudos a esse tema. A interação entre história e religião remonta a um passado distante. O traço da interferência religiosa se manifesta em diversas esferas. Valores sociais, éticos, costumes do cotidiano, contratos jurídicos e leis, sistemas e preceitos educacionais, todos esses aspectos e muitos mais apresentam influências da religião no decorrer de suas construções teóricas.

Para estudar a história das religiões, é fundamental fazer análises independentes de nossa profissão de fé ou juízo de valor. Precisamos conceber uma história com caráter crítico calcada em princípios válidos tanto para quem crê quanto para quem não acredita em preceitos religiosos de qualquer natureza. Para alguns autores, a história das religiões precisa ser dissociada da história eclesiástica e da teologia, sendo definida por três aspectos fundamentais: (1) a característica de disciplina autônoma; (2) a definição multicultural na percepção do objeto; e (3) a visão agnóstica na abordagem dos problemas estudados.

Conteúdos do capítulo
- Origem das religiões.
- Religiões na história da humanidade.
- Religião na Pré-História.
- Religião na Idade Média.
- Religião na Idade Moderna.
- Religião na Idade Contemporânea.
- O fenômeno religioso como instrumento de transformação social e cultural.

Após o estudo deste capítulo, você será capaz de:
1. identificar as principais correntes sobre a origem das religiões;
2. estabelecer um panorama geral da história das religiões;
3. classificar as diversas religiões conforme os períodos históricos;
4. reconhecer os fenômenos religiosos na formação cultural de uma sociedade;
5. compreender a influência da religião na sociedade.

2.1 Origem das religiões

Para alguns historiadores, foi a religião que deu ao ser humano o primeiro sentido de comunidade, já que esse sentido surge da experiência comum com os outros. A religião dá suporte, propõe debates, aproxima e separa os indivíduos. Em toda a trajetória da humanidade, a religião esteve presente, mesmo quando ainda não era identificada dessa forma.

Inicialmente, é necessário tecer algumas considerações a respeito do termo *religião* e suas aplicações. Assim, será possível entender as diversas manifestações religiosas no decorrer da história, suas influências e suas características.

A **religião de um povo** (ou de uma nação) é identificada pelo culto a deuses locais, sem relação com povos de regiões vizinhas. Pratica-se o *henoteísmo*, termo que foi criado por Max Müller, um estudioso das religiões orientais. Sua intenção era nomear a crença que os povos tinham em um deus único, mas sem renegar a existência de outros deuses. O "Deus" poderia referir-se a um deus superior supremo ou à sua personificação. Esse deus também tinha o poder de assumir várias personalidades.

Outra forma de culto é o politeísmo (culto a mais de um deus). Podemos citar o exemplo dos gregos, que tinham deuses próprios, os quais foram adotados, posteriormente, pelos romanos. Muitas religiões tribais cultuam deuses locais que são desconhecidos de tribos próximas geograficamente.

Quanto ao politeísmo, não é apenas a prática religiosa do que chamamos *religião de um povo*, podemos encontrá-lo em muitas outras manifestações. Nessa crença, existe mais de uma divindade, independentemente de gênero. Cada deus é uma entidade com personalidade e vontade próprias. Essa entidade governa diversas categorias, tais como: atividades, áreas, objetos, elementos da natureza e até as relações entre os seres. O fato de haver o conhecimento de várias divindades não quer dizer que o crente vá obrigatoriamente adorar a todos. É possível prestar adoração individualmente, de acordo com a necessidade ou a graça a ser alcançada.

As **religiões universais** são aquelas que dirigem suas mensagens para a humanidade e têm um fundador determinado. Para as religiões universais, existe uma divindade, um deus único e superior, que conduz seus fiéis para o caminho da salvação de todos. Essas religiões são chamadas de *monoteístas*, a exemplo do cristianismo, da fé Bahá'í, do islamismo, do judaísmo e do zoroastrismo.

As **religiões naturais** são os cultos praticados entre os povos primitivos, em oposição à religião cristã. O nome deriva do termo alemão *Naturvoelker* ("povos primitivos"). Não é, portanto, culto à natureza, como o nome sugere em uma associação com a nossa língua.

As **religiões culturais** também têm origem em um termo alemão, *Kulturvoelker* ("povos culturais") e são típicas dos povos civilizados.

Ao analisarmos essas definições, já é possível vislumbrar que existem diversas formas de religião. Mas, afinal, qual teria sido a primeira manifestação religiosa?

Diz-se que a religião surgiu em algum momento da Pré-História, durante os períodos Paleolítico e Neolítico, quando os primeiros grupos humanos se tornaram sedentários. O homem pré-histórico, observando os fenômenos naturais, começou a questioná-los e, não conseguindo uma explicação concreta, passou a atribuí-los a manifestações divinas. Por isso, as primeiras manifestações religiosas relacionavam-se com os fenômenos da natureza. À medida que a humanidade foi se desenvolvendo, surgiram outras manifestações e conceituações pelo mundo afora.

São incontáveis os estudos sobre o assunto. Por esse motivo, aqui vamos analisar duas linhas divergentes: o **evolucionismo** social e o **difusionismo histórico-cultural**. Segundo Castro (2005), o evolucionismo aponta uma linha de surgimento das religiões: o animismo, seguido pelo animatismo, mana, politeísmo e, finalmente, o monoteísmo. O antropólogo Edward Burnett Tylor foi um dos principais representantes dessa corrente e introduziu, aos estudos antropológicos e religiosos, o termo *animismo*, que significa a fé na alma individual ou anima de todas as coisas e manifestações naturais.

> Ao empregarmos o termo animismo para designar a doutrina dos espíritos em geral, estamos a afirmar que as ideias relativas às almas, aos demônios, às divindades e às outras classes de seres espirituais, são todas elas concepções com uma natureza análoga. (Tylor, 1903, p. 425-426, citado por Rosa, 2010, p. 300)

De maneira simplificada, podemos dizer que Tylor considerou o animismo como o primeiro estágio de desenvolvimento de todas as religiões.

Por outro lado, a teoria difusionista diverge do evolucionismo. Seu principal estudioso foi o linguista Wilhelm Schimidt, um padre católico que investigou a origem e a difusão da religião. Sua principal contribuição para a teoria difusionista na antropologia foi a publicação da revista *Antrophos*. Ele apresenta o monoteísmo primitivo, explicando que a religião primitiva começou com um conceito monoteísta, de um deus elevado, um deus do céu. Schimidt afirmava que os seres humanos, em seus primórdios, acreditavam em um deus que era a causa primeira de tudo e que governava o céu e a terra – isso antes de os homens começarem a cultuar vários deuses.

Depois, conforme os grupos humanos se dispersaram e passaram a habitar diversos pontos geográficos, as crenças começaram a mudar, fazendo surgir todos os outros "ismos".

> Algumas críticas comuns ao evolucionismo e ao difusionismo são um etnocentrismo aliado a um colonialismo europeu, juntamente com uma metodologia reprovável de especulações infundadas com base em uma comparação massiva de traços culturais. Também, faltavam observações empíricas, pois esses *arm chair anthropologists* ou antropólogos de gabinete possuíam dados bem pouco confiáveis para fazer generalizações.
>
> Embora seja aceitável que traços culturais se difundam, o difusionismo falha em explicar por que alguns traços se propagam enquanto outros não. (Alves, 2015)

Para os difusionistas, há um pressuposto de falta de inventividade, como se as grandes invenções tivessem se originado em um único local e, depois, tivessem sido difundidas por diversos meios, como migração, apropriação, aculturação ou assimilação. Dessa forma, os traços culturais se expandiam em círculos para outras regiões, como uma pedra jogada na água, que forma diversas ondas, as quais se propagaram. Crenças, invenções e ideias se disseminavam dessa maneira em incontáveis círculos, atravessando oceanos. Eis o porquê da inconsistência dessa teoria, pois a respeito de algumas invenções, por exemplo, sabe-se que surgiram em várias regiões ao mesmo tempo.

EXERCÍCIOS RESOLVIDOS

Existem teorias que buscam explicar a origem das religiões. O antropólogo Edward B. Tylor (1832-1917) defendia uma teoria evolucionista para explicar a origem das religiões, afirmando que, no princípio, os homens acreditavam que os animais, as plantas, os rios, a lua continham espíritos que precisavam ser apaziguados. Tylor foi o criador do termo que identificava essa crença. Podemos afirmar que o termo criado por Tylor é:

A] antropomorfismo: comum a várias crenças religiosas, atribui a deuses, a seres sobrenaturais e a Deus comportamentos, pensamentos e características do ser humano.

B] naturalismo: as forças criadoras estão no interior da natureza, tudo se explica por meio dos fenômenos naturais, é a crença de que somente as forças naturais dominam o mundo. Aproxima-se de doutrinas orientais como o budismo.

C] panteísmo: todos compõem um único Deus, que conecta todas as realidades. O Universo e Deus são idênticos, eles expressam uma realidade integrada.

D] animismo: o homem primitivo acreditava que todas as formas da natureza têm alma e agiam com uma intenção. É a crença de que todo espírito ou divindade habita dentro de cada objeto, controlando e influenciando a existência.

Gabarito: D

***Feedback* do exercício:** O antropólogo Edward Burnett Tylor defendeu uma teoria chamada *evolucionismo cultural*. Tylor criou o termo *animismo*, que significa a fé na alma individual ou anima de todas as coisas e manifestações naturais. Para ele, a crença do homem primitivo acerca de que tudo tinha um espírito, e essa crença havia sido a primeira manifestação religiosa. Assim, o animismo teria sido o primeiro estágio de desenvolvimento de todas as religiões (Castro, 2005). A partir daí, a religião teria evoluído passando por diversas fases, começando pelo animismo, depois o politeísmo e terminando no monoteísmo.

Evolucionismo e difusionismo são teorias que foram bastante discutidas no final do século XIX e serviram de base para a antropologia. Elas surgiram para apresentar discursos bem mais coerentes sobre como a humanidade se desenvolveu culturalmente. Embora as provas científicas para as duas teorias sejam frágeis, pela ausência de documentos escritos referentes ao passado, as duas deixaram legados importantes para os estudos sobre as religiões e suas implicações culturais. O evolucionismo trouxe as definições técnicas para cultura, animismo, mana, tabu, totemismo, além da ideia de que a cultura é transmitida através das gerações por meio do aprendizado, e não da genética. Já o difusionismo contribuiu com as teorias de mecanismos de alterações culturais (Alves, 2015).

Assim, é mais apropriado afirmar que diversas formas de religião coexistiram desde o princípio, levando em consideração as pesquisas e interpretações mais atuais.

2.2 Religiões na história da humanidade

Crenças e rituais existem há muito tempo, mesmo quando o homem não dava a isso o nome de *religião*. Tendo a cronologia como fio condutor de nosso estudo, analisaremos as manifestações religiosas de acordo com uma linha do tempo, evidenciando os períodos e sua relação com a religião.

O ser humano não surgiu inesperadamente em algum ponto da Terra nem manifestou suas capacidades e habilidades de uma hora para outra. São milhares e milhares de anos de evolução. Por isso, para fins de estudo, observaremos uma divisão de quatro períodos da história, conforme consta no quadro a seguir.

QUADRO 2.1 – Períodos da história da humanidade

Divisão da história		
Pré-História	Paleolítico	Do surgimento dos seres humanos até 10000 a.C.
	Mesolítico	10000 a 9000 a.C.
	Neolítico	9000 a 5000 a.C.
	Idade dos metais	3300 a 1500 a.C.
Idade Antiga		4000 a 476 a.C.
Idade Média		476 a.C. a 1453
Idade Moderna		1453 a 1789
Idade Contemporânea		1789 a...

Essa divisão tem datas aproximadas, pois seria impossível precisar o início e o término de um período. Trata-se de uma divisão elaborada por historiadores para que seja possível um estudo mais sistematizado.

A seguir, conhecermos as manifestações religiosas que surgiram nesses períodos.

2.2.1 Pré-História

O quadro a seguir mostra os períodos e os acontecimentos que influenciaram e evidenciam as manifestações religiosas.

QUADRO 2.2 – Pré-História

4.000.000 a 10000 a. C. (aproximadamente)	10000 a 9000 a. C. (aproximadamente)	9000 a 5000 a. C. (aproximadamente)	5000 a 4000 a. C. (aproximadamente)
Paleolítico	Mesolítico	Neolítico	Idade dos Metais
Criação de animais; crença em um ser supremo; senhor dos animais; mãe terra; senhora das águas; figuras e símbolos femininos ocupam posição central (esculturas); primeiras experiências religiosas; rituais funerários.	Período intermediário entre o Paleolítico e o Neolítico; homem em evolução religiosa.	O homem começa a cultivar plantas, surgindo a agricultura; observando o ritmo das plantações, o homem passa a entender o mistério do nascimento, da morte e do renascimento; religião centrada no culto à Deusa, como em Catal Huyuk.	Desenvolvimento de técnicas de fundição; monumentos de pedra; sumérios cultuam deuses e deusas antropomórficos; surgem as primeiras cidades; as crenças são politeístas; surge a escrita e acaba a Pré-História.

É possível perceber as interações do homem pré-histórico como algo que já se delineava como uma religião. No período Paleolítico, a observação da natureza originou a crença em seres supremos. Por meio de objetos encontrados, esculturas principalmente, percebemos a importância do feminino, provavelmente pela ligação com a geração de outro ser. Os rituais funerários caracterizam o início de manifestações religiosas. No Mesolítico, o que se sabe é que, em algumas regiões, esses rituais evoluíram e parecem ter sido sistematizados. No Neolítico, a agricultura trouxe ao homem a percepção do mistério do nascimento, da vida, da morte e do renascimento. O culto ao feminino permanece e com várias imagens de divindades femininas.

> A principal divindade é a deusa, apresentada sob três aspectos: mulher jovem, mãe dando à luz um filho (ou um touro), e velha (acompanhadas as vezes de uma ave de rapina).
>
> A divindade masculina aparece sob a forma de um rapaz adolescente – o filho ou o amante da deusa – e de um adulto barbudo, ocasionalmente montado sobre um animal sagrado, o touro. (Eliade, 2010, p. 55, citado por Bezerra, 2012)

Os sumérios (4000 a. C.) eram um povo politeísta. A natureza era representada por deuses, acreditava-se que o Universo era governado por um grupo de seres vivos que tinham poderes sobrenaturais. Os nomes de seus deuses eram: Ki, a deusa da terra; An, que governava o céu; Enlil, que dominava o ar; e Enki, deus da água.

Foram grandes arquitetos e construtores. Desenvolveram os *zigurates*, que eram usados como locais de armazenagem de grãos e também como templos religiosos.

> Os Sumérios estavam intimamente ligados a religião; escritos achados em escavações mostram a prática de creditar aos deuses os feitos conquistados, fossem eles bélicos, nas colheitas, no livramento das intempéries e em fatos correlatos do cotidiano das famílias. (Cruz, 2021)

As pesquisas apontam como o marco do final da Pré-História o surgimento da escrita, em 3500 a. C. Esses marcos são definidos pelos historiadores e devem ser interpretados como pontos de referência que indicam as transformações a longo prazo, e não de imediato.

Com o advento da escrita, criada pelos Sumérios no período considerado Idade dos Metais, chega ao fim a Pré-História, período de milhares de anos durante os quais o ser humano evoluiu e desenvolveu habilidades que nos conduziram até nossos dias e que nos permitiram avançar. As práticas religiosas foram se modificando e assumindo o caráter de religião que hoje conhecemos.

Em nossos estudos, ainda há um longo caminho a percorrer.

2.2.2 Idade Antiga

Com o final da Pré-História, inicia-se a Idade Antiga, cuja linha do tempo está relacionada às religiões, conforme veremos a seguir. Lembre-se: as datas sempre devem ser consideradas como aproximadas, já que, em períodos tão longos e distantes, é praticamente impossível dispor de informações temporais precisas.

FIGURA 2.1 – Pedra suméria com escrito cuneiforme – o início da Idade Antiga

A pedra suméria mostrada na figura é um dos registros encontrados que comprovam a existência do povo sumério na Idade Antiga. Várias manifestações religiosas foram registradas por povos que marcaram o início de civilizações. Não é fácil para os historiadores identificar e escrever a trajetória desses povos, pois faltam subsídios, muitos se perderam e outros ainda não foram decifrados. O que estudaremos a seguir é um breve resumo do que já existe apurado, pois a ciência continua suas buscas em escavações, objetos e documentos.

Os sumérios (3500 a. C.) inventaram a escrita cuneiforme. Esse povo, como já vimos, atravessou o final da Pré-História para chegar à Idade Antiga. Seus rituais e suas crenças já foram mencionados anteriormente.

Já para os egípcios (3000 a. C.), os deuses eram em forma de animais. Esse povo era politeísta, cultuava várias divindades que representavam as forças da natureza, acreditava na vida após a morte e, por isso, realizava o ritual da mumificação para preservar o corpo, deixando-o preparado para outra vida, quando suas almas seriam libertadas. As pirâmides são os túmulos desse povo. Em muitas escavações foram encontradas múmias juntamente a seus pertences.

No hinduísmo (3000 a. C.), a religião é politeísta e uma das mais antigas do mundo. De acordo com o Centro Ramakrishna Vedanta (2013), o hinduísmo não tem um fundador. Para eles, as verdades eternas e suprassensoriais da Índia Antiga são a sua fundação e a base do hinduísmo. Eles buscam responder a questionamentos como:

- De onde veio o universo e como surgiu?
- Se existe um criador, como ele é?
- Qual a relação entre a criação e o criador?
- O que acontece quando morremos?

- Existimos depois da morte?
- Existíamos antes de nosso nascimento?

O hinduísmo reconhece, em sua doutrina, quatro metas da vida humana. São elas:

1. *Kāma* – satisfazer os desejos por meio de prazeres sensórios.
2. *Artha* – adquirir bens do mundo e dinheiro.
3. *Dharma* – observar os deveres religiosos.
4. *Moksha* – libertar-se do ciclo do nascimento e da morte e chegar à iluminação espiritual.

> Entre essas quatro, Kāma é considerada a mais inferior, porque esse impulso é comum aos homens e aos animais. Artha, por outro lado, é percebido principalmente nos seres humanos, e é considerado superior a Kāma. A terceira meta, Dharma, não é nada mais que treinar-se no sacrifício próprio. Kāma e Artha estão enraizadas no egoísmo, enquanto que Dharma, não está. Portanto, dharma é superior a kāma e artha.
>
> Moksha, que significa "liberação", pode ser alcançada apenas através da realização de Deus. O hinduísmo acredita na onipresença de Deus e fala da presença da divindade em todos seres humanos, que embora igualmente presente em todos, não está igualmente manifestada. O propósito das práticas espirituais é manifestar essa divindade inerente, e quando essa divindade se torna completamente manifesta, tal pessoa é uma alma que realizou Deus e atingiu moksha. (Centro Ramakrishna Vedanta, 2013, p. 2-4)

No caso dos gregos (2000 a. C.), a religião na Grécia Arcaica e Clássica é politeísta e, como tal, não tem nenhuma revelação, não teve profetas nem messias. Trata-se de uma organização complexa.

> Sem dúvida, um deus grego define-se pelo conjunto de relações que o unem e o opõem às outras divindades do panteão, mas as

> estruturas teológicas assim evidenciadas são demasiado múltiplas e sobretudo de ordem demasiado diversa para poderem integrar-se no mesmo esquema dominante. Segundo as cidades, os santuários, os momentos, cada deus entra numa rede variada de combinações com os outros. (Vernant, 2006, p. 53)

Os deuses tinham feições humanas. Para se orientar nos rituais, os gregos criaram uma ordem hierárquica. Vernant (2006) explica que, no topo, ficavam os *theoí*, deuses que formavam a raça dos bem-aventurados. Os olimpianos eram governados por uma autoridade máxima, Zeus. Outras divindades, mesmo que celestes, como Posêidon e Deméter, habitavam a Terra. Existiam, ainda, os deuses do mundo subterrâneo, como Hades.

Os babilônios (1900 a. C.) detinham grande conhecimento de astronomia. Eram povos politeístas, e seus deuses eram ligados à natureza, ou seja, são os "animais-humanos", como os leões com asas de águia. Outros tinham formas humanoides parecidas com as dos deuses.

> No início havia apenas a água, representada pelos dois deuses primordiais, Apsu e Tiamat. Apsu era o mar subterrâneo, o oceano primordial, e Tiamat o mar tumultoso, o dragão do caos, eram consortes. Da fusão dos dois nasceu Mummu, a agitação das ondas. Esses dois primordiais deram origem às divindades babilônicas.
>
> Primeiro nasceram Lahmu e Lahamu. Eles se tornaram consortes e procriaram. Então nasceram Anshar, o Senhor dos Céus, e Kinshar, a Senhora da Terra. Dos dois vieram todos os outros deuses. (Shaftiel, 2020, p. 1)

O leão alado é um símbolo dos babilônios. Está presente em muitos objetos de arte e utensílios, como em pinturas que descrevem o combate com o deus protetor da cidade, Marduque. Os símbolos do Império Babilônico são o leão e a águia: o leão, rei dos animais, e a águia, rainha dos pássaros. A religião babilônica é povoada de seres mitológicos com histórias fantásticas, mas que, como todo mito, tem uma explicação para o humano.

Os judeus (1800 a.C.), em sua maioria, eram adeptos do judaísmo, que é a religião monoteísta mais antiga do mundo. Eles creem em apenas um deus, o criador de tudo. Essa crença teve início quando Deus se revelou a Abraão e orientou-o a buscar a Terra Prometida. Foi assim que os hebreus se tornaram os "escolhidos". O desenvolvimento do judaísmo aconteceu juntamente à civilização hebraica, com Moisés, Davi, Salomão etc. A Torá é o livro sagrado dos judeus, e seus ensinamentos são semelhantes ao Velho Testamento cristão. Muitos elementos judaicos também aparecem no islamismo. O judaísmo não admite o sofrimento dos animais, mesmo daqueles que podem ser abatidos para alimentação. Por isso, devem ser seguidas regras que minimizem ao máximo o sofrimento dos animais.

No caso dos romanos (753 a.C.), sua religião recebeu muitas influências e resultou de uma mistura de cultos e crenças recebida de vários outros povos. A antiga civilização romana cultuava vários deuses, era politeísta. Seus deuses tinham características de seres humanos antropomórficos, com qualidades e defeitos e forma humana. A religião oficial era propagada pelo Estado, e seus deuses eram provenientes da mitologia grega, mas com nomes latinos.

No budismo (600 a.C.), o mentor é Buda, que não é um deus, mas um guia espiritual. Os budistas acreditam na reencarnação como forma de purificação: o homem reencarna inúmeras vezes e sofre no mundo material. É o que se chama de *Karma*. Dependendo de suas atitudes e das relações com o universo nessas encarnações, é possível também que o homem, pelo sofrimento, chegue ao nirvana e nunca mais reencarne. Nesse momento, o ser atinge o nível máximo de pureza espiritual.

O taoísmo (600 a.C.), religião chinesa, foi criado pelo pensador Lao-Tsé. Segundo ele, o Tao criou o universo e é responsável pela ordem estabelecida para as pessoas e as coisas. Como pregava a pobreza, uma vida miserável e sofrida, o taoísmo ganhou muitos adeptos nas camadas populares. Dessa forma, os homens poderiam alcançar uma vida melhor após a morte. Lao-Tsé pregava que toda a natureza tem duas energias *Yin* (energia negativa e feminina) e *Yang* (energia positiva e masculina). Como os opostos se complementam, é preciso buscar o equilíbrio. O corpo humano faz parte desse conjunto. Assim, a oposição entre as energias *Yin* e *Yang* justifica fenômenos observados no corpo humano: estando harmonizadas, as energias promovem a saúde; havendo um desequilíbrio, a doença. O taoísmo tem práticas e princípios comuns a muitas outras religiões, como ser humilde, ser generoso, praticar a não violência e primar pela simplicidade.

O QUE É?

Não violência: a não violência é uma prática milenar que orienta alcançar o que se deseja sem violência. Gandhi usou essa prática para expulsar os britânicos da Índia sem usar armas. Uma de suas práticas é associada à Yoga. Nos dias de hoje, é muito difundida a "comunicação não violenta", propagada por Marshall Rosenberg, psicólogo americano que difundiu a teoria como um processo de comunicação que consiste em mostrar ao outro suas necessidades sem o uso da violência. Alguns a chamam de *empatia*, mas se trata de outra forma de se comunicar e tem sido largamente aproveitada em diversas situações.

Os celtas (600 a.C.) eram politeístas e tinham uma grande variedade de deuses. Acreditavam na vida após a morte e, conforme suas práticas funerárias, enterravam diferentes objetos com os entes falecidos. Seus rituais sagrados aconteciam ao ar livre, pois cultuavam a natureza. Algumas pessoas classificam suas práticas como bruxaria ou feitiçaria, pois eles acreditavam na transmigração dos corpos, como se se transportassem para corpos de animais como peixes ou aves, que eram os mais comuns. Os celtas praticavam diversos rituais religiosos, como o *Imbolc*, o *Beltane*, o *Lammas* e o *Samhain*. Eles realizavam sacrifícios humanos e de animais. Com os humanos, havia práticas de necromancia, que consistia em interpretar as imagens surgidas com o jorrar do sangue ou das formas das entranhas.

Já o confucionismo (571 a.C.) foi criado por Confúcio (ou Kung Fu-Tzu, "Mestre Kung"), mestre chinês, pensador e filósofo. Seus adeptos consideraram-no o maior professor do Império Chinês. Em seus ensinamentos, Confúcio pregava a moralidade e a ética pessoal e pública. Defendeu sempre o respeito entre todos: família, sociedade e superiores. No conceito família, havia uma metáfora representativa dos governantes, que deviam amar o povo como pais, e o povo, que deveria amar e obedecer, como filhos.

Alguns consideram os ensinamentos de Confúcio como filosofia; outros, como religião. Ele pregava o humanismo e a benevolência e dizia que a principal virtude está em amar os homens. A regra fundamental de Confúcio era: "o que não queres que façam a ti não faças aos outros".

O cristianismo (ano 1) baseia-se no Novo Testamento, que, por meio dos apóstolos, narra a vida e os ensinamentos de Jesus Cristo. Esse documento teve origem na revelação de Abraão, quando este levou seu povo à Terra Prometida. O *cristianismo* recebeu esse nome em virtude de Jesus de Nazaré, o Cristo, que significa "ungido, messias". Essa religião se expandiu pelo mundo inteiro após seu surgimento na Palestina. É o cristianismo que determina a era em que vivemos. Por isso, a cronologia ocidental é dividida em antes e depois de Cristo. Trata-se de uma religião monoteísta que cultua um único Deus e se fundamenta na Santíssima Trindade, o Pai, o Filho e o Espírito Santo. Durante o Império Romano, os cristãos sofreram perseguições, pois se contrapunham a outras crenças do Império Romano, como o paganismo.

O livro sagrado dos cristãos pode ser dividido em duas partes: Antigo Testamento e Novo Testamento. O Antigo narra as pregações antes da vinda de Cristo ao mundo dos homens, descrevendo a origem da humanidade e ditando preceitos; o Novo foi escrito após a vinda de Cristo, filho de Deus, ao mundo dos homens.

PARA SABER MAIS

Você já deve ter percebido o quanto as religiões influenciaram social, cultural e politicamente a evolução da sociedade. Entenda um pouco mais sobre a história do cristianismo, uma crença que determinou muitos dos costumes e comportamentos da humanidade, de maneira dinâmica, com um rápido panorama sobre a história dessa religião. Assista aos episódios de "A história do cristianismo como você nunca viu". O primeiro episódio está disponível em: <https://youtu.be/KmpucxGB1jA>. Acesso em: 22 set. 2021.

A Igreja Católica, ou Igreja Cristã, foi declarada no ano 380 como religião de Estado no Império Romano. O imperador bizantino Teodósio I promulgou o decreto que tornava o cristianismo religião de Estado e ordenava que todos os que exercessem cultos pagãos fossem punidos. O cristianismo medieval foi um período em que os monges copistas se dedicavam a escrever e guardar os conhecimentos das civilizações antigas, principalmente dos gregos. A Igreja Católica detive o conhecimento científico e educacional durante muito tempo, e apenas os padres tinham acesso a uma educação aprimorada.

Exercícios resolvidos

Após o advento da escrita com os sumérios, no percurso da história surgiram diversas manifestações religiosas, cada qual com suas especificidades. No período classificado como Antiguidade ou Idade Antiga, foram fundadas muitas religiões. Algumas permanecem até hoje; outras se modificaram; houve religiões que se originaram de outras já existentes, por dissidência ou identificação. Ao conhecê-las, podemos identificar as influências dessas crenças em diversos segmentos das sociedades. Sobre isso, apenas uma afirmação está **incorreta**. Assinale-a.

A) Confucionismo: a regra fundamental é: "o que não queres que façam a ti não faças aos outros". Pregava a ética e a moralidade tanto pessoal quanto pública. A principal virtude é amar aos homens.

B) Taoísmo: em nosso corpo existem as energias *Yin* e *Yang*, que representam o feminino e o masculino, respectivamente. Se houver equilíbrio, temos saúde; em desequilíbrio, ficamos doentes.

C) Judaísmo: religião politeísta mais antiga do mundo, existe há mais de 3.000 anos, descende de Abrão, Davi, Jacó e outros. Os judeus creem que são os escolhidos por Deus para estabelecer a Aliança e alcançar a Terra Prometida.

D) Budismo: o homem está condenado a reencarnar infinitamente, sempre sofrendo no mundo material (karma). Contudo, pode atingir o nirvana e não reencarnar mais, tornando-se um ser evoluído.

E) Hinduísmo: é uma religião politeísta. Brahma é o deus força criadora do Universo; Ganesha, o deus da sabedoria e da sorte; e Matsya, aquele que salvou a espécie humana da destruição. Prega a Lei do Karma.

Gabarito: C

Feedback do exercício: O judaísmo é a religião monoteísta mais antiga do mundo. Começou quando Deus se revelou a Abraão dizendo que procurasse a Terra Prometida. O Torá, ou Pentateuco, é livro sagrado dos judeus. Para os budistas, o homem está condenado a reencarnar infinitamente. É uma religião e filosofia com fundamentos nos ensinamentos de Buda. O confucionismo é uma das filosofias religiosas da China fundada por Confúcio (ou Kung Fu-Tzu). É estudado como um sistema filosófico e muitos chineses que se dizem ateus acabam seguindo alguns de seus preceitos filosóficos. O hinduísmo é politeísta. Nele, a trajetória que a alma terá é traçada de acordo com as ações praticadas aqui na Terra (Lei do Karma). O taoísmo foi criado por Lao-Tsé e pregava que toda a natureza tem as energias: *Yin* (energia negativa e feminina) e *Yang* (energia positiva e masculina), e esses opostos se complementam, gerando o equilíbrio ideal.

O marco final da Idade Antiga é a queda do Império Romano do Ocidente (476 d.C.), fato que dá início à Idade Média. Muitos povos se desenvolveram durante a Idade Antiga: persas, hebreus, fenícios, celtas, etruscos, eslavos, germanos (visigodos, ostrogodos, anglos e saxões), egípcios, mesopotâmicos e chineses, além das civilizações clássicas, como a grega e a romana.

2.2.3 Idade Média

A Idade Média começou com a queda do Império Romano do Ocidente, em 476 d.C., e se encerrou em 1453, com a tomada pelos turco-otomanos de Constantinopla, capital do Império Bizantino. Esse período costuma ser dividido em dois: Alta e Baixa Idade Média.

A **Alta Idade Média** foi quando a Igreja Cristã Medieval estendeu seu poder por toda a Europa e se fortaleceu, vivendo seu apogeu. O poder da Igreja foi consolidado e expandido com a cristianização dos povos nórdicos e germanos.

Na **Baixa Idade Média**, houve maior imposição do poder da Igreja, que ficou centralizado nas mãos do monarca. Foi o período das Cruzadas e da Inquisição.

A seguir, observe um quadro com o resumo dos principais acontecimentos e características do período.

QUADRO 2.3 – Idade Média – Ano 476 a 1453 – Séculos V a XV

Período	ALTA IDADE MÉDIA Séculos V e XI	BAIXA IDADE MÉDIA Séculos XI e XV
Principais características	▪ Surgimento do feudalismo ▪ Autossuficiência dos feudos ▪ Enfraquecimento do comércio	▪ Enfraquecimento do feudalismo ▪ Fortalecimento do comércio ▪ Fortalecimento da vida urbana ▪ Surgimento da burguesia
Principais acontecimentos	▪ Igreja medieval ▪ Filosofia patrística	▪ Cruzadas ▪ Imprensa ▪ Universidades ▪ Filosofia escolástica ▪ Peste negra

Fonte: Menezes et al., 2020.

Esse quadro nos situa na história. No entanto, não analisaremos eventos que não estejam diretamente ligados à religião, já que esta é nosso objeto de estudo.

A religião católica começou nos tempos do Império Romano, a partir do ano 380. Na Alta Idade Média, o catolicismo fortaleceu-se como uma instituição poderosa. Com a queda do Império Romano, a Igreja ocupou o espaço dos governantes. Assim, após o século V, durante a Idade Média, muitas cidades passaram a ser governadas por sacerdotes. A Igreja associou-se ao poder de novos reinos, cristianizando diversos povos, como os germânicos. Foram essas alianças que fortaleceram a Igreja Católica e garantiram suas riquezas, bem como o estabelecimento das doutrinas do cristianismo e o combate às heresias, como o combate ao arianismo.

A população, na Idade Média era, em sua maioria, analfabeta, apenas a elite tinha acesso às letras. Os vitrais eram uma forma de instruir a população, retratando cenas do cotidiano e da Igreja.

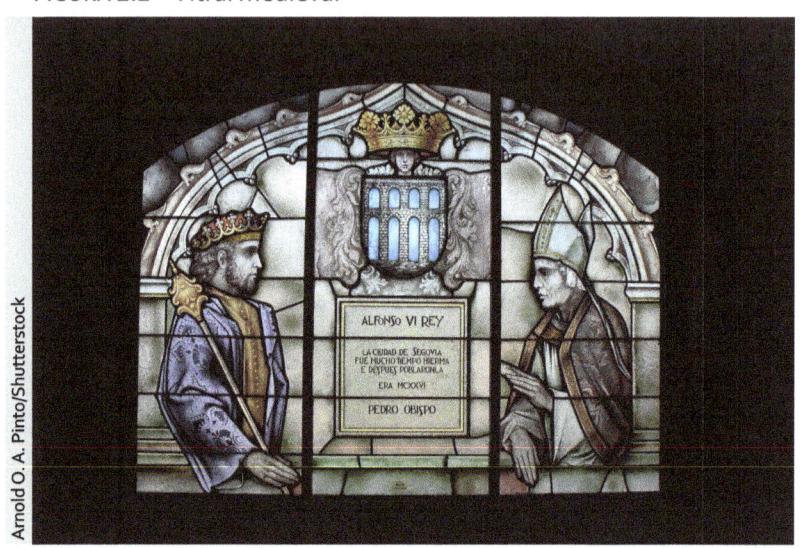

FIGURA 2.2 – Vitral medieval

Na Figura 2.2, um vitral da Era Medieval em um antigo castelo em Toledo, Espanha, mostra um membro da corte real espanhola e um bispo católico romano frente a frente.

Já o islamismo surgiu na Península Arábica, no século VII, e foi criado por Muhammad (Maomé, em português). É uma religião monoteísta, seus fiéis acreditam na existência de apenas um deus, que é chamado de Allah. Seus praticantes são os *muçulmanos*, termo que tem origem árabe e significa "submisso". A fé islâmica prega a submissão a Allah.

Iniciamos nosso estudo sobre as religiões na Idade Média mencionando o catolicismo e o islamismo porque, na Alta Idade Média, a rivalidade entre cristãos e muçulmanos já existia e perdurou por séculos, ainda hoje gerando conflitos intensos e sangrentos.

> **PERGUNTAS & RESPOSTAS**
>
> Sabemos que tanto o catolicismo quanto o islamismo são religiões monoteístas e que pregam a existência de um Deus criador. Qual o motivo, então, da rivalidade secular instaurada entre católicos e muçulmanos?
>
> - O islamismo sofreu influência tanto do judaísmo quanto do cristianismo, porém o Islã afirma ser a revelação final de Deus, pois Maomé teria sido proclamado o grande profeta pelo próprio Deus, que revelou a ele o Corão, o livro sagrado.
>
> A rivalidade entre essas religiões se estabeleceu em virtude da crença de que: "Não existe Deus senão Alá, e Maomé é o seu profeta". No decorrer dos séculos, cristãos e muçulmanos vêm travando uma guerra que, agora, já não tem mais identidade religiosa, mas envolve questões culturais, políticas, raciais e econômicas.

Silva, D. N. (2020) menciona que, ainda na Idade Média, encontramos outras manifestações religiosas, como a religião nórdica, no ano 700, praticada pelos vikings. Não há um termo específico para designar essa religião, mas dizemos que praticavam o paganismo, por serem práticas religiosas de um povo não cristianizado. Eles eram politeístas, ou seja, acreditavam em mais de um deus. Sua crença estava relacionada ao cotidiano, e os cultos aconteciam em épocas específicas (solstícios, festas que pediam aos deuses fertilidade do solo e prosperidade, funerais, homenagens aos antepassados etc.).

O cristianismo foi o grande marco religioso da Idade Média. Podemos considerar apenas a religião cristã como o registro, mesmo existindo outras variações dele. Por isso, estudaremos essa religião a seguir.

A Igreja Ortodoxa surgiu no ano de 1054, em virtude de divergências teológicas e políticas entre os cristãos do Oriente e do Ocidente, que culminaram no Cisma do Oriente no mesmo ano. O evento gerou a excomunhão recíproca de dois Papas, o Papa Leão IX e o Patriarca Miguel Cerulário, pois não conseguiram chegar a um acordo.

> Entretanto, fatores ligados a questões culturais, dogmáticas, disciplinares, litúrgicas e políticas, entre as partes oriental e ocidental dessa comunidade até então considerada una, levam, entre 1054 e 1204, à ruptura definitiva entre as duas metades, as quais serão assim reconhecidas até o momento contemporâneo: do lado ocidental, a Igreja Católica Apostólica Romana, submissa ao bispo de Roma, e do lado oriental, a Igreja Católica Apostólica Ortodoxa Grega, tendo como primaz o patriarca de Constantinopla (atual cidade de Istambul – Turquia), localizada na antiga colônia grega de Bizâncio, posteriormente incorporada a Roma. (Loiacono, 2005, p. 118)

Em razão desse conflito, o cristianismo ficou dividido em dois grandes grupos: a **Igreja Católica Apostólica Romana**, com sede em Roma, e a **Igreja Ortodoxa**, com sede em Constantinopla (atual Istambul) (Loiacono, 2015).

Outro evento relevante para a história das religiões na Idade Média foi a implantação da Santa Inquisição, no século XIII, pela Igreja Católica Romana. Consistia em um tribunal religioso que julgava e condenava todos aqueles que fossem contra os dogmas pregados pela Igreja Católica ou pudessem ser uma ameaça às doutrinas. As pessoas eram denunciadas, perseguidas, julgadas e condenadas. Uma das penas era a fogueira, na qual os condenados eram queimados vivos em praça pública para servir de exemplo. As penas mais brandas eram as prisões temporária e perpétua.

Uma guerra em nome de Deus, mais um evento relevante da Idade Média: as Cruzadas. Tratava-se de expedições de caráter religioso, econômico e militar que se formaram na Europa, entre os séculos XI e XIII, contra os heréticos e os muçulmanos. De acordo com Santos et al. (2020), não foi um movimento essencialmente religioso. Em uma sociedade em que a fé sem criticidade alguma superava a razão, a Igreja manipulava os acontecimentos, a cultura e até as artes. As pessoas viviam sob o jugo da ideia do pecado e buscavam o perdão por meio de atos e penitências. As Cruzadas defendiam o espírito de religiosidade da cristandade europeia e foram chamadas de *Guerra Santa*. Seus soldados levavam em seus uniformes o símbolo da cruz e tudo o que faziam diziam ser em nome de Deus.

Foram oito cruzadas que aconteceram do final do século XI até segunda metade do século XIII, travando uma luta contra os turcos no Oriente. Os objetivos das cruzadas eram:

- Libertar a Terra Santa conquistada pelos turcos seldjúcidas (dinastia do fundador Seldjuk), que proibiu a peregrinação ao Santo Sepulcro, em Jerusalém;
- A tentativa do papado de unir a Igreja Ocidental e a Igreja Oriental, separadas desde 1054 pelo Cisma do Oriente.
- A tentativa dos nobres europeus de se apropriarem de terras no oriente;
- A necessidade de algumas cidades comerciais europeias, principalmente italianos, interessados por entrepostos e vantagens em busca de produtos orientais e pela possibilidade de abertura do mar Mediterrâneo ao comércio;

- A explosão demográfica europeia, que gerou uma população marginal, sem emprego e sem terras, que uniu seu fervor religioso ao desejo de riqueza. (Santos et al., 2020, p. 24)

Durante cerca de dez séculos, a Europa sofreu perseguições religiosas, guerras, exploração, fome, miséria, concentração do poder na Igreja, conflitos muito violentos e implacáveis, por isso esse período também é chamado de *Idade das Trevas*. Com o passar do tempo, os camponeses se revoltaram contra tanta degradação. Nas grandes cidades, também havia revoltas, pois a população não tinha emprego nem moradia, ou seja, faltava dignidade ao povo. Surgiu, então, o mercantilismo, em 1453, e o Império de Constantinopla caiu e o comércio com o Oriente foi fechado. A Europa se voltou para o Oeste, começaram as Grandes Navegações pelo Oceano Atlântico e, assim, teve fim a Idade Média.

PARA SABER MAIS

A Idade Média, embora chamada de *Idade das Trevas*, é um período que gera muita curiosidade e fantasias. A dramaturgia explora incansavelmente o tema: existem filmes clássicos sobre o período, alguns repletos de ficção e outros retratando fatos históricos. Portanto, se quiser mergulhar no universo medieval, procure assistir aos filmes a seguir indicados:

O Nome da Rosa: baseado no famoso romance de Umberto Eco, é a história de uma série de assassinatos ocorridos em um mosteiro italiano na primeira metade do século XIV. Retrata o ambiente e a atmosfera sombria da época.

Joana D'Arc: uma narrativa de 1999 sobre a história de Joana D'Arc (1412-1431), a guerreira camponesa que liderou tropas francesas na Guerra dos Cem Anos. Contam que ela recebia mensagens dos anjos. Foi condenada e morta pela Inquisição. Tornou-se uma heroína venerada pelos franceses. A Santa Joana D'Arc foi canonizada pela Igreja Católica em 1909.

Ambos os filmes discutem as controvérsias da Igreja Católica medieval. Revelam uma população empobrecida e um clero com muitos privilégios, encastelado e detentor do maior poder da humanidade: o conhecimento.

Assim, concluímos esse panorama das religiões durante a Idade Média, um longo período em que a humanidade desenvolveu o conceito de um Deus que punia, separava os homens por suas ideias e exigia sacrifícios. No século XIV, período considerado o fim da Idade Média, existia uma sociedade em crise, devastada por guerras, marcada pela destruição e pela fome. Esse contexto propiciou a propagação da peste negra, responsável pela morte de um terço da população da Europa.

Em meio a tantas crises, com os homens buscando alternativas para sua sobrevivência, a Idade Média chegou ao fim. Teve início, então, outro período, com novas oportunidades e caminhos para a humanidade.

2.2.4 Idade Moderna

A Idade Moderna começa no século XV, em 1453, e se estende até a Revolução Francesa, em 1789. Foi um período de profundas mudanças e grandes transformações de cunho econômico, científico, social e religioso, que trouxeram para o pensamento ocidental o sistema capitalista. Marcaram esse período os seguintes acontecimentos:

- Expansão marítima europeia;
- Revolução Comercial e mercantilismo;
- Colonialismo europeu na América;
- Périplo africano;
- Renascimento cultural;

- Reforma Protestante e Contrarreforma;
- Absolutismo;
- Iluminismo.

Na sequência, examinaremos um grupo de religiões que teve seus primeiros registros formais no século XVI, em virtude da expansão marítima europeia.

Foram os colonizadores europeus, em suas viagens à África, que observaram os cultos e começaram a transcrever as lendas africanas. Isso ocorreu só a partir do século XVI; antes, não havia registro escrito dessas lendas. Silva (2019) afirma que não é possível precisar quando começaram as **religiões africanas**, os relatos disponíveis são de viajantes que diziam ter presenciado cultos a elementos da natureza. A maioria das sociedades africanas não compreende suas práticas como religião, relacionadas ao sagrado, elas fazem parte do cotidiano.

As religiões tradicionais africanas, também chamadas de *religiões indígenas africanas*, são um misto de manifestações culturais, religiosas e espirituais que surgiram no continente africano. São muitas as religiões dessa categoria, as quais englobam ensinamentos, práticas e rituais e buscam compreender o divino. No entanto, pode haver diferenças quanto ao modo de explicar o sobrenatural. São religiões que mantêm seus rituais e suas tradições, não tendo sofrido influência das religiões mais recentes (cristianismo, budismo, islamismo, judaísmo e outras). Atualmente, cerca de 100 milhões de pessoas seguem essas religiões no território africano.

As religiões tradicionais africanas são definidas, em grande parte, por linhagens relacionadas às etnias e tribos, como a religião yoruba.

No Brasil, essas religiões chegaram com os escravos, que, para manter seus rituais, fizeram alterações associando suas entidades a santos católicos, para, assim, não serem punidos por seus senhores. Isso é o que chamamos de *sincretismo religioso*.

Igreja em crise

Durante a Idade Média, o acesso ao conhecimento ficou sob controle da Igreja. Dessa forma, a cultura medieval estava voltada para o saber religioso, com base nos dogmas, na fé e na obediência incontestável ao Papa e a seus subordinados (cardeais, bispos, padres), que eram os representantes de Deus na Terra. Depois dos acontecimentos do final da Idade Média, todas essas determinações começaram a ser questionadas. À medida que as monarquias vigentes se fortaleciam, seus representantes questionavam o poder do Papa, que interferia nas questões políticas e cobrava impostos abusivos de seus fiéis.

Formou-se, então, um novo grupo social que buscava prestígio e que queria romper com a ordem social e as hierarquias impostas pela Igreja: a burguesia. A população queria respostas para suas indagações religiosas, já que a peste, a fome e a miséria assolavam suas cidades, e a Igreja Católica nada fazia para dar-lhes a salvação.

Surgiu, então, o antropocentrismo, movimento humanista que defendia a valorização do homem como centro do próprio conhecimento. Artistas e cientistas buscavam as respostas para seus questionamentos na natureza e na razão, e não nos dogmas. Surge, então, o Renascimento.

Foi nesse contexto que novas interpretações sobre o cristianismo vieram à tona, resultando em novas religiões, chamadas de *protestantes*.

Reformas protestantes

A Reforma Protestante foi um movimento cristão que rompeu com os preceitos da Igreja Católica, que centralizava todo o poder, desde o domínio espiritual até as determinações político-administrativas dos reinos. A Igreja era detentora de grandes extensões de terra e riquezas, e em muitas regiões da Europa os abades e os bispos exploravam trabalhadores do campo e da cidade, vivendo às suas custas. O deflagrador da reforma foi Martinho Lutero, com um ato simbólico e reformista ao publicar suas 95 teses com críticas sobre a Igreja.

No **luteranismo**, Martinho Lutero defendia que a salvação da alma depende da fé, e não das obras que realizamos. Contestava os sete sacramentos e o poder do Papa.

> Martinho Lutero era um monge e professor de teologia pertencente à ordem agostiniana que viveu na cidade de Wittenberg, na região do Sacro Império Germânico. Durante os seus estudos, ele foi fortemente influenciado pelas obras de Jan Huss, São Paulo e Santo Agostinho. Nessa trajetória de estudos teológicos, Lutero acabou formulando um conjunto de ideias que iam contra muitos dos princípios estabelecidos pela igreja romana. (Sousa, 2020)

Os abusos praticados pela Igreja, como a venda de indulgências e a distribuição de cargos entre os clérigos, levou Lutero a escrever 95 teses sobre o assunto como forma de protesto. Ele publicou essas teses afixando-as na porta da Igreja onde era professor, a igreja de Wittenberg, em 1517.

Nesse mesmo período, o Papa Leão X organizou uma venda de indulgências em massa. Segundo o documento da Igreja, todo fiel que contribuísse para a construção da catedral de São Pedro teria todos os seus pecados perdoados.

Em 1520, o Papa, apoiado por Carlos V, imperador da Espanha e do Sacro Império Romano-Germânico, exigiu que Lutero se retratasse. Este foi excomungado e obrigado a comparecer diante do imperador, sendo defendido por nobres alemães que queriam o enfraquecimento do poder papal e do Império. Lutero, então, exilou-se voluntariamente na Saxônia para traduzir a Bíblia para o alemão e preparar os princípios do luteranismo.

Sentindo-se amparados pelos princípios luteranos, os camponeses começaram a invadir terras e a saquear igrejas. Esses revoltosos, chamados de *anabatistas*, deram início a uma revolução social que ameaçava os interesses dos nobres germânicos. Lutero não deu apoio aos manifestantes e argumentou que o direito de propriedade dos nobres, bem como dos membros da Igreja, era legítimo.

Em 1530, Martinho Lutero e Filipe Melanchthon deram publicidade aos princípios da religião luterana. No documento, reafirmavam o princípio da salvação pela fé e afirmavam que a Bíblia era a única fonte de consulta para estabelecer dogmas. Entre os líderes da nova Igreja, não haveria distinção hierárquica e eles não teriam de cumprir voto de castidade.

Os conflitos sociais foram resolvidos anos depois da publicação dos princípios eclesiásticos luteranos. Em 1555, os nobres convertidos ao luteranismo assinaram o tratado de Paz de Augsburgo. Segundo o documento, os príncipes alemães teriam liberdade para seguir qualquer opção religiosa. Surgiu, então, uma nova religião na Europa: a luterana.

Assim, o luteranismo se estabeleceu, assumindo características diferentes em diversas regiões da Europa. Dessa forma, surgiram também propagadores das ideias de Lutero, que foram adaptadas e também reformuladas. No Sacro Império, houve a liderança de Martinho Lutero; e João Calvino foi o responsável pela reforma na França e na Holanda. O anglicanismo surgiu na Inglaterra, também proveniente da Reforma de Lutero, já que o rei e a Igreja estavam em conflito.

O **calvinismo** é uma das principais correntes da Reforma Protestante e se originou da Reforma Luterana. Foi criado na Suíça depois da separação do Império Romano-Germânico. As ideias de Lutero foram propagadas nesse país pelo padre Ulrich Zwingio; ao conhecerem as ideias de Lutero, os civis se revoltaram, questionando as bases do poder vigente e diversos conflitos se desencadearam.

João Calvino havia se refugiado na Suíça, pois estava sendo perseguido na França, sua terra natal. As revoltas e o clima de insatisfação na Suíça foram primordiais para que Calvino, aproveitando a ocasião, disseminasse suas ideias que expressavam outra compreensão a respeito das questões de fé pregadas por Lutero.

Calvino explicava o destino dos homens na Terra por meio do princípio da predestinação, segundo o qual apenas pela vontade de Deus alguns seriam escolhidos para a salvação eterna. Deus concederia esse favor àqueles que tivessem uma vida materialmente próspera, dedicada ao trabalho e sem ostentações. A sociologia explica que o elogio feito ao trabalho e à economia conquistou a burguesia europeia, que aderiu em grande número ao calvinismo, o qual se espalhou pela Europa em quantidade muito maior que o luteranismo.

Ao se expandir pela Europa, o calvinismo recebeu outros nomes: na Escócia, os calvinistas ficaram conhecidos como *presbiterianos* (com John Knox como fundador); na França, como *huguenotes*; e na Inglaterra, foram chamados de *puritanos*.

O **anglicanismo**, Igreja Anglicana ou Igreja da Inglaterra, também é fruto do movimento fundado por Lutero, a Reforma Protestante. A Igreja Anglicana surgiu em virtude de uma desavença entre o Rei Henrique VIII e o Papa Clemente VII.

É bem possível que você já tenha lido ou até assistido a alguns filmes sobre o Rei Henrique VIII, da Inglaterra, pois se trata de uma personalidade bastante controversa e que gerou muitas obras baseadas na história real e de ficção.

Ele foi casado com Catarina de Aragão (espanhola, católica e tia do imperador Carlos V). A rainha não concebeu um filho homem para herdar o trono, e Henrique pediu ao Papa a anulação do casamento em 1527. Mas o Papa negou o pedido – talvez por motivos políticos, para não gerar conflito com o Imperador Carlos V. Henrique rompeu com a Igreja Católica e, para centralizar o poder, expulsou os bispos e os padres da Inglaterra, confiscou todos os bens da Igreja, adotou alguns princípios da Reforma Protestante, inspirando-se em Calvino e Lutero. Passou a ser o líder da Igreja na Inglaterra em 1534, após o Parlamento votar o ato de supremacia. Casou-se novamente, segundo os preceitos de sua nova igreja. Dessa forma, a Inglaterra deixou de estar sob o domínio do Papa, o poder do regime monárquico foi ampliado e, da mesma forma, acumulou terras e bens, que apenas se transferiram da Igreja para a monarquia. O povo continuou com as mesmas dificuldades: fome, falta de emprego e exploração dos camponeses. A Igreja Católica perdia fiéis e poder e, para tentar reverter a situação, em 1545, o Papa Paulo III convocou o Concílio de Trento.

Contrarreforma

A Contrarreforma surgiu, portanto, da necessidade de reafirmar a Igreja Católica em um período em que seu poder estava diminuindo em virtude da expansão dos protestantes. O Concílio Ecumênico de Trento (1545 -1563) foi convocado pelo Papa Paulo III para assegurar a unidade da fé e a disciplina do clero. Resumidamente, as principais deliberações determinavam ações que fariam frente às reformas de Lutero: confirmar a existência do pecado original e do purgatório; declarar a doutrina do Papa como infalível; exaltar os sete sacramentos (batismo, confirmação ou crisma, confissão, eucaristia ou comunhão, matrimônio, ordem e extrema unção), afirmar o casamento como instituição indissolúvel e reafirmar o celibato para todo o clero; declarar que a salvação se realize pela fé e pelas obras, rejeitando, assim, a teoria reformista que dizia que a salvação vinha apenas pela fé; o casamento permaneceria indissolúvel e os membros da Igreja seguiriam o celibato.

O concílio ainda condenou a venda de indulgências, como Lutero já havia feito, mas reeditou a Santa Inquisição, estabelecendo um tribunal para julgar os hereges. Condenou também as intervenções dos nobres na igreja e a doutrina protestante de Lutero. Os bispos também determinaram que a Igreja precisava estar alinhada à expansão marítima, então, criaram a Companhia de Jesus (os Jesuítas) para que viajassem aos novos continentes com o objetivo de catequizar os povos (Silvestre, 2020).

Revisitamos a história da Idade Moderna exclusivamente sob a ótica das religiões e dos eventos a elas relacionados, mas é importante ressaltar que nenhum estudo pode ser feito isoladamente, pois tudo que acontece na história produz ou recebe efeitos de outras áreas. A Idade Moderna foi marcada por diversos acontecimentos que resultaram em mudanças.

> o tema das Reformas Religiosas pertinente ao início da Época Moderna possui implicações que ultrapassam as mudanças institucionais eclesiásticas no século XVI, relacionando-se também a aspectos culturais, econômicos e de poder vividos na Europa. (Monteiro, 2007, p. 132)

Monteiro (2007) relata que o historiador francês Lucien Febvre justifica o sucesso da Reforma na França e em outros países baseando-se em dois fatores: a publicação da Bíblia em linguagem vulgar, o que facilitou seu entendimento pelos leigos, e a salvação pela fé. O segundo fator foi a crise moral e religiosa muito grave que acometeu toda a Europa. Para uma compreensão efetiva sobre o fenômeno, é fundamental investigar todas as suas manifestações culturais, sociais, artísticas e econômicas.

> **EXEMPLIFICANDO**
>
> A Reforma Protestante ocasionou a grande transformação religiosa da época moderna, já que rompeu com a unidade do cristianismo no Ocidente, trouxe modificações sociais e culturais e provocou na Igreja Católica uma revisão de padrões e conceitos. Como exemplo, podemos citar o Renascentismo (movimento cultural, econômico e político da Idade Moderna), que fazia importantes questionamentos sobre o papel exercido pela Igreja Católica. O heliocentrismo, defendido por Nicolau Copérnico, o empirismo de Francis Bacon e a física newtoniana descentralizaram o monopólio intelectual da Igreja. Cientistas e artistas renascentistas defendiam a ideia de que o homem não precisava permissão da Igreja para conhecer Deus ou o universo.

A história da Reforma, segundo o historiador dos *Annales*, não pode estar reduzida a marcos eclesiásticos, políticos e institucionais. É necessário analisar a conjuntura psicossocial da época para entender características específicas do ser humano do século XVI.

2.2.5 Idade Contemporânea

Estamos quase chegando aos nossos dias. Abordaremos agora a Idade Contemporânea, que começa no início da Revolução Francesa, com a queda da Bastilha, em 14 de julho de 1789, e chega até os dias atuais. A Idade Contemporânea representa, principalmente, o período em que o capitalismo se consolidou como o modo de produção, expandindo-se por todo o globo do século XVIII até o século XXI.

Nessa última etapa da linha do tempo das religiões, faremos um apanhado geral, citando as religiões mais conhecidas e buscando relacionar o impacto que causam à sociedade.

Os **mórmons** ou a **Igreja de Jesus Cristo dos Santos dos Últimos Dias** (1830), foi fundada por Joseph Smith Jr. nos Estados Unidos. Ela se baseia no restauracionismo, ou seja, no resgate do cristianismo primitivo. Mesmo crendo na Bíblia, os mórmons seguem os preceitos ditados por Joseph, que teria tido uma revelação: em uma aparição, Deus e seu filho Jesus o orientaram a fundar uma nova igreja, pois as outras estavam seguindo caminhos errados e colocavam em risco os ensinamentos divinos. Seria ele o profeta, quem traria a Igreja para seus verdadeiros princípios. Tal episódio ficou conhecido como a Primeira Visão. O Livro dos Mórmons reúne os registros de Joseph e seus ensinamentos.

A **Igreja Adventista do Sétimo Dia**, fundada em 1863, tem, entre seus pioneiros, Ellen White, cujos escritos são tidos pelos adventistas como inspirados por Deus. Trata-se de uma denominação cristã restauracionista (acreditam no cristianismo histórico e apostólico), trinitariana (fé na trindade Pai, Filho e Espírito Santo), mortalista, não cessacionista e sabatista, caracterizada por reservar o sábado como dia do Senhor, o sétimo dia da semana judaico-cristã (*sabbath*) e crer na iminente segunda vinda de Jesus.

O **espiritismo** foi fundado em 1857 pelo professor Hipolyte Léon Denizard Rivail, cujo pseudônimo era Allan Kardec. Seus primeiros estudos sobre o mundo dos espíritos aconteceram durante suas pesquisas envolvendo o magnetismo. Nesse período, vivenciou as sessões de "mesas girantes", nas quais se observava a movimentação de objetos sem que houvesse a intervenção de alguém. Analisando esses fenômenos, ele constatou que se tratava de fatos novos, ainda sem explicação científica.

Após anos de estudos, utilizando o pseudônimo de Allan Kardec, o professor publicou, em 1857, o primeiro livro de uma série de cinco, *O Livro dos Espíritos*, que viria a ser conhecido como *Doutrina Espírita*.

Para divulgar seus conhecimentos, Kardec fundou a Sociedade Parisiense de Estudos Espirituais e criou a *Revue Spirite* (Revista

Espírita). Foi assim que ele conseguiu difundir suas ideias e ganhar muitos adeptos. Muitos desses seguidores eram das classes trabalhadoras que sofriam com a exploração de sua força de trabalho pelo capitalismo e pelos impactantes ideais do socialismo. Allan Kardec foi fortemente influenciado pelo cientificismo e pelo pensamento evolucionista.

A igreja **Testemunhas de Jeová** foi fundada em 1871, quando Charles Taze Russell, junto a alguns amigos, formou um pequeno grupo de estudos da Bíblia nos Estados Unidos. Eles tinham convicção de que suas interpretações da Bíblia refletiam a "verdade bíblica", e seu objetivo era publicar as ideias que contrastavam com a maioria das religiões cristãs. Russell começou a publicar a revista *A Sentinela*, que foi distribuída pelo mundo propagando essas ideias. À medida que as pessoas recebiam a revista, reuniam-se e realizavam estudos e assim sucessivamente. Dessa forma surgiram os Estudantes da Bíblia ou Estudantes Internacionais da Bíblia.

Foi assim que Russell fundou a Sociedade de Tratados da Torre de Vigia de Sião, dando início ao grupo que se chamaria *Testemunhas de Jeová*. Atualmente, essa religião está espalhada por diversas partes do mundo e mantém o mesmo *modus operandi* o de reunir as pessoas para estudos.

A **Congregação Cristã no Brasil**, fundada por Louis Francescon, em 1910, chegou ao Brasil para realizar seu trabalho missionário. É uma igreja cristã não denominacional, a primeira igreja pentecostal a se instalar no Brasil, apesar de não se identificar como tal. A Congregação Cristã tem em seus cultos uma ordem preestabelecida de atividades espontâneas. Seus membros acreditam na espontaneidade e na contínua inspiração do Espírito Santo, que conduz toda e qualquer ação praticada em um culto, incluindo a leitura e a explanação do texto bíblico.

A **Igreja do Evangelho Quadrangular** foi fundada em janeiro de 1923 por Aimee Elizabeth Kennedy, na cidade de Los Angeles,

Califórnia. Em 1922, durante um culto na cidade de Oakland, Aimee recebeu a visão do evangelho quadrangular. Essa revelação a levou a fundar a Igreja e expandi-la pelo mundo inteiro.

Acerca das **religiões no Brasil**, estatísticas apontam que a maior parte da população brasileira é cristã. O catolicismo foi a religião oficial do Brasil até a Constituição de 1891, que instituiu o Estado laico. Mesmo assim, é possível encontrar muitas confissões do protestantismo: evangélicos, luteranos, adventistas, batistas, metodistas e presbiterianos. No entanto, existem outras denominações religiosas no Brasil, quais sejam: pentecostais, episcopais, restauracionistas etc. Há ainda os espíritas (ou kardecistas). O animismo também é muito presente e divide-se em candomblé, umbanda, esoterismo, Santo Daime e tradições indígenas. Há uma minoria de muçulmanos, budistas, judeus e neopagãos.

O QUE É?

Estado laico: Para ser considerado laico, o Estado precisa promover de maneira oficial a separação entre Estado e religião. Deve existir a garantia da liberdade religiosa de todos os seus cidadãos. Dessa forma, o Estado não pode interferir nem discriminar as pessoas por suas escolhas, suas práticas ou seus credos, assim como a Igreja não pode interferir nos negócios de Estado. O Estado precisa garantir a integridade de seus cidadãos, não permitindo que atos religiosos discriminatórios ou extremados atentem contra a pessoa humana.

Nossa viagem pela história das religiões acaba aqui. Destacamos que, embora pareça um conteúdo longo, há ainda muito a ser estudado, pois existe uma infinidade de religiões pelo mundo afora que não citamos – e também porque novas denominações continuam a surgir. A fé é um elemento aglutinador e de remissão em todos os momentos. E um dos motivos para que seja estudada é a possibilidade de entender a condição humana.

2.3 O fenômeno religioso como instrumento de transformação social e cultural

Para a antropologia, a experiência religiosa é autônoma e não está obrigatoriamente condicionada pela estrutura de uma cultura. No entanto, os próprios antropólogos admitem que, quando a experiência religiosa se transforma em religião institucional, é necessário um contexto cultural para entendê-la.

Segundo Moreira (2008), em virtude disso, é possível afirmar que a religião é um sistema de representação e um sistema cultural composto por uma rede de símbolos, com delimitações de fronteiras, textos e normas específicas. É por isso que a religião se apresenta como uma cultura.

Assim como as outras culturas, a religião enfrenta muitos desafios, pois atua como filtro na construção da sociedade em mundo globalizado repleto de mudanças e dificuldades que provocam uma crise de representação e estimulam o intercâmbio de culturas.

> De fato, a globalização impõe um ritmo no qual todas as culturas localizadas são aceitas, mas ao mesmo tempo consideradas provisórias. Assim sendo, qualquer religião hoje tem legitimidade dentro de um planeta globalizado, mas também é facilmente descartada pela imposição de outras representações religiosas. A cultura da mídia contribui, com toda a sua potência, para que isso aconteça com mais rapidez. Disso resulta a interculturalidade, ou melhor, a internacionalização das culturas, a qual consiste numa passagem do local para o mundial com muita facilidade e rapidez. Além da mídia, as grandes migrações, formadas por contingentes de pessoas que vão de um lugar para outro do planeta em busca de condições mais dignas de vida, favorecem ainda mais essa internacionalização das culturas. Por isso é cada vez mais comum

> o processo de *hibridação religiosa*, ou seja, a formação de grupos religiosos que misturam elementos de várias crenças. (Moreira, 2008, p. 18, grifo do original)

Em razão disso, torna-se muito difícil a manutenção de uma identidade para as religiões mais antigas e tradicionais, gerando crises para sua coexistência.

Ao denominarmos a religião como *sistema*, percebemos que assim podemos considerá-la, porque, da mesma forma que a cultura é um sistema simbólico que dá significado às coisas e ao fazer humano, a religião busca significar e responder às perguntas sobre a natureza humana, sobre o sentido da vida.

Depois de estudarmos a cronologia das religiões, podemos afirmar que essa constatação é verdadeira. Padrões, normas e regras ditadas pelas diversas religiões que analisamos interferiram diretamente na formação das sociedades em que estavam inseridos seus sujeitos, seja para trabalhar para o engrandecimento daquela filosofia, doutrina ou pensamento, seja para contestá-lo oferecendo outro caminho.

Quando se considera a estrutura de uma religião como sistema, admite-se que seus ensinamentos não são um patrimônio reservado àquela doutrina/igreja. Eles se tornam sua própria história, sendo incorporados à sua cultura, aos seus costumes e à sua estrutura social. Por isso, a Igreja, em muitos momentos, é elemento de apoio a movimentos sociais ou à legitimação de poderes.

> Diante desse quadro, a análise sociológica da religião torna-se imperativa, uma vez que ela, de certo modo, interfere diretamente nas funções sociais e por vezes altera significativamente o modo de viver das pessoas. Mas esta análise não deve se constituir em uma arma que tenta neutralizá-la e sim em um método que procura compreendê-la e talvez, até confirmá-la, tendo como

pressuposto a afirmação de Durkheim em que "a própria natureza da sociedade é intrinsecamente religiosa". (Martelli, 1995, p. 32, citado por Ferreira, 2012, p. 7)

Desde sempre a religião é considerada um instrumento para aliviar as dores da humanidade, tanto ligadas à saúde quanto às inquietações existenciais ou ao provimento de necessidades básicas. Assim, a Igreja, no decorrer dos tempos, promoveu esse auxílio com bênçãos espirituais ou curando feridas reais, com empoderamento ou com a submissão dos fiéis. Em certos momentos, supriu materialmente necessidades com pão; em outras, com conforto espiritual.

> Quando é ligado à pobreza, surgem os projetos sociais governamentais que tratam de extirpá-la; quando é ligado a dor, fala-se na humanização dos procedimentos de saúde; quando se refere a sentimentos como amor, prazer ou amizade, existem nas prateleiras das livrarias os mais diversos livros de autoajuda que tratam de compensar estes sentimentos com lições de vida e aconselhamentos. Mas o meio ainda mais eficiente, se for feita uma pesquisa empírica, é a religião. Dar significado ao sofrimento, justificá-lo, é papel da religião. (Ferreira, 2012, p. 13)

Dessa forma, a religião oferece amparo ao homem. E como o próprio homem a criou, ele mesmo a adapta aos tempos e à realidade. No entanto, essa busca pelo divino fora do humano sempre existirá.

EXERCÍCIOS RESOLVIDOS

A religião é um fator de transformação social e cultural em qualquer época da história e sempre esteve presente em fenômenos políticos, sociais e culturais. Sociólogos, antropólogos e religiosos, entre tantos cientistas, dedicam suas pesquisas a entender as reações e as manifestações das pessoas diante dos desafios impostos à sociedade e como a religião interfere nesses momentos. Das afirmações a seguir, apenas uma está correta. Assinale-a.

A] Em tempos de crise social, a religião, para cumprir seu papel, deve contribuir com o amparo do povo. Esse apoio se traduz na promoção da educação, na reflexão e também na participação como agente político de transformação.

B] A Igreja contemporânea na condição de instituição não participa de discussões acerca da educação de um país. Normalmente, as diretrizes das congregações proíbem essa participação, sem que exista orientação para que isso possa acontecer.

C] Dar significado ao sofrimento do povo e preocupar-se com as questões políticas e sociais não é papel da religião como um sistema. Por isso, a sociologia estuda com tanto afinco as participações da Igreja na formação da sociedade.

D] Se analisarmos a religião como um sistema, devemos considerar o conhecimento produzido por ela como algo de propriedade particular da igreja a que esse conhecimento pertence. Trata-se de um conhecimento específico e que não pode ser compartilhado.

Gabarito: A

Feedback **do exercício**: Nem sempre as religiões estiveram ao lado do povo para apoiá-lo, mas, em um sistema em que existe a consciência desse papel, a religião pode ser uma excelente ferramenta de promoção de estabilidade social e cultural. Raramente a Igreja contemporânea, seja qual for a confissão de sua fé, deixou de participar da educação de sua comunidade. Essa é uma característica das religiões da atualidade. Ao analisarmos o papel das religiões como instrumento de promoção social e cultural, sim, é pressuposto que a instituição se preocupe efetivamente com as condições da sociedade e dê significado às questões que afligem um povo. Compreendendo a religião como um sistema, com certeza, todo o conhecimento por ela produzido é patrimônio público e não deve ser escondido ou individualizado.

A Igreja e as religiões produzem padrões que mantêm e modificam a sociedade, e mesmo aqueles que a negam são influenciados por suas ações. Não é coincidência que, em tantos momentos, a religião tenha interferido e contribuído com a educação, a saúde e a política, pois as religiões sempre tiveram como pressuposto fundamental o bem-estar de seus fiéis.

Síntese

- As religiões originaram-se na Pré-História, no momento em que o homem se tornou sedentário e buscou significado para as manifestações da natureza.
- O evolucionismo social e o difusionismo histórico-cultural são duas correntes que explicam o surgimento das religiões.
- Pré-História: o homem era politeísta; aconteceram as primeiras experiências religiosas, como os rituais funerários e os cultos à natureza; no Período Neolítico, encontramos a religião centrada no culto à deusa.
- Idade dos Metais: os sumérios tinham uma religião politeísta e criaram a escrita cuneiforme.
- Idade Antiga: existiam diversas religiões com características específicas, mas com um ponto em comum: eram politeístas. São diversos povos com suas crenças. Nasceu Jesus Cristo e o cristianismo.
- Idade Média: a religião na Alta e na Baixa Idade Média; o fortalecimento do catolicismo, a instauração do poder e o enriquecimento da Igreja. Foram estabelecidas as doutrinas do cristianismo.

- Maomé recebeu a revelação da Terra Prometida e criou o islamismo; começou a rivalidade entre católicos e muçulmanos.
- A Igreja Católica criou um tribunal para julgar aqueles que infringiam os dogmas da Igreja (a Santa Inquisição); em virtude de divergências entre os cristãos do Oriente e do Ocidente, surgiu a religião ortodoxa; a Igreja Católica entrou em crise e, em consequência da fome, da miséria e do poder usurpador da Igreja, surgiu a necessidade de novas interpretações do cristianismo; Lutero promoveu a Reforma Protestante seguido por Calvino e Henrique VIII.
- Diante do enfraquecimento de seu poder em razão do protestantismo, a Igreja Católica realizou o Concílio de Trento para oficializar a Reforma Católica, ou Contrarreforma.
- Idade Contemporânea: houve a expansão das religiões cristãs pelo mundo e suas especificidades. Igreja de Jesus Cristo dos Santos dos Últimos Dias (Mórmons), Igreja Adventista do Sétimo Dia, espiritismo, Igreja do Evangelho Quadrangular, Congregação Cristã no Brasil etc.
- A contribuição da religião para o desenvolvimento social e cultural da humanidade; a religião como sistema que ultrapassa as fronteiras da igreja, interfere, contribui e influencia as sociedades em todas as esferas.

LÍNGUA, RELIGIÃO E DIVERSIDADE: ASPECTOS DA IDENTIDADE CULTURAL

INTRODUÇÃO DO CAPÍTULO
Como caracterizar e definir a identidade cultural de uma sociedade? Muitos fatores contribuem para isso, mas dois são de fundamental importância e indispensáveis no estudo dessa identidade: a **religião** e a **língua**.

A língua e a religião predominantes, suas variações e as transformações ocorridas ao longo do tempo são aspectos que permitem traçar o perfil de um povo.

As religiões desenvolvem virtudes, princípios éticos e morais, atuam como elementos catalisadores sociais e influenciadores culturais. Elas buscam a manifestação do sagrado, a possibilidade de criar vínculos com o eterno, com a perfeição. Dessa forma, esses vínculos também se estabelecem entre os grupos que têm as mesmas aspirações e crenças.

Já a língua é a ferramenta de comunicação primordial no convívio humano. Ela possibilita relações de diversos níveis, como afetivo, profissional, educacional e ideológico, dentro dos grupos sociais estruturados ou fora deles, atuando como mecanismo de difusão desses fatores.

Com base nessas considerações, estudaremos, neste capítulo, a religião e a língua como mecanismos de formação da identidade cultural de um povo.

Conteúdos do capítulo
- Identidades culturais: conceitos e teorias.
- Língua, linguagem e cultura.
- Língua e linguagem.
- Língua como manifestação sociocultural.
- Religião e religiosidade e identificação sociocultural.
- Respeito às diversidades religiosas, culturais e sociais.
- Linguagens midiáticas nas religiões e suas influências culturais e sociais.

Após o estudo deste capítulo, você será capaz de :
1. identificar o conceito de identidade cultural;
2. diferenciar conceitos e aplicações de língua e linguagem;
3. conceber a língua como manifestação sociocultural e agente de transformação social;
4. reconhecer as diferenças entre religião e religiosidade;
5. compreender que o respeito às diversidades é fundamental para a manutenção de uma sociedade em harmonia;
6. reconhecer o papel das mídias e suas linguagens na difusão dos ideais das diversas religiões.

Ao nos referirmos à língua, não podemos nos limitar ao conceito apenas de idioma, já que a língua é um conjunto de signos que a constituem, portanto, não pode ser dissociada de seu contexto cultural. Ela tem também um caráter comunitário e social, pois, para ser efetiva e realmente comunicar, precisa estar alinhada aos significados do grupo que a utiliza.

Quando realizamos um estudo sobre religiões, devemos ponderar igualmente os contextos social, econômico e cultural em que essas crenças se manifestam.

Portanto, para entendermos como se formam as identidades de um povo, precisamos analisá-lo sob a ótica de suas manifestações religiosas, das variedades de sua língua e da diversidade de suas culturas, que se apresentam em virtude das interações sociais, das necessidades e das capacidades de adaptação social, física e cultural dos seres humanos.

3.1 Identidades culturais: conceitos e teorias

O conceito de identidade cultural se relaciona com o olhar que se tem sobre o mundo exterior e sobre a forma como os indivíduos se posicionam em relação a ele. Trata-se de um processo de contínua mutação, por isso, costuma-se dizer que a identidade sociocultural de um sujeito está sempre mudando. A identidade cultural estabelece relações entre o mundo interior e exterior, entre o pessoal e o público. Isso quer dizer que, da mesma forma que nossas particularidades interferem no mundo exterior, esse mesmo mundo nos transforma e influencia nossas ações individuais.

Assim, a identidade cultural é a identificação essencial da cultura de um povo, pois está diretamente ligada à sua essência, à sua produção cultural, ao que um povo realiza no campo da arte, da linguística, da religião, da ciência e dos valores morais e éticos. A princípio, esse conjunto de produções segue um padrão e é chamado de *identidade cultural*.

O conceito apresentado pode parecer bastante simples e de fácil entendimento, mas não é nosso objetivo aceitar um conceito como verdade absoluta. Ao nos dedicarmos à pesquisa, é possível identificarmos vários estudos científicos que aprofundam o assunto. Comecemos com Santos (2011a), que, em sua pesquisa, aponta que existem estudos que buscam definições bem mais adequadas a esse processo sociocultural da contemporaneidade. Ele propõe que se estude o conceito de identidade sob o aspecto antropológico, e não sob uma perspectiva lógica e metafísica, utilizando o "conceito de *processo de identificação-diferenciação* em lugar do de identidade" (Santos, 2011a, p. 142, grifo do original).

Santos (2011a) aborda a antropologização do conceito de identidade, o qual consiste em admitir que os processos fluidos e mutantes da modernidade fazem com que o conceito de identidade extrapole o campo da lógica e da metafísica e se torne um processo existencial, sociológico, psicológico e, acima de tudo, antropológico.

O QUE É?

O conceito metafísico de **identidade** foi apresentado por Aristóteles em seus tratados de metafísica, ou filosofia primeira, em que afirma: "identidade é uma unidade de ser ou unidade de uma multiplicidade de seres, ou, enfim, unidade de um único, tratado como múltiplo, quando se diz, por exemplo, que uma coisa é idêntica a si mesma" (Aristóteles, 1969, p. 275, citado por Santos, 2011a, p. 143). Portanto, segundo a lógica metafísica, uma coisa é o que é. É idêntica a si mesma e não se confunde com qualquer outra. São caracteres exclusivos de pessoas, animais, objetos, etc. que podem distingui-los uns dos outros, considerando tanto suas diferenças quanto suas semelhanças.

Essa proposta de conceituação de identidade segundo os fenômenos antropológicos fundamenta-se em:

> A proposição que coloca a identidade como qualidade do idêntico, em que um ente é igual a si mesmo, tem no campo filosófico ainda seu fundamento de validade. Todavia, no estudo do real sócio-histórico-cultural, em que a dinâmica da mudança se torna o elemento fundante dos fenômenos, essa perspectiva deve ser relativizada e em alguns casos abandonada. (Santos, 2011a, p. 143)

Diante dessas considerações, é importante refletirmos sobre essa forma de pensar a identidade cultural. Não se trata apenas de uma mudança de nomenclatura, e sim de uma atualização conceitual que se faz necessária em virtude das grandes transformações pelas quais a sociedade contemporânea vem passando, entre as quais, podemos citar o fenômeno da globalização. "Assim na compreensão dos objetos da cultura o conceito de identidade não vem assumindo o sentido de idêntico, igual e permanente, mas sim do que é contraditório, múltiplo, mutável" (Santos, 2011a, p. 143).

Dessa maneira, podemos entender *identidade cultural* como as experiências vivenciadas por um grupo social que lhes dão significado de comunidade, de pertencimento, mas ao mesmo tempo são únicas e individuais. O conjunto de significados forma a identidade, sem que sejam idênticos como a lógica aristotélica, mas que sejam comuns a quem os vivencia.

> Ou seja, mais do que dizer que *o que é* a identidade cultural, para compreender a complexidade desse fenômeno, é necessário interrogarmos o *porquê* e o *como* da identidade cultural: por que surge esse sentimento de pertencimento? Como as identidades culturais são criadas? A partir de que são criadas? Como se relacionam com outras categorias de compreensão social (ideologia, poder, dominação, simbólico, representações)? Partindo do pressuposto que no mundo moderno e contemporâneo a construção

> das identidades é marcada por uma intencionalidade que se desenvolve em contextos de relações de poder e, para compreender tal construção, devemos levar em consideração os processos de construção. (Santos, 2011a, p. 145)

A identidade é cultural. Ela surge da relação com o outro. A afirmação do "somos" acontece no momento em que percebemos que "outros são". Sabemos a qual grupo pertencemos (região, sexo, religião) porque existem outros que não fazem parte desse grupo. O sentido da classificação existe em função dos que não são (da mesma região, do mesmo sexo, da mesma religião), caso contrário, não haveria a necessidade dessa identificação. Concluímos, portanto, que sem diferença não há identidade.

A verdade é que as identidades culturais são inerentes ao ser humano. Elas são dinâmicas e complexas e, por isso, são possíveis diversas possibilidades de interpretação. Contudo, o fundamental é percebermos e aceitarmos fenômenos que nos identificam, que nos fazem pertencer ou que dão significados a um "ser" (ação de ser) junto a outros e diferente de outros.

O objeto de nosso estudo é entender como a língua e a religião geram esses significados, ou identidade cultural, e agrupam pessoas, mas não apenas isso: Quais são as intencionalidades para a formação desses significados? Trata-se de processos naturais, que se desenvolvem sem que haja planejamento ou manipulação? Essas indagações farão parte dos próximos itens deste capítulo.

3.2 Língua, linguagem e cultura

Há definições bastante simplificadas sobre língua e linguagem, algumas aprendemos desde o ensino fundamental, mas que, ao investigarmos, logo entendemos que são definições insuficientes, distantes do sentido mais profundo. O que sabemos é que língua e linguagem são elementos que se conectam e se manifestam culturalmente, contribuindo para a criação de culturas.

3.2.1 Língua e linguagem

Podemos afirmar que a língua caracteriza e diferencia o ser humano de outros seres. É também um veículo de comunicação, mas a principal constatação é de que, por meio da língua, formulamos nosso pensamento (Castilho, 2017). A língua é um conjunto de processos criativos.

Para a linguística moderna, existem dois pontos que devem ser considerados no estudo da língua: a língua como **enunciado** e como **enunciação**. A língua como enunciado é aquela sistematizada nos dicionários e nas gramáticas, como um conjunto de normas e regras que são estudadas independentemente de seus falantes ou dos grupos onde atuam. São expressões faladas e escritas, em que não há a necessidade de considerar a situação social na qual foram criadas.

Como nosso objeto de estudo é a língua na condição de processo de diferenciação cultural, a análise que mais nos interessa é o da **enunciação**. Essa definição ou conceituação concebe a língua como um conjunto de processos que a colocam como mecanismo vivo e pulsante em suas manifestações.

> O estudo da *língua como enunciação* problematiza as questões que envolvem qualquer manifestação linguística: a existência de dois ou mais falantes, integrados em variáveis sociais tais como região geográfica de que procedem, o momento histórico em que falam ou escrevem, o nível sociocultural a que pertencem, sua escolaridade e faixa etária. Ao interagir através da língua, os falantes estão integrados numa situação de fala (conversa espontânea, conversa formal, fala pública, etc.) e num entorno social (falam ou escrevem a pessoas de mesmo nível, ou de um

> nível sociolinguístico diferente do seu), e realizam atos de fala locutórios (expõem sobre dados assuntos, perguntam sobre o que não sabem, ordenam), ilocutórios (insinuam coisas, sem dizê-las de modo claro) e perlocutórios (realizam ações ao mesmo tempo em que falam, como quando o padre diz "eu te batizo, Bastião").
>
> Os falantes escolhem o canal de que se servirão: a língua falada, caso o interlocutor esteja presente, a língua escrita, caso o interlocutor esteja ausente. Em qualquer caso, quando se parte do ponto de vista segundo o qual a língua é uma enunciação, o que se está investigando são as condições de produção dos enunciados linguísticos, as atividades que cercaram a criação das manifestações linguísticas, aí incluídas as atividades mentais. (Castilho, 2017, p. 7)

Para realizar um estudo sobre a língua, é preciso fazê-lo à luz de teorias fundamentadas e comprovadas. Há três teorias linguísticas merecem nossa atenção: (1) a língua como atividade mental; (2) a língua como estrutura; (3) a língua como atividade social.

A teoria que explica a língua como **atividade mental** parte do pressuposto de que a linguagem se forma no pensamento do indivíduo e se manifesta exteriormente por meio de um código. Assim, a língua é entendida como um produto final, um sistema estável. É algo definido: o ser humano já nasce com a capacidade de exteriorizar o pensamento, fruto de sua *psiquê*. Para os defensores dessa teoria, a língua é uma faculdade divina concedida por Deus como um dom.

Conforme o indivíduo consegue organizar seu pensamento, ocorre a exteriorização de sua linguagem; se não conseguir ordenar a linguagem, esta ficará desarticulada, desorganizada e, portanto, sem efeito. Em resumo: quem não consegue pensar não consegue se expressar.

Para a teoria linguística, que defende a língua como **estrutura**, a linguagem é um meio objetivo, determinado, direto, para a comunicação, isto é, tudo se organiza pelo sistema linguístico: as formas gramaticais, fonéticas e do léxico da língua. A linguagem é um instrumento de comunicação e consiste em um código que se manifesta por meio de regras e normas gramaticais.

Vejamos a terceira teoria linguística, que concebe a **língua como atividade social**.

> esta terceira vertente teórica considera a língua como uma atividade social por meio da qual veiculamos as informações, externamos nossos sentimentos e agimos sobre o outro. Assim concebida, a língua é um somatório de usos concretos, historicamente situados, que envolve sempre um locutor e um interlocutor localizados num espaço particular, interagindo a propósito de um tópico previamente negociado. Ela é, portanto, heterogênea. A Gramática, por via de consequência, deixa de ser uma disciplina científica autônoma, buscando pontos de contacto com a Psicologia, a Sociologia, a Antropologia, a Semiologia, a Ciência Política, a História e a Filosofia. (Castilho, 2017, p. 21)

Com base na compreensão de que a língua é considerada atividade social, surge o conceito de enunciação, o qual, por meio dessa interpretação, conferiu à gramática um *status* interdisciplinar. Dessa forma, a língua atua como um agente de interação, não apenas transmitindo uma mensagem ou evidenciando um pensamento.

Nessa teoria, abrigam-se outras vertentes similares, tais como: a língua como conjunto de funções sociais, a variação e a mudança como fenômenos linguísticos heterogêneos, a língua como o conjunto de atos da fala e a língua como discurso.

Ao analisarmos, mesmo que superficialmente, essas teorias, podemos perceber que as duas primeiras apresentam a língua como um fenômeno homogêneo que coloca a linguística como ciência autônoma.

Já sob a perspectiva de língua como fenômeno social, entendemos a língua como uma atividade social pela qual veiculamos as informações, demonstramos sentimentos e expressamos desejos, vontades, insatisfações e conquistas. Assim, a língua se torna uma soma de usos concretos situados historicamente. Nessa atividade, há sempre um locutor e um interlocutor, diferentes do emissor e do receptor. Quando falamos de interlocutor ("inter" e "locutor"), afirmamos a característica de interação da língua.

É nesse aspecto que se encontram as influências culturais da língua nos espaços sociais e a influência das transformações sociais na língua. Trata-se de processos recíprocos.

A língua se manifesta por meio de signos, códigos que lhe conferem significado. A esse conjunto de sinais damos o nome de *linguagem*. Bagno (2020) define linguagem como "todo e qualquer sistema de signos empregados pelos seres humanos na produção de sentido, isto é, para expressar sua faculdade de representação da experiência e do conhecimento" e, em seguida, completa: "toda linguagem é sempre uma 'imitação da língua', uma tentativa de produção de sentido tão eficiente quanto a que se realiza linguisticamente" (Bagno 2020).

A linguagem, portanto, de certo modo, é a materialização da língua, são todas as formas que o homem utiliza para expressar seus sentimentos e conhecimentos. São diversas suas formas e manifestações, como: linguagem artística (música, pintura, dança, escultura); linguagem matemática; linguagem de programação digital; linguagem corporal e tantas outras. Podemos afirmar que a linguagem é a capacidade que desenvolvemos para nos comunicarmos, para expressarmos a língua, e é por isso que dizemos, por exemplo: "Por meio daquela obra, o autor fala sobre as emoções". Essa obra pode ser uma pintura, uma instalação artística. O observador dessa arte faz a interpretação em sua língua, isto é, pensa com seus códigos linguísticos.

Ao estudarmos a língua de acordo com a vertente que a concebe como atividade social, baseamo-nos na teoria da enunciação, e há diversas outras teorias que nos auxiliam nessa compreensão: a língua como discurso, a língua como processo de comunicação, a língua como um conjunto de funções sociais definidas, a língua como um conjunto de atos da fala, as variações e as mudanças como fenômenos inseparáveis da característica heterogênea da língua.

Exercícios resolvidos

Existem teorias acerca da língua que norteiam os estudos linguísticos e são resultantes de pesquisas que traduzem os questionamentos contemporâneos a respeito do conceito de língua. Percebemos que todas têm pontos em comum, não sendo completamente diferentes entre si, afinal, todas estão tratando do mesmo assunto. O que as difere são as abordagens. De acordo com as afirmações a seguir, assinale a afirmativa **incorreta.**

A] A teoria que concebe a língua como uma atividade mental afirma que representamos de forma semântica e gramatical o que está ao nosso redor. Para isso, nosso cérebro capta, decodifica e externaliza o que captou. Essa teoria busca entender como a mente humana se organiza para produzir a língua.

B] São três as teorias mais importantes sobre o estudo da língua: teoria 1 – a língua é uma atividade mental; teoria 2 – a língua é uma estrutura; teoria 3 – a língua é uma atividade social. No entanto, a mais aceita pelos linguistas é a terceira, pois está ligada ao desenvolvimento da língua na sociedade.

c) A teoria que estuda a língua como aspecto social concebe seu o processo de formação como um processo heterogêneo, considera a língua uma atividade social que difunde informações, expressa sentimentos e outras percepções sobre sua aplicação.

d) Existe uma teoria linguística que defende que não é preciso considerar a condição histórica do falante para estudar uma língua, pois ela é composta por signos organizados em unidades que com níveis hierárquicos dispostos: o som, a gramática e o discurso. A essa vertente dá-se o nome de *teoria da língua como estrutura*.

Gabarito: B

***Feedback* do exercício:** A língua é uma atividade mental, forma-se no cérebro. É a mente humana que organiza, produz e reproduz os códigos linguísticos; a teoria da língua como estrutura embasa-se no princípio de que o enunciado linguístico está pronto e obedece a estruturas hierárquicas imutáveis; do ponto de vista da língua como uma atividade social, há um fenômeno heterogêneo, tornando a linguagem um produto multidisciplinar. Na visão de língua como estrutura, os níveis são três: o fonológico (fonema, som), o morfológico (gramatical, palavra) e o nível sintático (sintagma, sentença ou discurso). As principais teorias linguísticas contemplam a língua como atividade mental, como estrutura gramatical e como atividade social, e todas as abordagens são plenamente aceitas. Para um estudo aprofundado, é fundamental conhecer todas e aplicá-las de acordo com o contexto a ser estudado.

A língua deve ser entendida como um conjunto de ações que permitem a um grupo ou indivíduo manifestar-se externamente, utilizando-se de recursos diversos (linguagens), que surgem da experiência pessoal e social. Todas essas experiências recebem influências e também influenciam relações nos mais diversos níveis. A língua é um mecanismo vivo, em constante mutação e adaptação, e essa é a visão que deve nortear a análise das implicações da língua e da linguagem como elementos culturais e fenômenos socioculturais que identificam um grupo social, um povo ou uma nação. Assim, com base nas teorias que estudam a língua, é possível concluir

> Do ponto de vista mental, a língua é uma propriedade dos seres humanos, provavelmente inscrita no seu código genético, que lhes permite adquiri-la, e nela pensar e se comunicar; [...] Do ponto de vista social, a língua é um feixe de variantes, visto que ela resulta do conjunto das variações; [...] Do ponto de vista gramatical, a língua é um sistema abstrato, é uma estrutura, suficientemente complexa para recolher todas as variáveis. (Castilho, 2017, p. 30)

Depois dessa breve exposição sobre língua e linguagem, passemos ao estudo dessas formas como elementos culturais.

3.2.2 Língua como manifestação sociocultural

Afinal, que relação existe entre língua e cultura? Já vimos que são relações intrínsecas e que surgem de uma abordagem interdisciplinar, em que suas manifestações são fundamentais para o entendimento de ambas.

A sociolinguística, ou teoria da variação e mudança, pode nos ajudar a investigar esses fenômenos.

> A Sociolinguística assume, portanto, que existe uma forte correlação entre os mecanismos internos da língua e fatores externos a ela, tanto de uma ordem "micro", envolvendo nosso grau de contato e de identificação com os grupos com os quais interagimos no dia a dia, quanto de uma ordem "macro", relacionada a uma estratificação social mais ampla. (Coelho et al., 2012, p. 29)

A sociolinguística, portanto, estuda o significado social das variedades linguísticas e suas variantes.

O QUE É?

Costuma-se dizer que uma língua tem variedades linguísticas que caracterizam os grupos aos quais os sujeitos pertencem. Mas, afinal, o que é **variedade linguística**?

Trata-se de uma manifestação natural que acontece em virtude das diferentes possibilidades que uma língua pode oferecer em relação às mudanças de elementos como vocabulário, pronúncia, formação das palavras e a colocação delas em uma construção frasal. As variedades se formam em razão de localização geográfica, sexo, idade, profissão, classe social, grau de formalidade e muitos outros elementos do contexto da comunicação.

Você já percebeu que, para entender as relações entre língua, cultura e sociedade, são utilizados conhecimentos e conceitos linguísticos. Isso porque linguística é a "ciência da linguagem humana. Estudo científico da língua, particularmente dos fenômenos relacionados a sua evolução e desenvolvimento, sua distribuição no mundo, as relações que têm entre si etc." (Linguística, 2007, p. 627). Diante dessa definição, podemos entender a necessidade de uma revisão desses conceitos linguísticos.

É indiscutível, na história da humanidade, o surgimento das línguas para suprir uma necessidade de comunicação e da vida em sociedade à medida que se compartilham experiências e conhecimentos. Para efetivar esse compartilhamento, temos a experiência vocabular, que, ao ser unificada e codificada, singulariza os grupos sociais e os distingue dos outros (Furtado et al., 2006)

Os processos de intercomunicação não estão restritos às palavras (signos verbais). Para se comunicar, o ser humano se vale de outros signos que também fazem parte de uma convenção social. A reunião dessas formas de comunicação constitui a linguagem humana. São elas que diferenciam o homem dos outros animais e lhe garantem supremacia. Em outros termos, "a linguagem é toda forma de expressão do homem mediada por signos: e a língua é uma destas formas" (Furtado et al., 2006, p. 92).

A linguagem, então, é uma habilidade humana, e a língua é um conjunto de signos, de códigos e regras que, combinados entre si, geram significados convencionados socialmente. Isso mostra que o homem é um ser de interação sociocultural.

Embora o termo *cultura* faça parte de nosso vocabulário cotidiano, conceituar cultura é uma tarefa bastante complexa, o que é demonstrado até pela ciência, quando antropólogos, cientistas sociais e outros pesquisadores admitem essa dificuldade.

> Nesse sentido, Vivian Schelling (1991), sugere que um dos caminhos para se chegar a algum resultado é seguir, atentamente, a história da cultura, desde que se conheçam as diversas experiências vinculadas à formação dessa cultura como um todo. (Furtado et al., 2006, p. 92)

Portanto, estudar a língua como fenômeno cultural é uma dessas experiências vinculadas e, por meio dela, podemos encontrar uma das definições de cultura. Um dos conceitos mais admitidos e que surgiu de vários estudos vem da ideia de competência pragmática, que contempla a visão de que estudar a língua vai além de um sistema linguístico. Santos (2011b) considera que a pragmática aborda o sistema linguístico como organização do sistema social em que está inserido. Aperfeiçoando sua definição, esse autor menciona que "concebemos a pragmática como o estudo da linguagem em uso, isto é, na comunicação, com as escolhas de formas (extra) linguísticas na realização dos atos comunicacionais e a adequação destas ao contexto social" (Santos, 2011b, p. 142).

> Hymes (1972) reconheceu que, além do conhecimento de língua que o falante possui, ele deve compartilhar do comportamento linguístico em relação aos objetivos comunicacionais, o que corresponde à Competência Sociolinguística. (Santos, 2011b, p. 137)

Isso quer dizer que os saberes dos falantes não se constituem apenas do formato de sua língua, mas também de suas formas de uso e adequação dos argumentos que são comunicados, levando em conta a cultura em que são manifestados. Simplificando: "a interação entre os falantes de uma língua dá-se sob o suporte da sociedade e da respectiva cultura que envolve esses falantes" (Furtado et al., 2006, p. 95).

Para saber mais

Toda manifestação linguística é válida e reflete a cultura de uma sociedade. Precisamos refletir sobre um tema polêmico controverso: o preconceito linguístico.

Sabemos que a arte imita a vida. Assim, pense sobre o tema assistindo às indicações de filmes que exemplificam o preconceito linguístico:

Que horas ela volta? (2015). País: Brasil. História de uma empregada doméstica pernambucana em São Paulo. Sua filha, que ficou em Pernambuco, vai para São Paulo a fim de prestar vestibular – o mesmo que o filho da patroa vai prestar. É quando surge o preconceito.

Minha bela dama (*My fair lady*, 1964). País: EUA. Apresenta uma vendedora de flores de classe considerada inferior que, por isso, usa uma linguagem que é o reflexo de seu meio social. Ela conhece um estudioso de fonética coberto de preconceitos linguísticos que aposta com um amigo que transformará a moça em uma "dama", fazendo-a falar de acordo com a variante padrão inglesa da época.

Embora tenhamos feito uma breve alusão ao preconceito linguístico, é interessante fazer mais considerações sobre o tema. Esse tipo de discriminação social está presente em todas as nações e é claro que, para nós, brasileiros, é mais fácil identificá-lo em nossos grupos de convívio.

"O preconceito linguístico fica claro numa série de afirmações que fazem parte da imagem (negativa) que o brasileiro tem de si mesmo e da língua falada por aqui". As discussões a respeito da diferenciação do uso da linguagem e da aceitação ou não da comunicação através dos dialetos, da mistura de termos escritos e falados apenas com semelhanças ou mesmo completamente diferentes, mas com objetivos de comunicação, a partir de então quando se pensa em ensino da língua pode-se dizer que, ela pode produzir uma separação entre os cidadãos. Esta discussão continua ainda hoje de forma intensa, pois, mesmo antes de se resolver o que já existe de preconceito em praticamente todas as línguas conhecidas, outras já se tornam desafiadoras, como é o caso dos *blogs*, amplamente atualizada pelos internautas de nosso tempo. (Krombaur; Soares, 2016, p. 4)

Sabemos que são inúmeros os fatores que levam ao preconceito linguístico: baixa escolarização, diferenças regionais, influências colonizadoras, grupos sociais, entre outros. Todos têm formas de falar distintas e que, em hipótese alguma, podem ser rotuladas de erradas. Observe o cartaz mostrado na Figura 3.1: uma linguagem típica de um grupo social de jovens meninas, mas que, aos olhos de um preconceituoso linguístico, pode gerar polêmica.

FIGURA 3.1 – Cartaz jovem

CoCoArt_Ua/Shutterstock

Todo e qualquer tipo de preconceito linguístico é fruto do desconhecimento acerca da linguagem e também da intolerância daqueles que se julgam mais conhecedores da língua, seja por convicções científicas, seja por pertencerem a classes mais eruditas. Há pessoas tão seguras de seus conhecimentos específicos que parecem ignorar a evolução do saber na área da comunicação oral ou escrita.

> Por mais que isso nos entristeça ou irrite, **é preciso reconhecer que o preconceito linguístico está aí, firme e forte**. Não podemos ter a ilusão de querer acabar com ele de uma hora para outra, porque isso só será possível quando houver uma transformação radical do tipo de sociedade em que estamos inseridos, que é uma sociedade que, para existir, precisa de discriminação de

tudo o que é diferente, da exclusão da maioria em benefício de uma pequena minoria, da existência de mecanismos de controle, dominação e marginalização. **Apesar disso, acredito também que podemos praticar alguns pequenos atos subversivos, uma pequena guerrilha contra o preconceito, sobretudo porque nós, professores, somos muito importantes como formadores de opinião.** (Bagno, 2002, p. 139, citado por Krombaur; Soares, 2016, p. 5, grifo do original)

O preconceito linguístico está presente nos mais diversos espaços. Assim, devemos refletir sobre como a língua é um mecanismo de poder. Quando um falante é humilhado pela sua maneira de falar, todo o grupo ao qual ele pertence também sofre essa humilhação. Existem aqueles que se consideram superiores e zombam de pessoas que cometem desvios gramaticais. Se levarmos em conta a construção escolar, social e midiática, poderemos perceber que, para determinadas pessoas, existe um único modo de falar, e, por isso, todos os outros devem ser desconsiderados. Isso é um engano, pois, na verdade, existem diversos falares, chamados de *variedades linguísticas*, característicos de vários grupos regionais, etários, sociais, étnicos etc.

Diante do exposto, podemos afirmar que língua é um fenômeno sociocultural e que sua participação na construção dos significados e identidades culturais de uma sociedade é uma constatação unânime. É necessário um olhar plural para essas manifestações, aceitando-as com suas diversidades e seus questionamentos. O importante é a construção de uma sociedade em que os indivíduos se entendem, aceitam as diferenças e compartilham todos os saberes.

3.2 Religião, religiosidade e identificação sociocultural

Como já estudamos, a religião e a humanidade sempre coexistiram, já que suas manifestações coincidem na linha do tempo de nossa história.

Vejamos, então, alguns exemplos que podem nos ajudar a conceituar religião e religiosidade:

- religiosidade é o sentimento da espiritualidade;
- religião é o ato de tomar esse sentimento de espiritualidade, reunir-se com outras pessoas e praticar essa espiritualidade por meio de rituais estruturados;
- os profetas professam as religiosidades, e os sacerdotes professam a religião;
- a Igreja é a institucionalização da religião.

Em muitos momentos, a religião foi a protagonista de histórias fascinantes; em outros, foi a vilã de narrativas aterrorizantes. O certo é que, por meio das religiões, fundamentaram-se valores e crenças que são elementos de significação da formação da identidade humana.

Durante sua trajetória histórica, o homem tem em sua existência as marcas do sagrado. A manifestação do sagrado o coloca diante da própria existência. A pesquisa, o estudo e a reflexão sobre o sagrado são de interesse filosófico e das ciências humanas.

O sagrado refere-se ao que é inexplicável pela razão, mas que pode ser explicado pela fé; algo que é merecedor de veneração e de respeito. Significa consagrar algo ao divino.

É bastante comum a confusão entre os significados de divino e sagrado. Divino é o que pertence a Deus, aquilo que é próprio e característico das divindades e que está acima do que é humano.

Na Figura 3.2, a seguir, observamos uma manifestação religiosa, uma celebração para Buda, exemplificando perfeitamente os conceitos que estudaremos: a religião, a religiosidade e as manifestações que identificam social e culturalmente um povo.

Figura 3.2 – Religião e religiosidade – uma celebração no Sri Lanka

Vivemos nos tempos do imediatismo; a globalização entrega a informação condensada e a humanidade, diante de tantas adversidades, busca uma (re)ligação com o sagrado. Essa percepção está em diversos estudos da modernidade sobre as religiões, a espiritualidade e a religiosidade. "Um dos fenômenos que marcam este século é o reencantamento do mundo, ou seja, a presença significativa da religião em toda parte" (Teixeira, 2011, citado por Silva; Silva, 2014, p. 204).

Na retomada espiritual das teorias de secularização, que pregam a abdicação dos preceitos culturais apoiados na religiosidade e valorizam outras estruturas como política e economia, vai tomando lugar uma nova revitalização religiosa. Silva e Silva (2014) argumentam que o surgimento de tantas religiões e práticas espiritualistas se deve a uma busca de significados em um tempo de incertezas e inseguranças.

> Como seres humanos, somos diversos historicamente, etnicamente, linguisticamente e religiosamente. Mas, no contexto religioso, a diversidade é profunda. Ela existe nas mais diversas formas de religião: entre aquelas com pontos em comum, nas expressões de uma mesma religião e em algoritmos histórico-geográficos de uma mesma fé. Em nenhum período da história humana, houve uma única religião, nem mesmo em atitudes de tolerância religiosa, nunca os seres humanos foram unânimes. (Silva, 2004, citado por Silva; Silva, 2014, p. 205-206)

É sobre essa diversidade que devemos nos debruçar para entender a religião como um fator de construção cultural de grupos sociais. São fenômenos e sistemas religiosos que dão significado a certas experiências humanas. "Os trabalhos mais recentes em diferentes áreas de pesquisa defendem a posição de que religião é um fenômeno histórico, que surge em circunstâncias intelectuais e culturais particulares" (Silva, 2014, p. 7).

As instituições e os movimentos religiosos sempre estiveram em constante mudança, gerando uma reflexão consciente sobre a necessidade de compreensão acerca das manifestações religiosas na história. Assim, considerá-las como fenômenos sociais, culturais e históricos é o melhor argumento em favor da tolerância.

Exercícios resolvidos

Existem diversos significados para o termo *sagrado*, já que ele faz parte de todas as religiões. Há uma tendência de relacionar o sagrado ao divino, o que provoca certa confusão. O que é sagrado diz respeito ao divino, mas esses conceitos não são idênticos.

Divino refere-se ao que vem ou que é de Deus ou de uma divindade.

Sagrado significa:

1. que se deve respeitar: um local sagrado.
2. relativo a Deus ou à religião: um ritual sagrado. (Sagrado, 2021)

Um dos significados de sagrado é o ato de consagrar algo ao divino, a um deus. Assim, é correto afirmar:

A] Os cânticos religiosos, os rituais e as festas religiosas são elementos sagrados. São símbolos representativos e estão presentes em todas as religiões, sendo essenciais para o processo de comunicação e identidade das manifestações religiosas.

B] A experiência religiosa vivenciada na prática de um culto específico pode ser considerada sagrada. Em vários rituais religiosos, é possível observar a externalização da fé, alguns por meio de manifestações místicas, em um rito de conversão ou no momento de receber a eucaristia, por exemplo.

C] Os rituais de consagração existem em todas as religiões: seres inanimados, animais e até pessoas podem ser consagradas a uma divindade. Consagrar é diferente de sacrificar. Aqui, não se refere a sacrifício, embora algumas religiões realizem essa prática.

D] Os espaços religiosos são sagrados. São locais onde os praticantes se conectam com o divino: uma sinagoga, um terreiro, uma mesquita, uma capela. As religiões afro-brasileiras têm "casas de religião", porém, ainda realizam rituais na natureza. Quando é assim, ocorrem em espaços naturais, não sagrados.

Gabarito: D

Feedback do exercício: Todos os elementos que fazem parte dos rituais religiosos são sagrados; as vivências tanto nos cultos quanto nas práticas individuais que sejam explicadas pela fé são sagradas; existem religiões que praticam a consagração de animais, seres inanimados, objetos e pessoas a uma divindade. Em maior ou menor número, todas as religiões têm rituais de consagração. Todos os locais utilizados para a prática de rituais religiosos são considerados sagrados, sejam prédios construídos para isso ou não: no momento em que o ambiente está sendo utilizado para a prática religiosa, está na condição de sagrado.

Quando falamos em identificação cultural, referimo-nos aos significados que as religiões trazem às sociedades, e mesmo aqueles que se dizem sem religião, em diversas situações, adotam atitudes que advêm de alguma prática religiosa.

> Tem que se colocar que cultura e religião se desenvolvem juntas e que uma influência no desenvolvimento da outra e vice-versa. Nas relações, os símbolos, sob o ponto de vista meramente cultural, apresentam respostas que partem dos próprios símbolos, das próprias relações. Mas, para o ponto de vista da religião, o fundamental é a fé, que faz presente a crença em algo sobrenatural e sagrado. (Bernardi; Castilho, 2016, p. 751)

Como a religião proporciona uma experiência transcendental, ou seja, vai além do que se considera o normal, ela está inserida nas relações humanas, na família, em grupos e pessoas em geral, sem que se necessite uma razão prévia ou condição específica. Portanto, para entender a diversidade religiosa, é preciso mergulhar nos conhecimentos de cultura, para compreender os grupos sociais, sua religiosidade e seus espaços de cultura. Bernardi e Castilho (2016) argumentam que a religião proporciona identificação dos espaços onde as pessoas habitam, de como vivem, seus valores, enfim, de suas atuações em uma cultura. A religião é influenciada pela cultura, mas a recíproca também acontece,

> A religião permite um conhecimento maior dos valores que envolvem uma dada sociedade, principalmente seus valores éticos.

> Ela se coloca como luz que ilumina as atitudes humanas em busca do Eterno, e não há religião em que esse eterno seja a destruição. Esclarece-se que esse caminho é ético, se bem fundamentado, permite entender o caminho que aquela sociedade está seguindo para se realizar como sociedade em busca da garantir a realização dos indivíduos que fazem parte dela. (Bernardi; Castilho, 2016, p. 752)

O fenômeno religioso contribui com as culturas e as sociedades, suscitando atitudes e procedimentos coletivos que envolvem o sagrado e que interferem na vida cotidiana das pessoas.

As religiões permeiam a história da humanidade; e a religiosidade é uma manifestação absolutamente humana. Não há a necessidade de uma prática religiosa para que se tenha religiosidade. Entretanto, uma religião sem religiosidade não pode ser considerada como tal.

PERGUNTAS & RESPOSTAS

Os praticantes de uma religião se intitulam religiosos ou crentes. Surge, então, um questionamento: religião e religiosidade são a mesma coisa?

- A resposta é não. A prática religiosa difere de uma prática da religiosidade, e esta independe da religião; já a religião precisa da religiosidade.

Religião é a instituição, a organização, a atividade política, a hierarquia. É doutrina e crença.

A religiosidade é a prática da fé, é o sentimento superior, o sentido da transcendência e a reflexão da espiritualidade. A religiosidade é a manifestação do amor humanitário, é a vivência nata do homem.

Muitas reflexões podem ainda surgir sobre esse tema, o qual, por abordar a natureza humana, suas crenças, comportamentos e culturas, é inesgotável. Esperamos que essas colocações sejam uma provocação para estudos mais profundos e olhares mais atentos às condutas e às demonstrações de fé das pessoas, lembrando que a religião é uma manifestação inerente ao ser humano e que não existem fenômenos religiosos em outros seres. No entanto, ela está presente em todos os agrupamentos sociais humanos.

3.3 Diversidades religiosa, cultural e social

As religiões existentes no mundo apresentam um sistema com significados carregados de complexidade, no qual mitos, ritos, normas, regras e funções configuram um tipo de organização social baseada nos caminhos espirituais. Diante dessa diversidade, algumas religiões oferecem a seus fiéis a salvação eterna; já outras estabelecem diálogos com as forças materiais e imateriais que instituem os mistérios do universo, da vida e seus movimentos.

Como já vimos, as religiões estabelecem normas de comportamento para seus crentes, o que garante limites para a vida social e, consequentemente, favorece a vida comunitária.

No Brasil, vivemos sob um regime democrático e em um Estado laico. A Constituição Federal, em seu art. 5º, inciso VI, prevê que: "é inviolável a liberdade de consciência e de crença, sendo assegurado o livre exercício dos cultos religiosos e garantido, na forma da lei, a proteção aos locais de culto e as suas liturgias" (Brasil, 1988).

Para saber mais

Para entender a intolerância religiosa pelo mundo, assista ao vídeo do *Relatório de liberdade religiosa no mundo* (2018), produzido pela ACN (*Aid to the Church in Need*, em inglês), uma fundação pontifícia com sede no Vaticano e que tem por missão dar assistência à Igreja onde ela é mais carente ou perseguida. Em síntese, a ACN é uma ponte que liga quem pode ajudar àqueles que precisam de ajuda. Vale ressaltar que o vídeo não se refere apenas à Igreja Católica. Disponível em: <https://youtu.be/hI-TMPrJV00>. Acesso em: 22 set. 2021.

No mundo inteiro, a liberdade religiosa foi conquistada com bastante dificuldade, com muito sacrifício, lutas, guerras e sofrimento. A intolerância religiosa tem gerado muitos conflitos marcados pela violência, pois, em nome de uma religião, povos são dizimados. São inúmeros os exemplos: as guerras entre católicos e protestantes, as mortes causadas pela Inquisição, as desavenças entre cristãos e judeus e, nos dias atuais, entre muçulmanos e hindus, árabes e hindus, judeus e muçulmanos, entre tantas outras configurações. Mas a intolerância não está apenas nos grandes conflitos: ela permeia nosso dia a dia, quando pessoas são menosprezadas por suas crenças religiosas. Basta assistirmos aos jornais na TV para constatarmos isso.

> cada religião é peculiar, por expressar diferentes linguagens, diferentes formas de acreditar, de celebrar, de rezar, e de relacionar-se com alteridade e de simbolizar de formas diferentes esses fenômenos religiosos vivenciados pelos membros de cada cultura. [...] A partir desse pensamento, não há lugar para discriminação e hierarquização de valores e de culturas religiosas, uma vez que as culturas não podem ser comparadas, hierarquizadas. Ao longo da História da Humanidade, infelizmente, a convivência dos seres humanos, com alteridade, nem sempre foi pacífica. Historicamente muitos conflitos e guerras violentas foram e ainda são travados em nome de uma determinada crença religiosa ou de outra. (Kadlubitski; Junqueira, 2010, p. 125)

Ressaltamos que a discriminação religiosa vem se tornando um fator predominante na desagregação social. Uma infinidade de eventos que só corroboram para mais sofrimento acontece com frequência, como ataques terroristas, guerras e disputas territoriais: todos em nome da fé. Uma das formas de acabar com a intolerância religiosa é o conhecimento. A partir do momento em que todos têm informações concretas sobre a diversidade das religiões existentes, torna-se possível respeitá-las e viver em harmonia.

> A história revela acontecimentos incompreensíveis e injustificáveis que foram vistos como necessidade. A história não deve ser vista como uma necessidade. Não é justificável a necessidade da exterminação de povos e culturas. O fato é que a intolerância gera ódio pelo outro que contraria as nossas verdades, ele se transforma assim numa ameaça que deve ser combatida e erradicada. Não há como pensar a história fora de um jogo constante e interminável de interesses. A intolerância contra as minorias escreveu páginas de nossa história que chegam a dar uma dor no fundo dos olhos quando são lidas. Bruxas, hereges, prostitutas, leprosos, loucos, negros e homossexuais foram vítimas das incompreensões de outrem e sofrem na pele as marcas desse ressentimento. Não é de hoje que as minorias são negadas e perseguidas. Muito ao contrário, a história nos revela que foi uma constante em toda a história das civilizações. A intolerância étnica, racial e religiosa também carrega as marcas de seu tempo. Negros foram negados como humanos, esta é uma característica da intolerância, negar o outro em sua humanidade na tentativa de diferenciá-lo do eu.
> (Oliveira et al., 2015, p. 4)

Já vimos que as crenças em algo ou entidade superior existem desde o início dos tempos. No entanto, para que o crente fosse aceito, era preciso que o líder do grupo manifestasse sua concordância, mas não só: era preciso ter a mesma crença; caso contrário, os seguidores eram perseguidos e até mortos. O que concebemos hoje como *liberdade religiosa* é algo bem recente, e existem algumas exceções, como a tolerância aos cristãos pela comunidade romana, com o decreto do Imperador Constantino.

O primeiro documento que concedia liberdade de religião incondicional surgiu apenas 1789, redigido ao final da Revolução Francesa, e definia os direitos coletivos dos homens. Foi quando se usou, na teoria, o termo *homens* para se referir aos seres humanos. Entre outras coisas, o documento apresentava o seguinte: "Art. 10°: Ninguém deve ser molestado por suas opiniões, mesmo religiosas, desde que as manifeste por modo a não perturbar a ordem pública estabelecida pela lei" (Catana; Amaral, 2006).

Para aprofundar os conhecimentos sobre diversidade religiosa e cultura, faremos breves considerações a respeito de mitos, ritos, tradições e doutrinas.

Doutrina significa instrução. Ela é definida como um conjunto de princípios que servem de base a um sistema, que pode ser literário, filosófico, político e religioso (Doutrina, 2014).

Já **tradição** é um termo cujo sentido original é doutrina ou prática religiosa que foi transmitida através dos séculos. Posteriormente, o conceito assumiu outros significados, ligados à cultura, aos costumes, às artes, entre outros.

Os **mitos** são narrativas simbólicas e imagéticas que surgiram na Grécia Antiga para explicar fatos ou fenômenos da natureza. Posteriormente, outras crenças também passaram a utilizar os mitos para explicar e exemplificar fenômenos.

EXEMPLIFICANDO

As manifestações religiosas afro-brasileiras também são representadas por mitos, como Iemanjá e Oxalá.

Oxalá, o Grande Orixá, é o criador da humanidade, igualmente chamado de Obatalá, cujo significado é "Rei do Pano Branco". Ele representa o princípio de todas as coisas.

Iemanjá é a deusa das águas salgadas. É a rainha do mar, mãe protetora dos pescadores, e talvez seja a orixá mais popular. Em nagô, língua dos escravos africanos que pertenciam ao povo Iorubá, chama-se *Yeyé omo ejá*, que significa "mãe dos peixes".

Os **ritos** são a representação do mito, e podem ser uma repetição dramatizada de um acontecimento original, conjunto das regras e das cerimônias que se praticam em uma religião, prática ou cerimônia religiosa ou simbólica; culto, seita, religião. Reunião de normas estabelecidas socialmente: ritos de passagem. Reunião dos preceitos cerimoniais (Rito, 2021).

A religião é a demonstração do ser religioso que existe no homem. É por meio dela que surge o fenômeno cultural capaz de sintetizar e transformar todos os demais fenômenos culturais (Nascimento, 2018). A cultura existe como a representação real de uma sociedade e atua como uma fotografia de um grupo social. Diz-se que religião é cultura, logo, tudo que aplicamos em relação à cultura também pode ser incorporado à religião.

> Homem religioso e religião são os dois lados de uma mesma realidade. A religião como manifestação social do ser religioso do homem pode ser definida como manifestação simbólica da vida humana tanto no seu aspecto individual-subjetivo quanto no aspecto social comunitário. Aqui símbolo não é compreendido como mera representação exterior, mas como realidade que contém e realiza aquilo que simboliza. Neste sentido a religião é cultura, pois assim como esta sobrevive como representação simbólica das diferentes dimensões da vida humana e é transmitida de geração em geração por meio da apreensão. A religião é símbolo, a cultura é símbolo, a religião é cultura. Todavia, pelo fato de a religião estar ligada a cosmovisão, os símbolos religiosos se tornam símbolos dos símbolos. O sistema simbólico da religião

fundamenta, sintetiza e transforma os demais sistemas simbólicos. (Nascimento, 2018, p. 417-418)

Segundo Nascimento (2018), cultura e religião têm características semelhantes, propagam-se e subsistem com os mesmos mecanismos. Isso demonstra o quanto essas duas manifestações estão conectadas e se misturam no cotidiano da vida social. A religião não está dissociada do ser religioso, e este, por sua vez, manifesta-se socialmente de forma simbólica.

É possível afirmar que o ser religioso simboliza a religião e que a religião é a manifestação social e cultural do homem. Logo, religião é cultura, já que ela representa simbolicamente as diferentes dimensões da vida humana: nascimento, crescimento, relacionamentos ou infância, juventude, idade adulta e velhice.

Contudo, existe ainda outra interpretação para as dimensões da vida humana e que está bastante alinhada com o conceito de representação simbólica de religião e cultura. Essas dimensões são:

- dimensão física;
- dimensão intelectual;
- dimensão emocional;
- dimensão afetiva;
- dimensão social;
- dimensão espiritual.

Essas dimensões representam o ciclo da vida e, por conseguinte, podem representar as dimensões simbólicas da religião e da cultura. Assim, por meio dessas dimensões, podemos ter a visão de mundo na qual tais representações simbólicas são transmitidas através das gerações, modificando-se como as diferentes dimensões da vida humana.

Exercícios resolvidos

Em 2010, entrou em vigor a Lei n. 12.288/2010, o Estatuto da Liberdade Racial, que assegura à população negra a efetivação de igualdade de oportunidades, defesa dos direitos étnicos e discriminações e todas as formas de intolerância, regulamentando o art. 5º da Constituição Federal. O Estatuto dedica um capítulo a um assunto da maior importância: a liberdade de crença e culto religiosos. As afirmações a seguir foram retiradas do Estatuto, e uma delas está **incorreta**. Assinale-a.

A] As religiões de matriz africana são reconhecidas juridicamente com *status* de religião, no mesmo patamar de todas as demais confissões religiosas.

B] No que se refere aos meios de comunicação, é dever do Estado coibir a difusão de imagens e abordagens que exponham pessoas ao ódio ou escárnio motivados por preconceito contra as manifestações religiosas afro-brasileiras.

C] A liberdade de crença contempla: liberdade de liturgia e livre exercício do culto e proteção aos locais de culto. Ao Poder Público cabe combater a intolerância e a discriminação que se abatem sobre fiéis das religiões afro-brasileiras.

D] Quanto aos meios de comunicação, é dever dos representantes da religião coibir a difusão de imagens e abordagens que exponham pessoas ao ódio ou escárnio motivados por preconceito contra as manifestações religiosas afro-brasileiras.

Gabarito: D

***Feedback* do exercício**: No momento da promulgação da lei, existiu o amparo jurídico, que também prevê sanções; não só o Estatuto prevê a igualdade, trata-se de um ordenamento constitucional; o Poder Público tem a obrigação de fiscalizar e punir caso haja publicações discriminatórias; de igual forma, o Estado tem o dever de proteger e impedir a veiculação de imagens ofensivas, bem como de qualquer tipo de ofensa às religiões afro-brasileiras.

Conforme já mencionamos, só o conhecimento consegue esclarecer dúvidas e ampliar os horizontes. Admitir a diversidade cultural advinda das religiões e da língua só traz benefícios, pois é pela diversidade que afirmamos a pluralidade das culturas e a riqueza cultural dos povos. Diz-se que o sagrado pertence aos deuses, mas cabe a nós, seres mortais, promover a preservação das crenças e buscar o equilíbrio entre o respeito e as diferenças, sejam elas religiosas, étnicas, linguísticas, sociais ou culturais.

Tratamos de um processo muito presente nos estudos modernos sobre religião, que é o pluralismo, o qual investiga a coexistência de comunidades étnicas, morais ou religiosas em uma sociedade. Assim, o pluralismo está completamente ligado à modernidade.

> O tema do pluralismo religioso merece uma maior reflexão e uma análise mais detida, sobretudo em função do relevo que tem sido dado na atualidade, a inúmeras questões que envolvem os aspectos do pluralismo religioso na sociedade brasileira, nas confissões religiosas, na teologia, e no ensino religioso escolar. Hoje, impõe-se como um componente intransferível que desafia todas as religiões ao exercício fundamental do diálogo. (Reck, 2009, p. 7)

> O pluralismo cultural e religioso é fruto da necessidade de mudança frente às análises e conceitos anteriores à globalização e às inovações tecnológicas. Na verdade, o termo empregado é *paradigma pluralista*, pois determina uma nova visão da verdade. Não é um acréscimo aos estudos sobre religião e cultura, mas sim uma mudança de perspectiva pela qual os novos conceitos serão vistos e estudados.

Em outras épocas, o pluralismo distinguia-se de uma sociedade cultural para outra. Hoje ele está presente dentro das próprias sociedades. O que acontece é que vivemos numa sociedade plural na qual encontramos as mais diversas culturas convivendo no mesmo espaço social. O paradigma pluralista admite a coexistência da pluralidade; nada é redutível a um elemento único. É sempre plural. "Se afirma superando a unicidade, o universalismo e o 'absolutismo'. É uma exigência vital, que perpassa e interpela as culturas, os povos, todas as tradições e formas de religião." (Susin, 2017, p. 8, citado por Reck, 2009, p. 10)

Com base nesse paradigma pluralista, podemos entender que o pluralismo cultural é marcado pela circulação de ideias que permeiam diversas culturas, e o fazem por meios também diversos, pois a globalização proporciona essa atividade. Temos, assim, o pluralismo dos meios de comunicação, o multilinguismo, a igualdade de acesso às expressões artísticas, o acesso ao conhecimento científico, entre tantos outros.

Para saber mais

"O pluralismo religioso é a democratização do campo religioso", afirma o doutor em Ciências Sociais **Wagner Lopes Sanchez**. Para ele, isso só é possível graças à existência de diversidade religiosa e à reivindicação da liberdade religiosa. E se a sociedade é democrática, uma de suas exigências "é justamente a convivência dialogal entre as várias visões de mundo", incluindo a religiosa. Por isso, defende que o diálogo inter-religioso deve se pautar por quatro grandes temáticas: justiça, paz, defesa do meio ambiente e construção da tolerância. [...] Sanchez aborda também o aspecto heterogêneo do campo religioso. Especificamente com relação ao contexto brasileiro, ele afirma que o cenário é marcado por um florescimento religioso, por uma busca da religião como opção, além daquilo que ele chama de "mixagem religiosa", sem contar a persistência das várias formas de fundamentalismos (IHU, 2010).

Enriqueça seus conhecimentos a respeito do paradigma do pluralismo. Disponível em: <http://www.ihu.unisinos.br/entrevistas/34166-pluralismo-religioso-entre-a-diversidade-e-a-liberdade-entrevista-especial-com-wagner-lopes-sanchez>. Acesso em: 22 set. 2021.

O pluralismo cultural, científico, religioso, enfim, todas essas formas plurais de vivenciar o mundo estão ao alcance da maioria das pessoas. A internet trouxe para dentro das casas as bibliotecas, os museus, os laboratórios, os filmes recém-lançados, as igrejas e suas práticas e tudo aquilo que podemos conceber para ampliar nossos horizontes.

Com o pluralismo, um povo não adquire simplesmente conhecimentos novos que se somam aos antigos, mas, o que acontece é profundamente mais significativo: o novo conhecimento adquirido transforma o conhecimento anterior que o povo tinha de si mesmo, de sua cultura e de sua religião. O que antes era posição central, única, abstrata, passa, agora, a ser não central. (Reck, 2009, p. 14)

Vivemos em sociedades cada vez mais diversas. É preciso harmonia para conviver com pessoas e grupos que apresentam identidades culturais plurais, dinâmicas e variadas. Assim, Reck (2009) menciona que, com o novo processo pluralista cultural, surge a modificação da mentalidade relacionada à cultura e à religião, já que estas são inseparáveis.

Com o paradigma pluralista, inaugura-se uma nova forma de comunicação entre as culturas e religiões e se estabelece uma nova ordem e visão dos fenômenos culturais, sociais e religiosos, pois a globalização aproximou as pessoas e seus conhecimentos. Nesse contexto, a troca é muito maior e, consequentemente, as influências também assumem uma grande proporção. Tudo está apenas começando: é a quarta revolução, que traz consigo uma infinidade de opções para a humanidade.

3.4 Religião, mídia e suas linguagens

A comunicação religiosa acontece, principalmente, por narrativas e símbolos. Símbolos são elementos visuais, como a cruz, os vitrais com cenas religiosas e os elementos que caracterizam as religiões. Se passarmos em frente a uma igreja católica, conseguiremos identificá-la como tal em virtude da simbologia visual que ela apresenta; se olharmos uma igreja evangélica, também será possível identificá-la – é claro que de uma forma superficial, por isso são necessários muitos outros elementos para ter uma percepção completa. As narrativas e os símbolos fazem parte da mensagem religiosa. Durante muito tempo, até mesmo antes da escrita (já estudamos isso), as tradições religiosas foram comunicadas por meio de narrativas orais e de elementos visuais. Só depois de algum tempo, passaram a ser escritas, constituindo-se como informações em livros; posteriormente, começaram a ser veiculadas em jornais, revistas, rádios, filmes, vídeos etc. Observe a Figura 3.3 a seguir.

131 Língua, religião e diversidade: aspectos da identidade cultural

FIGURA 3.3 – As linguagens de difusão das religiões

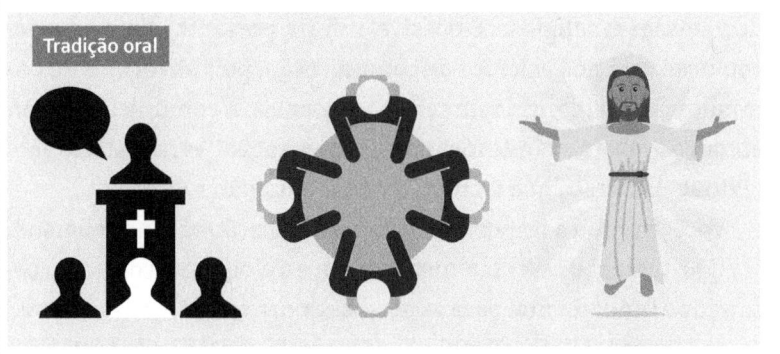

A tradição oral foi a primeira forma de comunicação religiosa, a qual, depois, foi aliada aos símbolos visuais. Nos dias de hoje, uma infinidade de veículos transmite a comunicação religiosa. TV, internet e rádio se tornaram indispensáveis para essa comunicação, mas se trata de veículos, portanto, a comunicação oral e a visual continuam sendo os elementos fundamentais. Por esse prisma, percebemos, então, que a comunicação oral, a visual e a escrita são os principais tipos de comunicação para a propagação da mensagem religiosa. É possível inferir, portanto, que a grande evolução está nos veículos de comunicação, pois as formas de comunicação oral continuam sendo as mesmas. A comunicação oral é, com certeza, a grande forma de comunicação. As narrativas são textos e discursos que transmitem a mensagem religiosa.

Você já notou a importância da comunicação oral na religião?

Os rituais são essencialmente orais, e a eloquência de quem os conduz é fundamental para as pessoas que frequentam os templos ou os espaços religiosos, pois é por meio da contação de histórias que a mensagem é transmitida, sejam leituras e comentários, sejam simplesmente passagens cotidianas.

Entretanto, as religiões precisam buscar meios para difundir suas ideias e estar cada vez mais presentes na vida de seus fiéis ou, ainda, captar mais e mais adeptos. Se antes os ministros (no sentido de "quem ensina") peregrinavam pelas regiões, reunindo pessoas e propagando as ideias e doutrinas, hoje existem outras formas.

Quando se trata da história das religiões, percebemos que alguns fundadores se valeram de veículos de comunicação para difundir suas ideias, como a *Revista Sentinela*, das Testemunhas e Jeová, ou a *Revue Spirite*, que tinha como subtítulo *Journal D'Études Psychologiques*, de Alan Kardec. Podemos dizer que essa difusão das ideias já se manifestava, inclusive, na Bíblia.

> Portanto ide, fazei discípulos de todas as nações, batizando-os em nome do Pai, e do Filho, e do Espírito Santo; Ensinando-os a guardar todas as coisas que eu vos tenho mandado; e eis que eu estou convosco todos os dias, até a consumação dos séculos. Mateus 28:19, 20. (Bíblia, 2021c)

A Igreja Católica também começou a se preocupar com esse aspecto e, em 1487, publicou a Bula Papal, que estabelecia os princípios da comunicação para a difusão de suas ideias.

Diante disso, temos mais um elemento para reflexão: A comunicação e a difusão ocorrem de forma espontânea? Não, pois há uma intencionalidade nas mensagens e tudo é muito bem planejado, uma vez que existe um objetivo: transmitir as mensagens de maneira efetiva para que as pessoas se convertam ou reafirmem suas convicções.

Assim,

> Um dos principais modos de articulação da presença do religioso na esfera pública na atualidade produz-se através da mídia e na mídia. Aspectos relacionados à mídia religiosa e à presença da religião na mídia de massa frequentemente se fazem presentes nas pesquisas sobre o campo religioso brasileiro. (Machado, 2014, p. 141)

Com a produção de mídias religiosas, sejam elas vídeos, músicas, programas de TV, *sites*, *blogs*, *podcasts* (mídias específicas para internet), os grupos religiosos buscam expressões de comunicação atraentes para transmitir um conteúdo que antes era estático, formal. Existe um público consumidor desses conteúdos ávido por recebê-lo, buscando conforto e reavivamento de sua fé.

> Pensar a partir da articulação produtiva entre religião e mídia permite-nos ainda refletir sobre a materialidade dos meios nos diferentes contextos religiosos, sobre dimensões da sensorialidade,

> da estética e, principalmente, sobre questões relacionadas aos mediadores e às mediações que se destacam analiticamente segundo esse recorte de pesquisa. (Machado, 2014, p. 141)

Precisamos entender qual é a intencionalidade das religiões ao utilizar as mídias. O que se constata é que, embora tenhamos uma profusão de conteúdos sendo publicados, por outro lado, as instituições religiosas têm uma preocupação imensa com o que será veiculado, já que a história nos mostra que, durante muito tempo, houve resistência quanto à adoção das formas de comunicação que não aquelas doutrinárias, que só aconteciam nos templos.

O que percebemos é que quem defende e adota as mídias em geral como forma de difundir os preceitos de suas igrejas são aqueles que têm o perfil evangelizador, o qual se caracteriza por ir ao encontro das pessoas e professar sua fé, como vimos no trecho do evangelho de Mateus.

Também precisamos refletir sobre o que é tecnologia, afinal, tecnologia não é o que temos hoje, mas tudo aquilo que se produz para facilitar ou fazer alguma coisa. A palavra vem do grego *tekne* (ofício, arte, técnica) + *logia* (estudo). O uso da tecnologia nas comunicações nas religiões está ligado a tudo que já se utilizou e se utiliza para comunicar uma mensagem. Assim, podemos pensar nos instrumentos musicais usados nas liturgias, nos incensos, nos vitrais, que representavam cenas vivenciadas no dia a dia (como já citamos), nas vestes, pois elas também comunicam uma intenção.

> Imagine qualquer forma de experiência, prática ou conhecimento religioso e veja o que sobra "sem tecnologia". Sem instrumentos, ferramentas ou aparatos; sem arquitetura ou roupas; sem pinturas, instrumentos musicais, incensos, ou documentos escritos; sem qualquer prática disciplinar corporal de controle, tal como métodos aprendidos e performatizados de respiração, modos de sentar, gestos com as mãos – todas essas são também práticas técnicas.

Até mesmo pensamentos e imagens parecem se desfazer se removermos as tecnologias representacionais da linguagem e da iconografia. A conclusão inescapável que se extrai deste exercício é que "religião", seja como se escolha defini-la, são inerentemente e necessariamente tecnológica. (Machado, 2014, p. 142)

Portanto, podemos admitir que sempre houve nas religiões algum tipo de tecnologia, mesmo nas experiências da Pré-História, já que em escavações encontraram-se altares e até as esculturas da "deusa".

No entanto, a questão específica da tecnologia como mídia é um assunto que merece mais atenção. Há dois grupos distintos: o daqueles que buscaram entender e usam a mídia para difundir suas ideias, e os que resistiram e ainda resistem por questões epistemológicas, como se o uso da mídia pudesse ser obra do "demônio" em razão de suas características inovadoras. Esses grupos, em pouco tempo, foram se aproximando, à medida que aqueles que utilizaram as mídias largamente cresceram e os que não a utilizaram começaram a experimentá-la e comprovar seus benefícios.

Este entrelaçamento entre religião e mídia tem implicações metodológicas significativas. Em primeiro lugar, ele pede que os estudiosos abandonem a busca de uma experiência interior ou do sentimento de presença divina, do numinoso ou do sagrado, que de certa maneira supõe-se existir separadamente de suas condições materiais de mediação. Em vez disso, os estudiosos de religião e mídia propõem que dediquemos nossa atenção para as múltiplas formas pelas quais as experiências religiosas se materializam, se tornam tangíveis e palpáveis, são transmitidas publicamente, gravadas e reproduzidas – em suma, mediadas – através de intermediários não-humanos e elementos de mediação com os quais atores religiosos interagem. (Stolow, 2014, p. 152-153)

São questionamentos importantes e que têm sido alvo de muita análise para quem pretende se aprofundar nos estudos da religião, da mídia e das linguagens como elementos de produção e interferência sociocultural de uma sociedade. Mas isso será tema do próximo capítulo.

Síntese

- O conceito de identidade cultural expressa a forma como os indivíduos interagem com o mundo exterior. Para entendê-lo, é necessária uma análise sob a perspectiva de várias ciências, como a antropologia, a sociologia, entre outras.
- A língua é um fator de diferenciação do ser humano e é preciso analisá-la por dois pontos de vista fundamentais: a língua como enunciado e, em contraponto, a língua como enunciação.
- Devemos analisar a língua sob a ótica de três teorias: a língua como atividade mental, a língua como estrutura e a língua como atividade social.
- A linguagem é a materialização da língua, e existem diversas formas de linguagem.
- A sociolinguística nos permite entender as influências da língua na sociedade e na cultura; a língua é um fenômeno sociocultural e se manifesta em muitas variedades e diversidades.
- Religião e religiosidade são fenômenos distintos, e a liberdade religiosa é um preceito da modernidade.
- A religião é um fenômeno sociocultural, e, por meio dela, as sociedades se identificam.
- Para entender cultura e religião, é preciso atentar às diversas manifestações de ambas, o que recebe o nome de *diversidade*.
- O paradigma do pluralismo trouxe uma nova visão sobre cultura, religião, sociedade e diversidade.
- A mídia nas religiões é um instrumento de difusão das ideias e doutrinas e é um elemento de influência sociocultural.

MOVIMENTOS RELIGIOSOS CONTEMPORÂNEOS COMO MOVIMENTOS GLOBAIS DE DIFUSÃO DA DIVERSIDADE RELIGIOSA

INTRODUÇÃO DO CAPÍTULO
Neste capítulo, conheceremos os movimentos religiosos contemporâneos e discorreremos sobre a interferência de crenças, costumes e dogmas das religiões no contexto sociocultural da humanidade. Estamos vivenciando uma nova realidade. Conceitos como Igreja, religião, seita, movimento religioso tornam-se confusos diante de tanta diversidade, afinal, as influências que recebemos nem sempre são percebidas.

A maneira de transmissão de conhecimento das religiões se modificou drasticamente com a contemporaneidade. Os conhecimentos que antes eram estáticos e se concentravam em suas culturas e grupos, hoje estão disponíveis para experimentação e/ou modificações.

Somos uma sociedade repleta de pluralidades, o que permite e proporciona aos homens vivências e experiências globalizadas. É por meio desse pluralismo e nessa nova realidade que buscaremos conhecer e entender os movimentos religiosos contemporâneos.

Conteúdos do capítulo
- Conceito de igreja, seita, movimento, costumes e dogmas religiosos.
- Importância da religião nas sociedades.
- Diversos tipos de religião.
- Movimentos religiosos contemporâneos.
- Desenvolvimento dos movimentos religiosos.
- Tolerância e diversidade religiosas.

Após o estudo deste capítulo, você será capaz de :
1. reconhecer e compreender os conceitos de igreja, seita, movimento, costumes e dogmas religiosos;
2. identificar e definir tipos de religião e situar os movimentos de acordo com as respectivas tipologias;
3. refletir sobre a importância dos movimentos religiosos para o desenvolvimento sociocultural das comunidades;
4. compreender como os movimentos religiosos geram outras denominações religiosas, dinâmicas e métodos e como atuam na sociedade;
5. desenvolver atitudes de tolerância e respeito à diversidade religiosa.

São inúmeros os questionamentos levantados por religiosos e leigos ao longo dos tempos. É possível imaginar o mundo sem a existência de Deus? Sem a existência de uma força ou manifestação superior, pode haver organização em sociedade, com definição de princípios e valores? Como explicar ou encontrar respostas para o sentido da vida? Essas questões permeiam a história da humanidade. Que concepções respondem ou justificam essas indagações?

Dando continuidade aos nossos estudos, abordaremos os movimentos religiosos contemporâneos e suas relações com a sociedade, as transformações que provocam, a maneira como se desenvolvem e como se comportam diante dos desafios de um mundo globalizado e conectado.

Retomaremos alguns conceitos para contextualizar as investigações e, então, entender e relacionar as definições de igreja, religião, seita, crenças e dogmas, entre outros.

4.1 Religião

Conceituar religião com bases científicas é uma tarefa bastante complexa. Comecemos, então, pela análise da etimologia.

O que é religião? É provável que você não tenha nenhuma dificuldade para responder a essa pergunta, ou ainda se indagarmos qual é a sua religião, você, por certo, saberia responder, mesmo que fosse para dizer que não segue uma religião.

A palavra *religião* deriva de *religio*, o que não está incorreto, mas é importante pontuar que *religio* tem uma origem controversa. O termo, segundo historiadores e filósofos, antes de ser inserido no domínio religioso, pertencia ao dia a dia romano, pois era empregado para os cultos da religião romana antiga. Assim, há duas possibilidades etimológicas: uma de origem pagã e outra de origem cristã. A primeira aponta *religio* como origem do termo *relegere* (conforme proposto nos estudos de Cícero, advogado, político, escritor e filósofo romano) e se refere aos cultos romanos pagãos; a segunda tem como origem *religare* (segundo o estudo de Lactâncio, escritor cristão romano e conselheiro do Imperador Constantino) e está ligada às práticas cristãs.

O termo *religio* fazia parte da linguagem romana cotidiana. E há evidências disso em textos romanos antigos. Daniel Dubisson, historiador francês especialista em religiões, e Émile Benveniste, linguista francês, aprofundaram seus estudos sobre o tema.

> Dubuisson chama a atenção para o fato de que a palavra *religio* "só podia ser o sentido primeiro e muito especializado de uma palavra latina antes ordinária e que permaneceu assim até que os primeiros pensadores cristãos se apoderaram dela e favoreceram seu excepcional destino". Nesse mesmo sentido, Benveniste afirma que *religio*, em sua origem, não designa a "religião" no seu conjunto, mas é antes uma palavra relacionada com o termo escrúpulo: "um velho fragmento de uma tragédia perdida de L. Accius nos conservou esses dois versos: 'coloque um termo, Calcas, às tuas religiones: pare de retardar o exército e de me impedir de voltar para casa por causa de teu presságio sinistro'(Non. 357,6 = Astyanax fr. V Ribbeck). As religiones do adivinho Calcas, nascidas de um presságio sinistro, forçam o exército a permanecer parado e impedem o herói de voltar para sua casa. Vê-se que religio, termo da língua augural, designa um 'escrúpulo relativo aos omina', portanto, uma disposição subjetiva. Tal parece também o traço dominante de religio nos seus empregos 'laicizados'". (Benveniste, 1969, p. 270, citado por Azevedo, 2010, p. 91)

Azevedo (2010) continua sua explicação afirmando que, no texto encontrado, *religiosus* designa o "escrupuloso em relação ao culto". Desse modo, os dois autores concordam que o termo *religio* está de fato ligado à vida cotidiana dos romanos e que teve relevante importância quando foi deslocado de seu contexto original para fazer parte da ideia de religião. Assim, o termo se difundiu e passou a ser usado pelas línguas do mundo ocidental.

Os romanos eram extremamente orgulhosos de suas práticas religiosas e acredita-se que eles se autoproclamaram o povo mais religioso: "se nós nos compararmos às nações estrangeiras, nós podemos parecer iguais ou mesmo inferiores nos diferentes domínios, menos em religião, isto é, no culto aos deuses, onde nós somos de longe superiores" (Cícero, 2004, p. 8, citado por Azevedo, 2010, p. 91).

Com o passar dos séculos, a ideia de religião se desdobrou e adquiriu novos significados.

> Ao considerar os escritos dos autores do início do Cristianismo, o termo revelará mais uma fonte etimológica possível: "no âmbito do tronco latino, a origem de *religio* foi o tema de contestações, na verdade, intermináveis. Entre duas leituras ou duas lições, portanto, duas proveniências: por um lado, com o apoio dos textos de Cícero, *relegere*, [...] e, por outro, (Lactâncio e Tertuliano), *religare*". (Azevedo, 2010, p. 91, grifo do original)

Assim, percebemos que, quando Cícero fala da religião romana, refere-se à compreensão de *religio* como *relegere*, o que está ligado a escrúpulos, respeito, paciência, até mesmo a pudor e piedade. Os rituais romanos são associados ao cuidado e ao respeito aos deuses (Azevedo, 2010).

A segunda hipótese para a origem de religião encontra-se na necessidade de nomear a prática cristã e, para isso, era preciso desvincular o significado etimológico daquele dos romanos, que estava ligado aos cultos pagãos. A definição surge com Lactâncio:

> Assim, o escritor cristão afirma que a *religio* está relacionada com *religare*. O novo significado que ganha o vocábulo é decorrente da necessidade da qual falávamos antes de distinguir a religião dos

> romanos antigos e seus deuses da agora "verdadeira" religião e seu único deus. Era necessário depurar o termo das práticas pagãs para poder designar o Cristianismo. Com isso, Lactâncio afirma que a religião não consiste em práticas bem refletidas tal como Cícero propunha para a religião romana, e sim no laço de piedade através do qual estamos ligados a Deus; aos homens cabe servir e obedecer ao deus único e verdadeiro. (Bouillard, 1976, p. 455-56, citado por Azevedo, 2010, p. 94, grifo do original)

Segundo Bouillard (1976, citado por Azevedo, 2010), a obra de Lactâncio é fundamental para a ressignificação da palavra e do conceito. Ele parte do pressuposto de que religião e sabedoria só expressam verdade quando demonstram união. Assim, Lactâncio rejeita os cultos pagãos e a filosofia para relacionar o conceito ao termo *religio*.

> No primeiro, o culto dos deuses estaria separado da sabedoria porque ignora-se que a sabedoria condena a multiplicidade e indignidade dos deuses, porque não existe a preocupação com a moral, nem se procura a verdade, mas se contenta com os ritos exteriores. A filosofia, ao contrário, procura a sabedoria, mas não a encontra porque não chega à piedade. Para Lactâncio, o Cristianismo é a verdadeira filosofia: "a verdadeira sabedoria para os pensadores, a verdadeira religião para os ignorantes". (Azevedo, 2010, p. 93)

Temos aqui um breve relato de como surgiram as controvérsias sobre a etimologia da palavra *religião*. Observe, porém, que se trata de algo bem mais profundo e que exige estudos filosóficos, linguísticos e políticos, pois houve uma tentativa de direcionar o significado para as conveniências do cristianismo. Dessa forma, temos também um ato político.

> Então, como devemos entender o termo religião? Benveniste acredita que o uso antigo do vocábulo, que o relaciona ao escrúpulo, impõe uma única interpretação para *religio*: aquela dada por Cícero. Assim, Benveniste opta pelo que seria a verdadeira origem etimológica para *religio*, relacionando-a a *relegere*. No entanto, se, por um lado, conforme visto até aqui, o sentido primeiro da etimologia de *religio* coube à *relegere*, por outro, o Cristianismo impôs o *religare* como sinônimo do termo *religio*. (Azevedo, 2010, p. 95, grifo do original)

O termo *religio*, como mencionado anteriormente, tem duas possibilidades etimológicas: a que denominava cultos pagãos, *relegere*, e a definida pelo cristianismo que designava a verdadeira religião, *religare*, que surgiu com objetivo de diferenciar o cristianismo dos cultos pagãos. O que podemos inferir, nos dias de hoje, é que essa distinção não é mais necessária. Assim, surge outra possibilidade, que é a de conciliar as duas etimologias, aproximando os termos.

O filósofo francês Jacques Derrida, utilizando-se de todos esses estudos, manifestou-se no Seminário de Capri sobre religião.

> Derrida acredita que as duas etimologias, a princípio concorrentes, se encontram em um mesmo ponto comum, porém não se trata aqui de uma sinonímia, antes, as duas fontes semânticas se cruzam: "nos dois casos (*relegere* ou *re-ligare*), trata-se realmente de uma ligação insistente que se liga, antes de tudo, a si mesma. Trata-se realmente de uma reunião, de uma re-união, de uma re-coleção. De uma resistência ou de uma reação à disjunção". Portanto, nos dois casos, o vínculo se faz presente através de uma responsabilidade em relação ao divino. (Azevedo, 2010, p. 95)

Portanto, *religare* significa religar, ligar novamente, reunir; e *relegere* que dizer reler, revisitar, retomar. Unindo os dois sentidos, temos etimologicamente o significado de religião.

Entender essas considerações nos permite traçar esse panorama histórico e compreender a concepção atual de religião como a reunião, a junção de muitos tipos de fé, de pessoas que se agrupam em unidades, formando um conjunto de sistemas culturais e crenças sobre algo divino, transcendental e também sobrenatural. Compreende, ainda, o conjunto de rituais e códigos morais e éticos impostos por essas crenças.

A crença, por sua vez, difere de religião. Usar a palavra *religião* como sinônimo de fé ou sistema de crença é bastante usual. Entretanto, crença tem caráter individual, particular, ao passo que religião representa algo público.

A sociologia estuda como a religião, do ponto de vista social, influencia as sociedades. O sociólogo Émile Durkheim define religião "como um sistema compartilhado de rituais e crenças que define o que é sagrado e o que é profano e que une uma comunidade de religiosos" (Educabras, 2020). *Profano* deve ser interpretado como o que é humano, o não sagrado.

4.2 Seita

Encontramos no dicionário as seguintes definições de *seita*:

> Doutrina que, propagada por um grande número de pessoas, se afasta ou diverge de certa forma de outra doutrina principal.
>
> Grupo de pessoas que adota uma doutrina diferente das demais.
>
> [Religião] Grupo religioso dissidente que deixa de participar de uma religião por não concordar com suas normas e objetivos.
>
> [Popular] Grupo com uma organização própria, geralmente restrito e fechado, que se une por ideias, ideologias, opiniões e comportamentos semelhantes; facção, bando.

Etimologia (origem da palavra seita). A palavra seita tem sua origem no latim, "secta, ae", e significa "partido, causa". (Seita, 2021)

Ao analisarmos o verbete, podemos perceber seu teor imparcial, visto que temos a definição como ela é. Mas quando inserida em um contexto social, a palavra relaciona-se a algo pejorativo, à margem. Isso porque, no decorrer da história, diversos fatos obscuros estiveram ligados a práticas de algumas congregações que se denominaram *seitas*.

Como pesquisadores, jamais poderemos nos deixar influenciar por essa impressão, visto que, ao fazê-lo, já estaríamos praticando um tipo de preconceito. O que deve ser alvo de estudo é a diversidade religiosa que surge da questão das seitas. Desse modo, podemos entender que

> A "seita" seria caracterizada por uma tendência mais igualitarista, fundada na afirmação da irmandade pessoal e da eleição, sem pretensões ao universalismo e que tende a se isolar do mundo e até mesmo a se opor às instituições sociais estabelecidas. Ao contrário, a "Igreja" seria uma instituição socialmente mais conservadora e hierarquizada que tende a se inserir e tomar parte da ordem social, controlando as massas e tendo claras pretensões universalistas. (Andrade, 1991, p. 225)

Assim, fiquemos com o conceito técnico, sem a influência de paixões doutrinárias, considerando seita como um grupo de pessoas que se reúnem e adotam uma doutrina diferente das conhecidas e tradicionais, que não buscam uma universalidade e são mais exclusivistas.

4.3 Culto

Do mesmo modo que analisamos a palavra *seita*, vejamos, agora, o significado de *culto* sem interferências interpretativas:

> Homenagem prestada ao que é considerado sagrado ou divino; a maneira através da qual uma divindade é adorada.
>
> Religião – Prática religiosa das igrejas protestantes.
>
> Religião – Religião com princípios, regras ou normas específicas e próprias.
>
> Liturgia – Demonstração religiosa feita exteriormente.
>
> Figurado – Excesso de paixão por algo ou alguém. (Culto, 2021)

O conceito de culto gera muita confusão. Podemos defini-lo estabelecendo uma relação com a religião por meio das tradições, das liturgias ou, ainda, das práticas religiosas coletivas e públicas.

> Culto é a adoração ou veneração a uma divindade ou o conjunto de rituais que se usa nesta adoração. O culto cristão é a adoração prestada pelos cristãos a Deus na sua trindade. Além da adoração, o culto serve para edificar o cristão e anunciar a Palavra de Deus. (Eagleton, 2013, p. 2)

A celebração nas igrejas protestantes e evangélicas recebe o nome de *culto*; nas católicas, essa prática recebe o nome de *missa*. No entanto, o ato de cultuar é definido pelos mesmos objetivos: reunir-se para pregar, estar em comunhão e seguir uma liturgia celebrando os sacramentos e a vida comunitária na igreja. Nos escritos da Igreja Luterana, encontramos as seguintes explicações sobre culto, as quais podem ser aplicadas a todas as confissões cristãs.

> Por que nos reunimos em culto? Confiamos na promessa de Jesus Cristo de estar presente onde duas ou três pessoas estão reunidas em seu nome. O Espírito Santo faz-nos reconhecer que Deus é nosso Pai e doador de todas as coisas. Faz-nos saber que Deus veio ao nosso encontro e nos serviu em Jesus Cristo. Faz-nos agradecer a Deus por este serviço, adorando-o e louvando-o.

> [...] A origem do sentido do culto vem da compreensão de que Deus nos serve no culto. Não há outra maneira de compreendê-lo sem considerar as diferentes dimensões do amor de Deus, tanto na dimensão individual quanto comunitária. É uma dimensão tão presente que, às vezes, escapa de nossa consciência. (Portal Luteranos, 2021)

Analisando as duas definições, podemos concluir que o culto está ligado ao ritual, à prática das religiões, às adorações e oferendas. Cada religião apresenta suas práticas ritualísticas que a identifica e caracteriza.

4.4 Igreja

Originada do grego *ekklesía*, a palavra *igreja* significa "convocação, assembleia do povo com caráter religioso".

> 751. A palavra "Igreja" ("ekklesía", do verbo grego "ek-kalein" = "chamar fora") significa "convocação". Designa as assembleias do povo em geral (124) de carácter religioso. É o termo frequentemente utilizado no Antigo Testamento grego para a assembleia do povo eleito diante de Deus, sobretudo para a assembleia do Sinai, onde Israel recebeu a Lei e foi constituído por Deus como seu povo santo (125). Ao chamar-se "Igreja", a primeira comunidade dos que acreditaram em Cristo reconhece-se herdeira dessa assembleia. Nela, Deus «convoca» o seu povo de todos os confins da terra. O termo "Kyriakê", de onde derivaram "church", "Kirche", significa "aquela que pertence ao Senhor". (Catecismo, 2021)

Na Bíblia, tanto no Antigo quanto no Novo Testamento, são diversas as passagens que se referem à Igreja e ao chamado para que seja formada uma comunidade reunida em nome Deus, que trará a perspectiva da salvação para a humanidade.

> E o Senhor me deu as duas tábuas de pedra, escritas com o dedo de Deus; e nelas estavam escritas todas aquelas palavras que o Senhor tinha falado convosco no monte, do meio do fogo, no dia da assembleia. (Bíblia. Deuteronômio, 2021a, 9: 10)

> [...] Cuidai de vós mesmos e de todo o rebanho sobre o qual o Espírito Santo vos constituiu bispos, para pastorear a Igreja de Deus, que ele adquiriu com o seu próprio sangue. (Bíblia. Atos, 2021b, 20: 28)

Nesse contexto, é possível inferir por que o termo *igreja* está ligado ao cristianismo: os judeus foram os primeiros cristãos e usavam o Antigo Testamento com tradução grega, assim, após a vinda de Jesus Cristo, sua existência é o ponto central da Igreja, como sendo seu fundador.

> 752. Na linguagem cristã, a palavra «Igreja» designa a assembleia litúrgica (126), mas também a comunidade local (127) ou toda a comunidade universal dos crentes (128). Estes três significados são, de fato, inseparáveis. «A Igreja» é o povo que Deus reúne no mundo inteiro. Ela existe nas comunidades locais e realiza-se como assembleia litúrgica, sobretudo eucarística. Vive da Palavra e do Corpo de Cristo, e é assim que ela própria se torna Corpo de Cristo. (Catecismo, 2021)

Essas são considerações importantes para nossos estudos. A Igreja representa os rituais da liturgia, a reunião de seus fiéis em comunidades e, também, a grande comunhão universal de todos os cristãos.

A igreja tem, portanto, duas concepções: com letra maiúscula, Igreja refere-se ao Povo de Deus, reunido pela eucaristia em assembleias litúrgicas, pelo mundo inteiro; com letra minúscula, igreja refere-se ao templo, espaço físico onde os fiéis se encontram.

4.5 Costumes, crenças e dogmas

Podemos definir *costume* como prática, procedimento, maneira de fazer algo habitualmente. Em termos socioculturais, costume é uma prática arraigada em uma sociedade que também é transmitida de geração para geração. Da forma como os costumes acontecem, na maioria das vezes sequer são questionados sobre sua origem, eles simplesmente são disseminados.

As práticas sociais religiosas estão associadas mais às doutrinas do homem do que às doutrinas ditadas pelas escrituras. Alguns exemplos disso são: igrejas que não permitem que mulheres usem calças compridas, o uso do véu nas celebrações, o costume de jogar flores no mar para Iemanjá e muitos outros.

Os costumes estão diretamente ligados a crenças, tradições, símbolos e tantos outros elementos que caracterizam as religiões e suas práticas.

Vejamos um conceito de *crença*:

> A crença é a convicção de que algo é verdadeiro e certo. É uma avaliação pessoal que pode ser baseada em elementos racionais ou em uma sensação interna. Ao ter uma crença sobre algo, acredita-se que há uma certeza sobre ela. Isto não significa que a avaliação desta certeza corresponda à verdade, pois certeza e verdade são realidades diferentes. (Crença, 2016)

Com base nesse conceito, podemos afirmar que a crença está ligada também às nossas percepções da realidade, mas isso pode mudar de acordo com a evolução ou a conjuntura do momento.

Quando nos referimos às crenças religiosas, percebemos que se trata de um conjunto de princípios e dogmas seguidos pelos que professam a mesma fé. Na maioria das vezes, são imutáveis. Dessa maneira, as crenças de uma religião permanecem estáveis para seus devotos durante toda sua vida.

A crença está ligada à fé, a qual é definida como convicção íntima, certeza. No caso de dogmas, trata-se de um termo bastante usual nos estudos religiosos e filosóficos, razão pela qual é necessário conhecer sua definição e sua aplicação.

O QUE É?

Dogmatismo: conjunto de regras, preceitos incontestáveis, sem possibilidade de questionamento para comprovação ou investigação sobre sua veracidade.

> O conceito dogmatismo é entendido de forma geral como uma tendência a assumir de forma taxativa e sem discussão sobre certos pensamentos ou doutrinas.
>
> Este termo é aplicado também para determinar ideais ou hipóteses para que sejam aceitas pelos demais sem o menor espírito crítico, sem deixar de ser colocadas em questão apesar de não haver evidências empíricas. (Dogmatismo, 2015)

Portanto, o dogma é uma verdade proveniente de uma mentalidade única, que não admite interpretações adversas, e também desqualifica quem não se enquadra naquela determinação. Na maioria das vezes, as premissas dos dogmas só admitem duas condutas: a certa ou a errada. Dessa forma, não existem posições intermediárias.

Os conceitos discutidos até aqui são relevantes para compreendermos os movimentos religiosos que nos propusemos a estudar. Eles nos auxiliarão nas análises e nas interpretações que serão apresentadas no decorrer deste capítulo.

4.6 Movimentos religiosos

Um movimento religioso pode ser compreendido como um grupo de pessoas ou instituições que se reúnem para difundir, defender e propagar uma doutrina, uma crença e ideias religiosas.

Muitas religiões são fruto de movimentos, como o movimento da Reforma Protestante com Lutero, Calvino e Henrique VIII, que resultaram na Igreja Luterana, na Comunhão Mundial das Igrejas Reformadas, na Igreja Anglicana, entre muitas outras.

Uma observação que devemos fazer sobre os movimentos religiosos é de que eles não só causam impactos nas práticas e relações de fé. Todos sempre são estudados com base nos entendimentos de cultura, sociedade e até econômicos, sendo objeto de investigação dessas áreas. Em seguida, constataremos essas afirmações em nosso estudo sobre os movimentos religiosos contemporâneos.

EXERCÍCIOS RESOLVIDOS

Para entender, relacionar e identificar os movimentos religiosos, sua realidade e os impactos sociais causados por eles, é preciso conhecer e refletir sobre os conceitos que permeiam a trajetória dos estudos. A dificuldade em identificar e compreender as doutrinas se apresenta constantemente, por isso é preciso ter bem claros e delineados os conceitos de Igreja, seita, movimento, crença e dogma. Com base nessas informações, analise as afirmativas a seguir e assinale a **incorreta**.

A] Podemos dizer que a Igreja não pode ser dissociada de cristianismo. Jesus Cristo é o fundador da Igreja como instituição, a *ekklesia*, que conduz seus seguidores ao reino de Deus. Por isso, todas as religiões que se denominam *Igreja* praticam a confissão cristã.

B] Uma seita pode ser um grupo que se afasta de determinada religião por não concordar com algum preceito ou doutrina.

Esse grupo cria novas regras ou liturgias. Muitas seitas podem ser o embrião de movimentos religiosos e, posteriormente, transformarem-se em uma nova denominação religiosa.

c] Culto é um ritual pagão, o qual não pode ser considerado prática religiosa por se tratar da adoração, da homenagem por meio de rituais que se prestam ao sagrado e ao divino. O culto pode ser uma forma particular de reverenciar uma divindade realizando ritos e cerimônias, utilizando os mais diversos elementos.

d] Um dogma é uma lei, uma convenção estabelecida nas religiões, que tem como característica ser uma verdade absoluta e incontestável. Um dogma não busca comprovação nem é explicado de modo empírico. Outra característica é a polarização dessa verdade: ou é certo, ou é errado.

Gabarito: C

***Feedback* do exercício:** O termo *Igreja* está diretamente ligado ao cristianismo, e a Igreja tem Cristo como o centro de sua definição. Uma seita surge de um pequeno grupo dissidente de uma religião e pode até se tornar um movimento religioso, mas nem sempre o termo *seita* é aceito como uma prática positiva; culto é uma homenagem ao que é divino e tem como objetivo reunir-se para pregar, seguir uma liturgia e celebrar os sacramentos de uma religião; o dogmatismo expressa uma verdade única e imutável, não admite interpretações intermediárias, pois se baseia em preceitos considerados incontestáveis.

Estão delineados os conceitos que nos auxiliarão em nosso aprendizado sobre os movimentos religiosos contemporâneos, suas conexões com a globalização e a imensa diversidade religiosa que transpassa todas as fronteiras que possamos conceber, sejam elas físicas, sejam do pensamento. Continuaremos, portanto, nossa jornada pelo conhecimento.

4.7 Importância das religiões para a humanidade

Já estudamos a Pré-História e o desenvolvimento do homem e suas manifestações religiosas naquele período, quando se desenvolveram a linguagem e novas formas de comunicação. Esse momento recebe o nome de *revolução cognitiva*, e é a partir daí que nos diferenciamos das outras espécies: por meio dessas linguagens, somos capazes de registrar descobertas e atribuir significados à existência. O *Homo sapiens* é o único que pode falar, além de criar e reproduzir realidades paralelas: são as lendas, os mitos, os deuses. É na revolução cognitiva que surgem as primeiras manifestações religiosas.

> **PERGUNTAS & RESPOSTAS**
>
> Qual a relevância da revolução cognitiva para o estudo das religiões?
>
> - A revolução cognitiva marca o momento na história em que o homem desenvolve a linguagem, passa a se comunicar e desenvolve a imaginação.
>
>> A revolução cognitiva explica como a capacidade de abstração e memória que somente o nosso cérebro possui dentre todos os animais permitiu que pudéssemos nos agregar em conjuntos humanos de tamanhos sem precedentes e, assim, criar coisas inimagináveis até então. A Revolução Cognitiva, foi o ponto de virada no qual o ser humano tornou-se independente de suas limitações biológicas. (Santahelena, 2017)
>>
>> O escritor Yuval Noah Harari, autor do *best-seller Sapiens: uma breve história da humanidade*, analisa com profundidade essa revolução. Para o estudo das religiões, a relevância está em ter sido por meio dos conceitos de ação comunitária e da

capacidade humana de imaginar que as religiões se desenvolveram e transformaram as relações sociais.

A capacidade humana de imaginar e desenvolver realidades subjetivas paralelas às realidades objetivas diferenciou o ser humano dos demais seres, e é essa mesma capacidade que o permitiu criar a ficção e, nela, os deuses, as lendas, as crenças e, por fim, as religiões. O compartilhamento e a cooperação dessas realidades imaginadas são as características principais do homem.

O pensar religioso faz parte do domínio da história cultural. A filosofia, a sociologia e a história se ocupam do estudo das religiões por terem a convicção do quanto elas influenciam e influenciaram comportamentos, conceitos e eventos de toda a natureza no curso da formação das sociedades.

> Durkheim tem um interesse pela religião porque ela articula rituais e símbolos que têm o efeito de criar entre indivíduos afinidades sentimentais que constituem a base de classificações e representações coletivas. As cerimônias religiosas cumprem um papel importante ao colocarem a coletividade em movimento para sua celebração: elas aproximam os indivíduos, multiplicam os contatos entre eles, torna-os mais íntimos e por isso mesmo, o conteúdo das consciências muda. (Haas, 2019)

A religião é, portanto, um fenômeno coletivo. Entretanto, as crenças serão moralmente impostas se tiverem um sentido sagrado para seus devotos. É inegável o vínculo que se estabelece nas comunidades que frequentam um mesmo templo ou praticam um mesmo culto. É por meio das cerimônias que esses vínculos se fortalecem, sendo relações que, na maioria das vezes, extrapolam os limites daquele momento. É por isso que Durkheim, como sociólogo, diz ter um interesse especial pela religião.

Para Durkheim, a dualidade sagrado-profana faz da religião uma realidade intelectual e os rituais fazem dela uma força moral: uma entidade que define limites entre o certo e o errado e os faz operar na medida em que recompensa quem está certo e pune quem está errado. Trata-se de promover sentimentos de fazer parte e de exclusão. Nesta perspectiva, indivíduos aderem a preceitos de moralidade. Buscam a coletividade do grupo e a coesão desta deriva de sua força moral – de sua capacidade de definir e implementar limites entre o certo e o errado – mas, para as pessoas é difícil de entender diretamente, então elas projetam em formas concretas, por exemplo, os totens. Os ideais expressos nas crenças religiosas são, pois, os ideais morais em que se baseia a unidade da sociedade. Sempre que os indivíduos se juntam num ritual religioso, estão a afirmar a sua fé na ordem moral de que depende a solidariedade mecânica dessa sociedade. Os ritos positivos do ritual religioso contribuem, assim, para a consolidação moral do grupo, contrabalançando o fato de os indivíduos procurarem satisfazer nas atividades quotidianas da vida, no mundo profano, os seus próprios interesses egoístas. (Haas, 2019)

Traçamos aqui um breve panorama sobre a importância das religiões para a humanidade e sua construção como sociedade. Um estudo bastante aprofundado demandaria páginas e páginas, além de muitas comparações entre autores. No entanto, o que vimos até aqui já nos garante uma certeza: as religiões são pilares na edificação das sociedades e é por meio dos preceitos religiosos que muitos valores morais e éticos são consolidados.

Para saber mais

Citamos anteriormente o livro de Yuval Noah Harari, *Sapiens: uma breve história da humanidade*, publicado pela Companhia das Letras, que é uma leitura obrigatória para quem está em busca de

respostas para o desenvolvimento da humanidade. Trata-se de novas abordagens sobre a evolução do comportamento humano. Outras obras do autor são:
- *Homo Deus: uma breve história do amanhã*; Companhia das Letras, 2017.
- *21 lições para o século 21*; Companhia das Letras, 2018.

Conheça algumas ideias de Yuval Noah Harari no *TEDx: TEDGlobalLondon: O que explica a ascensão dos humanos?* Disponível em: <https://www.ted.com/talks/yuval_noah_harari_what_explains_the_rise_of_humans?utm_campaign=tedspread&utm_medium=referral&utm_source=tedcomshare>. Acesso em: 22 set. 2021.

A admissão da influência das manifestações religiosas na formação sociocultural da humanidade é resultante de pesquisas que remontam de muito tempo, com teorias diversificadas e autores que representam essas diversas vertentes. Logo, podemos concluir que as religiões têm caráter intelectual em virtude de sua dualidade entre sagrado e profano; que os rituais concedem força moral; que as entidades divinas determinam o certo e o errado e fazem com que as sociedades adotem uma "civilidade", por observarem o que é sagrado, sob pena da punição divina; que a religião é um fenômeno exclusivo do ser humano; e, ainda, que todas as civilizações, sem exceção, desenvolveram alguma espécie de sistema religioso.

4.8 Diversos tipos de religião

Para dar sequência à nossa jornada de aprendizagem sobre religiões até chegar aos movimentos religiosos contemporâneos, são necessários mais alguns subsídios. Assim, conheceremos agora os tipos de religião.

As religiões são classificadas conforme sua crença em Deus, e existem algumas diferenças importantes entre os seus tipos. Compilamos os dados no quadro demonstrativo a seguir.

QUADRO 4.1 – Resumo dos tipos de religiões

Tipo de religião	Características	Bases de literatura	Mitos
Panteísmo	Deus é o próprio mundo, tudo está interligado em um equilíbrio ecossistêmico e místico. Procura harmonia com a natureza, sintonizando-se com o espiritual.	Surgiram na Pré-História, não têm registros escritos e foram transmitidas por tradição oral.	Deus é o próprio mundo e é eterno. Crença nos espíritos, reencarnação, culto aos antepassados.
Politeísmo	Diversos deuses criaram, regem e destroem o mundo. Lendas e mitos que explicam de maneira figurada a natureza das coisas.	Depois da escrita, têm registros sobre seus mitos; antes, tinham registros icônicos.	Vários deuses criaram, governam e destroem o mundo. Suas lendas são semelhantes aos dramas humanos.
Monoteísmo	Crença em um único deus que é eterno e sempre existiu; Deus é a razão de todo ser e não obedece a nenhum reino; é livre, forte e soberano; Deus não está na natureza, mas foi quem a criou. Existe um limite claro entre Deus e a humanidade; Ele envia profetas que revelam suas vontades e explicam aos homens sua existência.	Têm livros sagrados com padrões; apresentam normas e leis; propagam uma verdade absoluta.	Um ser transcendente criou o mundo e o ser humano, havendo uma relação paternal entre criador e criaturas. Messias são enviados para conduzir os povos; profetiza-se um evento renovador violento no final dos tempos, quando a ordem será restaurada pela divindade.
Neopanteísmo	Acredita-se em geral no monismo, uma substância única que permeia todo o universo, um ser único. Costumam ser reencarnacionistas e evolutivas. A desatribuição de qualidades do Ser supremo, por vezes, confunde-se com o ateísmo.	Textos filosóficos com muita força doutrinária; não apresentam dogmas arbitrários.	A realidade surge de um único princípio.

(continua)

(Quadro 4.1 – conclusão)

Tipo de religião	Características	Bases de literatura	Mitos
Ateísmo	Nega a existência de Deus. Não existe crença em deuses personificados.	Textos básicos com conteúdo filosófico, sem elementos dogmáticos. Entretanto, seus ensinamentos são revelados por sábios ou seres iluminados.	Possibilidade de evolução espiritual por meio de um trabalho íntimo; existência de diversos seres conscientes dos mais variados níveis, e geralmente, em reencarnação.
Não teísta	Não cultiva a ideia de deidade (um deus ou vários deuses); o divino é concebido de forma mística, uma natureza real.	Há uma série de textos com registros e discussões, na maioria das vezes, filosóficas.	Semelhante ao ateísmo, crê na evolução espiritual, por meio do desenvolvimento interno.

Fonte: Elaborado com base em XR, 2003.

É preciso salientar que, dependendo dos autores, uma nomenclatura bastante extensa pode ser utilizada e diversos outros tipos de religião aparecem. Contudo, ao analisar mais profundamente, é possível percebermos que muitos estão contidos em outros, sendo apenas uma denominação diferente para o mesmo conceito.

Entre esses tipos, estão as mais diversas religiões, mas é importante ressaltar que, nos dias de hoje, muitas vezes, a crença de uma pessoa sequer se enquadra em um desses tipos. Na atual conjuntura social, o ser humano passou a ser o centro, assim, podemos fazer escolhas, mesclar profissões de fé, cultuar santos, anjos, viver o sincretismo, seguir tradições familiares e, ao mesmo tempo, professar em outra doutrina.

A seguir, veremos definições a respeito dos tipos de religiões.

> Há vários modos de compreender o que seja uma definição. As definições podem ser descritivas ou classificatórias e normativas. As definições descritivas são aquelas que querem encontrar certos predicados de um determinado conceito que fazem com

que todos os objetos descritos pelos predicados se enquadrem nesse conceito. Nesse tipo de definição, não se tem o objetivo de emitir um juízo de valor a respeito dos membros da espécie ou tipo. (Koslowski; Santos, 2016, p. 813)

Com base nessa afirmação, ao buscarmos informações sobre os tipos de religião, encontramos definições dos três tipos: descritivas, classificatórias e normativas. Vejamos, então, os resultados dessa busca.

4.8.1 Panteísmo

É nele que encontramos as religiões mais antigas, mais primitivas. Trata-se da crença de que tudo é deus, e que deus e a natureza são idênticos. Todos os elementos naturais, como terra, fogo, ar, coisas, animais etc., são divinos, portanto, são elementos que têm inteligência. Para o panteísmo, existe apenas uma substância e matéria, pois Deus e o universo são consubstanciais. O panteísmo está também ligado ao **monismo**, que defende a unidade da existência de todas as coisas, sem que haja diferença entre corpo e mente. Tudo que existe deriva de uma única substância. Os panteístas não adotam locais sagrados, e a única norma que seguem é a Lei Natural.

Você provavelmente encontrará o termo *panenteísmo* na literatura, mas se trata de outra visão, e é importante reconhecermos a diferença. Panenteísmo significa que tudo está em Deus e, dessa forma, tudo pertence a Deus. Assim, o universo está contido em Deus, porém este é maior que aquele.

Todas essas considerações a respeito dos tipos de religião estão fundamentadas na filosofia, pois existe uma interligação muito consistente entre os estudos filosóficos e os estudos sobre religião.

4.8.2 Politeísmo

Como já vimos, o politeísmo é a crença em vários deuses, e sua adoração resulta

> de crenças em espíritos, demônios e forças sobrenaturais, definidas vagamente em crenças como o animismo, totemismo e culto aos ancestrais. As forças sobrenaturais são organizadas e personificadas em uma família cósmica que é o núcleo do sistema de crenças de um povo ou etnia. O politeísmo se espalhou pelo mundo antigo e em muitas culturas antigas existiu a prática do politeísmo e seus deuses tinham características humanas (antropomorfismo) e funções específicas, como na Grécia e Roma antigas, onde havia um intrincado sistema mitológico e diversas divindades que interferiam nas atividades humanas (mitologia grega): Zeus, Hera, Palas-Atena, Poseidon, Ares, Apolo, Afrodite etc. O Império Romano assimilou o politeísmo grego e de outras culturas que conquistara (mitologia romana): Júpiter, Juno, Minerva, Netuno, Marte, Apolo, Vênus. No Egito antigo os deuses tinham formas híbridas de objetos da natureza, animais e humanos num sistema de crenças bem desenvolvido e que era a base de sua cultura. Os faraós eram as personificações de deuses na terra e seus deuses eram o sol (Amon-Rá), a fertilidade (Isis), a fecundidade (Osíris) e outros. (Silvestre, 2021)

Diversos filósofos, sociólogos e antropólogos se dedicaram e se dedicam ao estudo do politeísmo. Em razão da sua base literária, esse grupo se divide em comunidade letrada e ágrafa. Nas duas modalidades, os registros são de extrema relevância e bem elaborados.

Observando a história, é possível constatar que o politeísmo surgiu antes do monoteísmo. Lembre-se dos estudos da Pré-História, quando o homem realizava cerimônias em diversas ocasiões e, em cada evento, homenageava uma divindade correspondente, cultuando deuses antropomórficos que simbolizavam forças ou presenças do mundo real.

Um exemplo de politeísmo está no povo egípcio. Observe mais algumas denominações e povos com as características de cultos politeístas:

- mitologia nórdica;
- xintoísmo;
- religião asteca;
- religião maia;
- religião inca.

FIGURA 4.1 – Deuses e faraós egípcios

Os egípcios cultuavam diversos deuses e realizavam um grande número de rituais. Um deles o ritual funerário, pois acreditavam na vida após a morte. A crença egípcia era de extrema relevância para a vida do povo.

4.8.3 Monoteísmo

É a crença em um único deus, o criador e senhor do universo, todo poderoso e bondoso. O monoteísmo não se refere à crença em uma única divindade, mas sim em um ser soberano e absoluto. Para a cultura ocidental, outro conceito subjacente ao monoteísmo é o da "revelação", pois é o pilar das religiões monoteístas chamadas *semítico-proféticas*, que são o judaísmo, o cristianismo e o islamismo.

"O monoteísmo é resultante da experiência religiosa no âmbito da fenomenologia das religiões mais antigas. O judaísmo, o cristianismo e o islamismo são as três configurações religiosas e históricas do monoteísmo" (Prates, 2008, p. 47).

4.8.4 Ateísmo

O ateísmo nega a existência de um ser supremo central. Não existe nada além do que se vê, nada além da matéria. Não há, portanto, um Deus criador.

> Há várias formas de definir ateísmo. Ethan G. Quillen, em seu artigo *Discourse analysis and the definition of atheism* (2015, p. 25), distingue duas formas básicas. A primeira é histórica (lexical) e a segunda é teórica (essencialista). Da segunda forma de definir, dá-nos o seguinte exemplo: A consciência ou inconsciência da falta de compromisso para com Deus ou deuses. Em relação à primeira forma, a histórica ou lexical, um exemplo é sua utilização na Antiguidade. O termo "ateu" está ligado à censura, a ameaças ao status quo, funcionando como uma imputação de impiedade. Esse uso pode ser visto no julgamento e execução de Sócrates e também no caso dos cristãos do século III, que se chamavam a si mesmo de ateus, como eram chamados pelos pagãos por não prestarem culto aos deuses e ao imperador (QUILLEN, 2015, p. 26). Segundo Terry Eagleton (2016, p. 14), o termo "ateísmo" foi incorporado ao léxico das línguas europeias modernas apenas no século XVI. (Koslowski; Santos, 2016, p. 810-811)

Podemos perceber, então, que existem muitas definições e estudos do ateísmo. Se nos aprofundarmos no assunto, veremos que há diversas interpretações e, assim como para todos os outros tipos de religião, é preciso sempre fazer uma análise crítica e contextualizada das definições. Ainda sobre o ateísmo, não basta somente dizer que o ateu nega Deus. Algumas posturas ateístas que merecem nossa atenção:

- **Espiritualistas:** caracterizam-se mais por serem céticos do que pela negação.
- **Materialistas:** alinhados às concepções do materialismo, alguns, inclusive, pregam o fim das religiões.
- **Filosóficas:** parece redundante, pois o estudo da existência de um ser superior é objeto da filosofia, mas justificam esse tipo de postura dizendo que o fato de não acreditarem não quer dizer que não exista: é preciso buscar a prova.

4.8.5 Neopanteísmo

Surge como um aperfeiçoamento do panteísmo, no século XVIII, mas está presente em todos os momentos da história e trata do uso das energias da natureza e do ser humano. Seus adeptos, em sua maioria, acreditam no monismo, que, como já vimos, prega que uma substância única integra o universo. Creem também na reencarnação pela evolução. Como existe uma desconstituição dos atributos do Ser supremo, pode ser confundido com o ateísmo. Seus textos são, por essência, filosóficos. Algumas religiões neopanteístas são: racionalismo cristão, neognosticismo, teosofia, confucionismo, ateísmo filosófico, budismo e jainismo.

Com essas definições, encerramos nosso estudo sobre os tipos de religião. Novamente, chamamos a atenção para o caráter informativo do que vimos e sugerimos que, para um entendimento mais profundo, é necessário fazer um mergulho na filosofia e na história das religiões. No entanto, com base nessas informações, é possível avançar em nossos estudos, conhecendo e analisando os movimentos religiosos contemporâneos.

> **PARA SABER MAIS**
>
> O Laboratório de Política, Comportamento e Mídia (LABÔ) da Pontifícia Universidade de São Paulo (PUC-SP) organizou um encontro com cinco líderes religiosos para que falassem sobre sua religião nos dias de hoje. Os convidados, Pastor Ed René Kivitz, Sheikh Mohamad Bukai, Rabino Adrian Gottfried, Pai Marcelo de Odé e Padre José Adeíldo Machado, tiveram uma franca conversa sobre importantes questões de suas religiões e em diálogo entre si. Disponível em: <https://youtu.be/xtlPkpgyEoQ>. Acesso em: 22 set. 2021.

Em suma, reconhecemos alguns conceitos que serão fundamentais para nosso estudo sobre movimentos religiosos contemporâneos, os quais nos auxiliarão na análise e na reflexão sobre esse tema tão relevante para a história sociocultural da humanidade

4.9 Movimentos religiosos contemporâneos

Depois da Reforma Protestante de Lutero, no século XVI, surgiram formas divergentes da religião cristã que se estabeleceram e geraram inúmeros movimentos religiosos. Neste estudo, mencionamos diversas vezes que as religiões estão presentes na história do ser humano desde o princípio. Também podemos afirmar que, desde então, as religiões só cresceram e se multiplicaram. Depois da desagregação do cristianismo com a Reforma, houve uma propagação de novas denominações, como os grupos neopentecostais, que parecem seguir determinado padrão: surge um grupo, o qual cresce e seus líderes brigam, até que, então, um deles funda uma nova igreja (Martins, 2017).

As expressões *movimento religioso contemporâneo* e *novo movimento religioso* são utilizadas para identificar as novas religiões e denominações religiosas surgidas pelo mundo.

> Na lista de Novos Movimentos Religiosos, há grupos originados nas grandes religiões, há grupos de matriz oriental e de matriz indígena e africana. Pode-se observar que há nestes grupos um grande sincretismo, sendo esta uma característica comum a muitos deles.
>
> Se existem tantos grupos religiosos no mundo atualmente, era de se esperar uma saturação, mas não é o que acontece. A cada dia surge um novo grupo, muitas vezes com propostas diferentes. (Martins, 2017, p. 8)

Qual é a razão para o surgimento desses movimentos? Como essa proliferação interfere na sociedade? Que desdobramentos são evidenciados com o advento desses movimentos?

São questionamentos que procuraremos elucidar para entender os rumos que a sociedade está tomando. Martins (2017) realizou um estudo bastante esclarecedor sobre essa temática. A seguir, algumas de suas considerações:

> Por que surgem os Novos Movimentos Religiosos?
> Esta é uma pergunta difícil de ser respondida. Porém, há algumas pistas que poderão tentar fornecer as respostas pretendidas. Em primeiro lugar, todo e qualquer novo movimento religioso surge nas brechas deixadas pelas religiões existentes. O surgimento do novo é um atestado da insuficiência das respostas que as igrejas institucionalizadas estão fornecendo e que não conseguem atender às expectativas dos fiéis. (Martins, 2017, p. 9)

Assim como na época da Reforma, há alguns séculos, também existe hoje insatisfação por parte dos fiéis de algumas confissões religiosas. São exigências que, muitas vezes, distanciam-se dos tempos em que vivemos, como as vestimentas, o excesso de punições ou a cobrança do dízimo, que penaliza financeiramente seus adeptos.

Algumas características desses movimentos podem auxiliar a análise: oferecimento de respostas religiosas inovadoras, apesar de muitos se identificarem com tradições antigas; ou apresentação como uma alternativa para as religiões consolidadas e para os costumes culturais vigentes e dominantes.

Alguns dos novos movimentos ou novas religiões também surgem em virtude da globalização, da comunicação em tempo real e das facilidades de imigração. Assim, em muitos casos, não se trata de novas religiões, mas de sua difusão em regiões por onde não haviam transitado.

Exemplificando

O movimento Hare Krishna já foi considerado uma nova religião, quando, na verdade, era novo apenas no continente americano. É uma antiga manifestação da Índia fundada no século XV por Caitanya e veio para o continente americano por volta de 1960. Existem outros novos movimentos originados em religiões hindus, como o budismo e o siquismo, que também foram interpretados dessa forma (Wilson, 1994).

Martins (2017) mostra a realidade de muitos países, inclusive do Brasil, onde muitos desses movimentos são "religiões customizadas", nas quais um cidadão com capacidade de liderança organiza um grupo, reunindo teses e conceitos de diversas outras religiões:

> Outro dado a ser levado em conta é que nas democracias ocidentais, a relativização das mensagens religiosas, a autonomia individual em relação às opções religiosas, aliada à liberdade de culto facilita sobremaneira o surgimento de líderes espirituais com novas mensagens ou novas revelações. A tradição religiosa do indivíduo

> também não é mais uma verdade inquestionável. Ele se sente livre para analisar novas doutrinas e até mesmo a filiar-se a um novo grupo religioso, por mais polêmico que possa ser. A facilidade em juntar doutrinas, conceitos e costumes das várias religiões, numa intensa bricolagem é um fator atrativo para muita gente que tem dificuldade em mover-se entre doutrinas mais tradicionais, mais fechadas. (Martins, 2017, p. 9)

O que podemos deduzir é que, nesses processos, muitas vezes, sequer existe um preceito filosófico religioso devidamente fundamentado e estudado para a formação da nova religião. Apenas atendem a uma necessidade de oferecer uma visão do mundo religioso ou sagrado e, por isso, são chamados de *religiosos*.

Outra característica dos novos movimentos é a promessa de alcançar determinados objetivos, como a iluminação espiritual, o transcendental por meio de diversas práticas religiosas, a autorrealização, entre outros. Para Martins (2017), existe também a facilidade de trânsito entre os movimentos pelos seus adeptos. Assim, não é mais possível, nos dias de hoje, cobrar fidelidade absoluta do adepto, pois as pessoas entram e saem dos movimentos a qualquer momento.

Outro dado bastante relevante é que a maioria dos participantes desses novos movimentos é jovem. Isso se justifica porque a juventude está sempre em busca de novas experiências, e as religiões tradicionais não oferecem as respostas que eles buscam. Além disso, na maioria desses movimentos, os rituais são dinâmicos, repletos de apelos emocionais e artísticos, o que conquista a comunidade mais jovem.

> Várias são as manifestações associadas à religião na era contemporânea: as feiras de exposição Expo Cristã e Expo Católica; igrejas que atraem público jovem, tais como a Bola de Neve *Church* (esportistas, *reggaeiros*, dentre outros) e a Comunidade Gólgota (para

góticos); as manifestações públicas e os *lobbies* articulados pela Direita Cristã norte-americana, em prol da proibição do aborto; os fundamentalismos cristão, islâmico e judaico; a Teologia da Libertação e a Renovação Católica Carismática; dentre muitos outros exemplos. (Bellotti, 2011, p. 14)

São essas manifestações que mobilizam pessoas de diversas classes socias e também com diversas profissões de fé. O que precisamos entender é qual lugar essas manifestações ocupam em uma sociedade global e de que forma esses movimentos interferem nas culturas local e mundial.

Exercícios resolvidos

Para conhecer os novos movimentos religiosos contemporâneos, o estudo sobre os tipos de religião permite analisá-los de acordo com a forma como se posicionam em relação às suas crenças. Sobre essa questão, assinale a alternativa correta.

A] O monoteísmo tem a crença em um único Deus, e seus textos básicos são essencialmente filosóficos, sem força de dogmas ou doutrinas. O judaísmo e o budismo são exemplos.

B] O politeísmo cultua diversos deuses, que criaram e governam o mundo. Resulta de crenças em espíritos, demônios e outras divindades. O politeísmo se espalhou pelo mundo antigo, e a religião egípcia é um exemplo.

C] O panteísmo nega a existência de Deus e acredita em uma substância única, que é o ser que criou tudo.

D] O monismo é uma das formas mais primitivas e defende que tudo está em Deus, a quem tudo pertence. Assim, o universo é menor que Deus e está contido Nele.

Gabarito: B

Feedback **do exercício**: O monoteísmo tem a crença em um único Deus e seus textos básicos estão em livros sagrados, que padronizam as crenças com normas e leis. Politeísmo é a crença em vários deuses, sua adoração foi predominante no Mundo Antigo, suas lendas se assemelham aos dramas humanos; no Egito Antigo, a prática era politeísta. No panteísmo, Deus é o universo e tudo está interligado. E o monismo acredita em uma substância única que permeia todo o universo, um ser único.

Classificar os novos movimentos religiosos contemporâneos é uma tarefa complexa. Observamos que, na maioria dos casos, são efêmeros: surgem, crescem e desaparecem (ou se transformam). Existem grupos que se interseccionam, com elementos que participam de mais de um grupo, dificultando a mensuração de sua quantidade de membros. De modo geral, podemos distinguir cinco grandes grupos que representam esses movimentos:

1. grupos oriundos de igrejas cristãs tradicionais;
2. grupos sincréticos;
3. grupos orientais;
4. grupos esotéricos ou da Nova Era;
5. grupos pentecostais e neopentecostais.

4.9.1 Grupos oriundos de igrejas cristãs tradicionais

Os grupos oriundos de igrejas cristãs tradicionais têm sua origem no interior das grandes denominações cristãs. Os dissidentes saem da religião de origem repletos de críticas e insatisfações, seja por julgarem que houve um abandono dos princípios originais, seja porque foram agraciados com uma nova revelação de verdade absoluta. Na maioria das vezes, não pretendem separar-se da origem e tentam convencer as lideranças dos novos fundamentos que devem ser adotados. Não havendo aceitação, a separação acontece, e isso pode ocorrer quando o novo grupo vai em busca de um novo caminho ou por meio de expulsão. Um exemplo é a Renovação Carismática Católica (RCC), que,

> ligada ao catolicismo, possui uma visão destoante do pensamento da hierarquia da igreja. Doutrinariamente a RCC se aproxima muito do pentecostalismo, com a diferença de que este sempre teve uma infiltração maior entre as camadas menos favorecidas da população enquanto que aquela tem arrebanhado seus adeptos principalmente na classe média. (Martins, 2017, p. 11)

As lideranças da Igreja Católica agem com tolerância em relação à RCC, pois, nos últimos anos, esse movimento conseguiu reconquistar um grande número de fiéis que estavam afastados da Igreja.

Outro movimento dissidente do catolicismo é um grupo liderado por Inri Cristo. Ele se autoproclama a reencarnação de Cristo, afirma que recebeu a revelação por meio de uma visão de Deus e que sua missão é restaurar a Igreja Católica. Inri é conhecido pelas suas participações em programas de TV. Sua Igreja chama-se Suprema Ordem Universal da Santíssima Trindade (SOUST) e está sediada em Brasília.

As dissidências das religiões evangélicas são comumente denominadas *comunidades*. Suas lideranças iniciaram sua formação teológica nas denominações tradicionais, mas saíram delas por divergências ou foram forçadas deixá-las e fundaram suas igrejas. "Caracterizam-se pela informalidade dos cultos, uma ênfase substancial no uso da música contemporânea uma administração com visão empresarial e um forte culto à personalidade de seus líderes" (Martins, 2017, p. 12). O uso das músicas contemporâneas e a informalidade chamam muito a atenção da juventude.

Existem ainda religiões que se destinam a grupos ou públicos específicos, como o Movimento Espiritual Livre (MEL), que procura alcançar o público LGBTI +, e a Igreja Zadoque, direcionada a roqueiros, *darks* e *punks*.

4.9.2 Grupos orientais

Esses grupos formam religiões que vieram para o Brasil trazidas pelos migrantes. Algumas são:

- a Igreja Messiânica Mundial;
- a Soka Gakkai;
- a Seicho-No-Ie;
- a Igreja da Unificação Mundial, liderada pelo reverendo Moon, uma das mais polêmicas em todo o mundo.

4.9.3 Grupos sincréticos

Os grupos sincréticos caracterizam-se pela insatisfação com as grandes religiões constituídas e procuram formas de expressar sua fé.

Esses grupos reúnem elementos de outras confissões, misturando-as e conferindo-lhes um novo significado. Um exemplo é o Santo Daime, que utiliza práticas indígenas que eram conduzidas pelos Pajés. A cerimônia consiste em beber um chá, feito com várias ervas das Amazônia, o qual provoca visões. Esse movimento surgiu no fim do Ciclo da Borracha (1879-1945), quando os seringueiros conheceram o chá. Com sérias dificuldades financeiras, eles criam comunidades em torno dessa realidade mestiça, acreditando ter encontrado o sentido para suas vidas e a resolução dos problemas que os assolavam. Desde seu início até os dias atuais, a Comunidade do Santo Daime já se modificou, mantendo a tradição do chá e com uma integração muito forte com a natureza.

> Com a divulgação dos efeitos do chá e das ideias religiosas que o cercam, feita através dos grandes meios de comunicação, houve o despertar do interesse principalmente dos jovens da classe média culta, que uniu os princípios indígenas com a doutrina espírita da

reencarnação, criando um novo movimento chamado de "União Vegetal". (Higuet, 2001, p. 141, citado por Martins, 2017, p. 13)

Existem outros grupos nessa categoria dos sincréticos, tais como a Legião da Boa Vontade e a Ordem Espiritualista Cristã, fundada pela Tia Neiva e situada no famoso Vale do Amanhecer, próximo de Brasília.

4.9.4 Grupos esotéricos ou da nova era

Nos anos 1960, um novo e globalizante movimento começou a ocupar o cenário religioso mundial: o Movimento Nova Era. Embasado na astrologia, o movimento pregava que, a cada 2 mil anos, haveria uma conjuntura solar e astral na qual o Sol ocuparia o signo de aquário. A previsão era de que muitas transformações aconteceriam, já que o signo anterior era peixes, que rege o cristianismo. Dessa forma, este teria seu poder diminuído e novas formas de religião surgiriam para orientar a humanidade.

Mesmo sendo considerado um movimento, a Nova Era não tem uma organização que responde pelos seus ramos e grupos, não tem hierarquia estruturada, mas conta com vários representantes em diversas áreas da sociedade.

Seus princípios também seguem essa diversidade e utilizam elementos místicos da tradição judaico-cristã, de religiões orientais, ocultismos, esoterismos e tradições das mais variadas origens. Seus praticantes acreditam em uma vida de ciclos com fatalismos e karmas.

Atualmente, é possível perceber uma forte ligação dos participantes da Nova Era com a ecologia, pois são defensores da natureza. Quanto ao princípio da salvação, esses grupos são relativistas, pois, para eles, existem muitas maneiras de atingir a iluminação e todas são válidas. Sua religiosidade se expressa por práticas místicas, como meditações transcendentais que promovem a paz de espírito, e existem espaços disponíveis para essas práticas esotéricas de desenvolvimento pessoal de seus adeptos, tais como academias, centros comercias, clínicas estéticas. Em virtude desse caráter democrático e sem doutrina definida, muitos fiéis de outras religiões frequentam os espaços e praticam o esoterismo pregado pela Nova Era. Alguns grupos integrantes desse movimento são: Sociedade Teosófica do Brasil, Fraternidade Rosacruz, Igreja da Cientologia e Sociedade Brasileira da Eubiose.

4.9.5 Grupos pentecostais e neopentecostais

O pentecostalismo originou-se do Movimento de Reforma Carismática, nos Estados Unidos, quando um grupo de fiéis coordenados pelo pastor Charles Parham começou a falar em outras línguas. Sua doutrina se baseia na crença do poder do Espírito Santo após o batismo do Espírito Santo.

> O pentecostalismo cresceu principalmente dentro do movimento mundial de santidade (*Holiness*), que se desenvolveu a partir do metodismo americano do século XIX. Dos Estados Unidos e Inglaterra, o movimento espalhou-se pelo mundo, levado por missionários metodistas e pregadores itinerantes. Sua pregação enfatizou a experiência consciente do batismo no Espírito Santo e a esperança de uma restauração da igreja no Novo Testamento. Do pentecostalismo dito clássico, originado do movimento americano, surgiu nas últimas décadas do século XX o chamado pentecostalismo autônomo, dissidente do primeiro, formado em torno de novas lideranças e baseado na tríade cura, exorcismo e prosperidade. (Portal São Francisco, 2021)

Esse movimento surgiu com o anseio e o desejo de liberdade, de não estar atrelado a uma igreja institucionalizada. Seus adeptos queriam formar comunidades livres para professarem sua fé.

As religiões Assembleia e Deus e Congregação Cristã são consideradas pentecostais clássicas e chegaram ao Brasil entre 1910 e 1911. Mais tarde, a partir de 1950, surgiram no Brasil as denominações Igreja do Evangelho Quadrangular, Igreja o Brasil para Cristo, Casa da Bênção, Deus é Amor, também Pentecostais. A Igreja Universal do Reino de Deus surgiu em 1970.

Os neopentecostais também são denominados *igrejas autônomas* e, no Brasil, começaram a aparecer na década de 1970. São chamados de *neo* porque têm características bastante diferentes do pentecostalismo, sem os costumes ligados à vestimenta e à televisão, por exemplo. O mundo espiritual obedece a uma dualidade: Deus e Diabo. Segundo os neopentecostais, o mundo está dominado por demônios e eles são os responsáveis por expulsá-los da terra.

Exercícios resolvidos

A respeito de movimentos religiosos contemporâneos, podemos afirmar que as religiões fornecem o contexto para que o homem desenvolva sua busca espiritual. Esses movimentos são, em sua maioria, fruto de fragmentações de grandes religiões em virtude de insatisfações e divergências com a Igreja original. Assim, sobre os grupos que se originaram dessas fragmentações, é correto afirmar:

A] Há grupos de matriz oriental e de matriz indígena e africana. Nesses grupos, há um grande sincretismo, sendo esta uma característica comum a muitos deles.

B] A Legião da Boa Vontade e a Ordem Espiritualista Cristã, fundadas pela Tia Neiva e situadas no famoso Vale do Amanhecer, fazem parte dos grupos oriundos da igreja cristã.

C] Pentecostalismo é como se chama a doutrina de grupos religiosos orientais que se baseiam na crença do poder do Espírito Santo na vida do crente após o Batismo do Espírito Santo, por meio dos dons do Espírito Santo, começando com o dom de línguas (glossolalia).

d] A Renovação Carismática Católica é um movimento condenado pela grande liderança católica, embora tenha trazido de volta para o convívio da igreja boa parcela de católicos que estavam afastados dela.

Gabarito: A

Feedback **do exercício:** Os grupos de matriz oriental, indígena e africana apresentam grande sincretismo em suas formações. Os grupos esotéricos e da Nova Era fazem parte dos novos movimentos religiosos, sendo a Legião da Boa Vontade e a Ordem Espiritualista Cristã parte desse grupo. Pentecostalismo é como se chama a doutrina de grupos religiosos cristãos que têm sua crença no poder do Espírito Santo. A Renovação Carismática Católica é um movimento tolerado pela grande liderança católica porque trouxe de volta convívio da igreja uma boa parcela de católicos que estavam afastados dela.

Afirma-se que a prática religiosa tem efeito libertador, que dá segurança, elimina os medos e ajuda a superar obstáculos. Os indivíduos envolvidos com a sua religiosidade e espiritualidade apresentam resultados positivos em sua saúde física e mental.

4.10 Diversidade religiosa e tolerância religiosa

A diversidade religiosa aumentou exponencialmente nos últimos 50 anos nas sociedades ocidentais. Presenciamos um crescimento acelerado de novas denominações religiosas, algumas vindas do Oriente.

Vivenciamos uma proliferação religiosa que se expandiu para além das fronteiras do cristianismo. Surgiram novas concepções de espiritualidade e movimentos oriundos de outras tradições religiosas. As orientações, as doutrinas e as práticas dessas novas denominações são muito diversificadas e, muitas vezes, completamente diferentes daquilo que as religiões ou seitas costumam pregar. Há uma exigência formada em virtude dessa diversidade: o apoio dos órgãos de imprensa e divulgação internacionais. Aos poucos, o "politicamente correto" da não discriminação foi e está sendo introjetado nas pessoas. As novas gerações convivem com a diversidade, o que poderá proporcionar-lhes um meio social avesso à intolerância. Trata-se de um pequeno avanço, já que ainda persistem os atos de terrorismo, a violência e a discriminação por conta da convicção religiosa manifestada.

> A melhor garantia contra o separatismo social numa sociedade religiosamente pluralista, não devia estar tentando impor a conformidade religiosa, mas devia tentar o estabelecimento de tolerância religiosa como um princípio que transcende as doutrinas e crenças de qualquer religião. (Wilson, 1995)

É certo que muitos atribuem às religiões a responsabilidade pelas desgraças da humanidade, como as guerras ditas "santas" e, mais recentemente, o terrorismo. Contudo, não são as religiões que causam esses problemas, mas os homens, com suas interpretações diversas.

As religiões são seus princípios, costumes, dogmas, que constroem o universo e atuam como elementos de edificação social. Elas são produtoras de cultura e de opiniões, e também é por meio delas que os indivíduos exercitam suas escolhas, como ao se espelharem em ensinamentos doutrinários ou ao definirem o que é o bem ou o mal.

As novas minorias espirituais religiosas que têm surgido no Ocidente já são vistas de maneira diferente por órgãos e agências internacionais, os quais têm tomado medidas de proteção à liberdade religiosa.

A globalização e a informação em tempo real também alertam para as arbitrariedades e/ou violências praticadas. É comum que, quando um ato de discriminação e intolerância vem a público, forme-se um levante em defesa dos agredidos.

O preconceito religioso nas mídias tem sido alvo de discussões acadêmicas e educacionais com o objetivo de criar uma mudança de atitude nos usuários. A Declaração Sobre a Eliminação de Todas as Formas de Intolerância e Discriminação Fundadas na Religião ou nas Convicções, datada de 1981, declara:

Artigo 1º

§1. Toda pessoa tem o direito de liberdade de pensamento, de consciência e de religião. Este direito inclui a liberdade de ter uma religião ou qualquer convicção a sua escolha, assim como a liberdade de manifestar sua religião ou suas convicções individuais ou coletivamente, tanto em público como em privado, mediante o culto, a observância, a prática e o ensino.

§2. Ninguém será objeto de coação capaz de limitar a sua liberdade de ter uma religião ou convicções de sua escolha. (§3. A liberdade de manifestar a própria religião ou as próprias convicções estará sujeita unicamente às limitações prescritas na lei e que sejam necessárias para proteger a segurança, a ordem, a saúde ou a moral pública ou os direitos e liberdades fundamentais dos demais. (Comissão de Direitos Humanos e Minorias, 1981)

A declaração compreende uma série de direitos que asseguram a liberdade de crença e de manifestações de religiosidade. O documento postula princípios de igualdade e de liberdade que, em síntese, promovem a dignidade humana e estão em consonância com os princípios estabelecidos pela Organização da Nações Unidas (ONU).

É preciso defender ferrenhamente esses princípios, mas o melhor seria não haver a necessidade de leis prevendo sanções e penas para tais crimes, ou seja, o ideal é uma sociedade tolerante e respeitosa.

Quando se trata crimes de intolerância religiosa na mídia, são notórias as dificuldades em configurá-los como tal, mas tecnologias da informação vêm desenvolvendo mecanismos de rastreio, proteção e armazenamento de dados, para que seja possível configurar e provar um crime realizado sob o anonimato que, muitas vezes, as mídias digitais oferecem.

No entanto, mais importante do que isso é o investimento em educação cidadã, que transforma mentalidades e prepara as pessoas para uma verdadeira vida comunitária. Esse deve ser o objetivo daqueles que detêm o poder e criam as leis.

Este é mais um capítulo que encerramos com a certeza de ter adquirido conhecimentos fundamentais para um desenvolvimento humano pleno. Quanto mais avançamos na compreensão das religiões, mais será possível perceber o quanto é importante conhecer para entender e, assim, ter argumentos para valorizar a tolerância e o respeito à diversidade.

Pensando nos muitos movimentos que estudamos, constatamos que, por mais diferentes que sejam as propostas, as doutrinas, os objetivos, sempre haverá espaço para mais confissões religiosas e mais grupos, sejam dissidentes ou não. São as mudanças sociais que causam esse fenômeno de renovar e recriar contínuo.

Tais movimentos, muitas vezes, surgem da insatisfação com as religiões matrizes, mas também há grupos criados para dar respostas a problemas existenciais, que são demandas humanas.

Síntese

- A etimologia da palavra *religião* é importante na formulação de seu conceito: *religare* significa religar, e *relegere*, reler, revisitar, retomar.
- Crença, costume, culto e dogma são conceitos importantes para o entendimento das religiões e de seus movimentos.
- Um movimento religioso é um grupo que se forma para difundir, defender e propagar ideias, doutrinas ou crenças.
- Os tipos de religião são divididos em: politeísta, panteísta, monoteísta, ateísta e neopanteísta. Cada uma tem suas características e também integra um grupo de religiões.
- A maioria dos movimentos religiosos contemporâneos é resultado da separação de grupos religiosos das grandes religiões tradicionais e podemos entendê-los a partir da compreensão da evolução dos conceitos.
- Os movimentos religiosos contemporâneos podem ser classificados em: grupos oriundos de igrejas cristãs tradicionais; grupos sincréticos; grupos orientais; grupos esotéricos ou da Nova Era e grupos pentecostais e neopentecostais.
- A diversidade religiosa é uma prática de tolerância e respeito às escolhas de cada um.

INTOLERÂNCIA RELIGIOSA: LIBERDADE DE MANIFESTAÇÃO RELIGIOSA PELO MUNDO E NO BRASIL – BUSCA PELA IDENTIDADE E PROTEÇÃO DOS DIREITOS

Introdução do capítulo

As religiões pregam a paz entre os homens, tolerância, respeito mútuo e igualdade. Por outro lado, também separam, discriminam e geram violência. A história tem mostrado que, à medida que surgem diferentes religiões, vêm com elas incontáveis conflitos, e isso não está restrito a um passado distante: faz parte do nosso presente e, ao que tudo indica, infelizmente continuará no futuro.

Humilhações, julgamentos, discriminações: milhares de pessoas sofrem isso diariamente em razão de sua fé. Templos invadidos, objetos destruídos, imagens esfaceladas. Durante o período da Inquisição, queimavam-se livros e pessoas. O que mudou? Não temos as fogueiras, mas as bombas matam e queimam milhares de pessoas ao mesmo tempo. Além disso, é bem provável que você já tenha ouvido ou presenciado alguém se referindo pejorativamente a um umbandista como "macumbeiro", ou a um pentecostal como "crente", por exemplo.

Neste capítulo, abordaremos os conflitos gerados pelas divergências religiosas e os mecanismos que podem proteger esses cidadãos da intolerância, que os desrespeita e destrói vidas e princípios.

CONTEÚDOS DO CAPÍTULO
- Conceito de fundamentalismo religioso.
- Conflitos religiosos mundiais e suas características.
- Manifestações de intolerância religiosa no Brasil.
- Impactos de confrontos religiosos.
- Construção das identidades pela religião.
- Organismos para defesa do direito à liberdade religiosa.
- Liberdade religiosa do ponto de vista legal.

APÓS O ESTUDO DESTE CAPÍTULO, VOCÊ SERÁ CAPAZ DE :
1. entender o conceito de fundamentalismo religioso e reconhecer suas demonstrações;
2. identificar as características dos conflitos religiosos;
3. elencar os principais focos de violação do direito à liberdade religiosa;
4. analisar os relatórios de denúncias de intolerância religiosa;
5. compreender os principais fatores de construção identitária das religiões e suas interferências na sociedade;
6. identificar os mecanismos de proteção ao direito de liberdade religiosa.

5.1 Conflitos religiosos pelo mundo

Em uma palestra sobre confrontos religiosos e fundamentalismo, o doutor em História Leandro Karnal inicia sua participação dizendo que podemos considerar todas as religiões como conservadoras, reacionárias, revolucionárias, pacifistas ou violentas, ao mesmo tempo ou em determinados momentos. Todas as religiões, especialmente os monoteísmos ocidentais (judaísmo, islamismo e cristianismo), podem ter características diversas, dependendo momento. A religião não é um campo fechado, ela é um campo polissêmico, com muitos significados (Karnal, 2009).

> **PARA SABER MAIS**
>
> O tema do fundamentalismo carece de muita reflexão e estudo. Ao iniciar este tópico, citamos Leandro Karnal. Faça uma pausa, coloque seus fones de ouvido e assista com toda atenção ao vídeo feito pela TV Cultura no programa *Café Filosófico: Confrontos religiosos e fundamentalismos*. Depois, retorne aos estudos. Disponível em: <https://youtu.be/dscsUHkfyWE>. Acesso em: 22 set. 2021.

Dando continuidade aos estudos, vamos analisar o crescimento generalizado do fundamentalismo em todas as religiões.

A palavra *fundamentalismo* está ligada ao movimento religioso criado nos Estados Unidos que pregava a interpretação e aplicação literal da Bíblia, ou seja, seguir os fundamentos da fé cristã. A expressão *fundamentalista* nasceu no universo cristão, isto é, seguir os fundamentos cristãos (texto bíblico em suas narrativas fundamentais). Até então, podemos dizer que esse termo estava sendo usado de forma positiva. Sabemos que o fundamentalismo é um princípio presente em todas as religiões, e houve momentos em que algumas foram mais tolerantes que outras.

> Uma vez estabelecido o rótulo, não negativo, de "fundamentalista", para aquele que rejeita a interpretação de textos sagrados, observando-os em sentido literal, foi ele transferido dos cristãos anti-hermeneutas do século XIX aos defensores de posições assemelhadas em outras religiões. Com essa explicação em mente, não é sem sentido dizer, com adaptações, que não somente os protestantes, mas também os católicos romanos, assim como o islã, o judaísmo, o hinduísmo e o budismo têm seus próprios tipos – no plural – de "fundamentalismos". (Alves, 2010, p. 23)

O fundamentalismo positivo tem seu primeiro embate quando surge o darwinismo, teoria que defende que o homem descende do macaco. Ocorre o choque entre o fundamentalismo e a interpretação liberal da Bíblia, pois esta última afirma que Deus está na origem do homem. Darwin não está excluído da Bíblia, são abordagens diferentes, sendo a de Darwin embasada na ciência, mas os liberais admitiam a possibilidade de que a Bíblia usasse uma linguagem figurada.

Contudo, no decorrer do tempo, outras religiões também se manifestaram com suas interpretações bíblicas. O fundamentalismo foi estigmatizado oficialmente quando a Revolução Islâmica, em 1979, transformou o Irã em um Estado teocrático, o que, segundo os ocidentais, condenou o país a um retrocesso, obrigando as mulheres a cobrir o rosto usando burka, além de outras proibições. Quando o grupo Al Qaeda (organização de fundamentalistas islâmicos recrutados pelo mundo inteiro), em 11 de setembro de 2001, realizou o ataque às Torres Gêmeas, nos Estados Unidos, o medo do fundamentalismo reacendeu no mundo inteiro e, com ele, a ideia de que todo o fundamentalista é terrorista, o que não é uma verdade, pois poucos são os grupos que se valem da violência para afirmar suas ideias.

Fundamentalismo certamente não é terrorismo, tampouco significa a negação de crenças e posicionamentos diferentes, mas, para os fundamentalistas inflexíveis do Oriente e do Ocidente, "a diferença pode às vezes ser tolerada, mas entre 'os outros', não entre os crentes da mesma comunidade" (Alves, 2010, p. 24).

O QUE É?

Sempre que se fala em conflitos religiosos e fundamentalismo, menciona-se a expressão **Estado Islâmico**. Mas, afinal, o que é o Estado Islâmico?

O Estado Islâmico do Iraque e Levante (EI) é um califado que tem como base as interpretações radicais das premissas islâmicas. É governado por uma autoridade religiosa, o califa, que determina perseguições a minorias (por gênero, etnia, além de civis e religiosas) e organiza ataques terroristas (lembre-se dos ataques na França, como a explosão do jornal *Charlie Hebdo*, em 2015).

> A origem ideológica desse grupo é baseada no wahabismo, doutrina de Al-Wahhab que defendia uma interpretação literal do Corão e de outros escritos sagrados do Islamismo. O wahabismo também é a ideologia oficial da Arábia Saudita, nação árabe mais rica e poderosa atualmente. Desde que a Arábia se colocou como uma influente nação, passou a exportar sua ideologia e a inspirar inúmeros grupos fundamentalistas islâmicos que também defendem a interpretação literal dos textos religiosos e a imposição da sharia. Na Europa, essa ideologia encontra espaço nas comunidades islâmicas que, em geral, sofrem com bastante preconceito e dificuldade de integração. (Silva, 2021)

O EI foi afiliado da Al-Qaeda no Iraque, que é uma organização terrorista com pretensões estatais, tem territórios sob seu governo, mantém irregularmente um exército numeroso composto em parte por estrangeiros e pode ser considerado uma ameaça aos países do Oriente Médio. Além disso, adota estratégias e divulgação universais para seus atos e pune violentamente quem desobedece à lei islâmica.

Buscando afirmar a própria identidade, o homem esquece a religião do outro. Essa busca se revela na disputa pelo espaço sociocultural que cada um ocupa, e, ao disputarem indiscriminadamente esses espaços, seus contendores esquecem-se de uma premissa: o espaço sociocultural está inserido na sociedade, a qual precisa contribuir com o desenvolvimento de seus membros e ser plural e diversa para se constituir como uma sociedade verdadeira.

A batalha fundamentalista que defende um passado de doutrinas sagradas deveria ter ficado apenas no campo dos debates teológicos, em que as ideias seriam expostas, questionadas e poderiam, inclusive, gerar separações de conceitos e concepções, sem ataques físicos devastadores que exterminam os contrários às ideias. A tolerância religiosa é isto: saber discordar de uma concepção, acreditar em outra, mas respeitando e aceitando os outros.

Em uma rápida busca pela internet sobre conflitos religiosos, as dez primeiras páginas de resultado apresentam conflitos religiosos e étnicos. No entanto, muitos desses conflitos perderam esse caráter, tornando-se instrumentos de outros organismos internacionais que, por vezes, sequer estão sediados nas regiões correspondentes – do Oriente Médio, por exemplo.

Tais conflitos começam com uma diferença religiosa e, à medida que tomam proporções maiores, vão se descaracterizando, até que um sem número de manipulações começa a acontecer. Tem sido assim ao longo dos tempos. Eis o porquê de termos que ser bastante criteriosos e estarmos muito bem informados para entender os motivos dos conflitos e não emitir juízos de valor sobre o assunto.

> De fato, a menos que retrocedamos alguns séculos, é difícil encontrar uma típica guerra de religião, ainda que certas situações

> como a da Argélia nos anos de 1990 e a do Noroeste do Paquistão hoje em dia pareçam aproximar-se daquele conceito. Depois da gigantesca expansão árabe-islâmica pela Ásia, África e Península Ibérica, das malsucedidas cruzadas medievais, ou da Guerra de Trinta Anos na Europa, que deu origem ao princípio internacional da não-intervenção em assuntos internos, o conflito de ideologias que mais se assemelhou ao de religiões foi a Guerra Fria. Parecido, mas não equivalente, com a guerra de religiões mais típica é o conflito árabe-israelense no Oriente Médio. Embora mantendo seus fundamentos étnicos e nacionalistas entre as duas partes adversárias imediatas – o Estado de Israel e os palestinos sem Estado –, essa questão não-resolvida, apoiada com parcialidade por potências externas, alimenta substancialmente a arraigada disputa entre o judaísmo e o islã em todo o mundo. (Alves, 2010, p. 21)

São muitas as guerras e os conflitos existentes na atualidade classificados de maneira simplista como "religiosos". Tentaremos esclarecer de forma sintética os pontos principais desse tema. Alves (2010) continua sua análise tratando das guerras na antiga Iugoslávia, Croácia e Bósnia (1992-1995) e a Guerra do Golfo (1991), ambas consideradas "religiosas". Certamente foi o que originou os conflitos, mas eles perderam essa conotação única quando outros motivos de cunho político e étnico foram incorporados às justificativas das guerras. A guerra da Bósnia teve um caráter religioso relevante, já que "na medida em que o principal elemento da 'diferença bosníaca' na região era a religião islâmica" (Alves, 2010, p. 22), essa herança histórica foi amplamente manipulada pelos líderes da Bósnia e da Herzegovina, bem como pelos elementos externos ao conflito.

> **PARA SABER MAIS**
>
> É importante que, ao analisarmos as histórias dos conflitos religiosos pelo mundo, tenhamos o panorama histórico do conflito bem delineado. A Guerra da Bósnia ocorreu de 1992 a 1995, após a declaração de independência da Bósnia-Herzegovina. O conflito se desenvolveu em virtude de um processo de fragmentação desse país. Mais de 100 mil mortes foram registradas, e o conflito foi marcado por crimes de guerra, em especial contra os bósnio-muçulmanos (bosníacos). Para ter uma noção histórica mais ampla desse conflito, assista ao vídeo do professor Daniel Neves, disponível em: <https://youtu.be/uR5xZ8Mjzyg>. Acesso em: 22 set. 2021.

Outra guerra à qual se imputou o motivo religioso foi a primeira Guerra do Golfo contra o Iraque, em 1991, que aconteceu após a Guerra Fria e parecia ser um conflito religioso por se tratar de uma guerra da Otan contra um Estado Muçulmano. Os Bálcãs, que eram muçulmanos, invadiram outro território muçulmano: o Kwait.

> Na verdade, em todos esses casos, assim como na guerra no Kossovo – primeiramente interna, depois internacional em diversos sentidos –, as religiões foram usadas como pretexto, encobrindo outras razões. Aparentemente nobres em alguns casos, como a defesa do direito internacional e dos direitos humanos de populações envolvidas, essas razões não diminuíam os interesses políticos, estratégicos e econômicos, mais ou menos evidentes, como o controle de campos de petróleo, subjacentes à intervenção estrangeira. Ou a atração de apoio internacional para um grupo específico. (Alves, 2010, p. 23)

Nos dias de hoje, os conflitos atingiram um nível de complexidade bem mais extremo. E, apesar de, a princípio, parecerem religiosos, esses conflitos têm muitas outras razões implícitas.

Alves (2010) admite que é possível que sejam feitas investidas absurdas de segmentos religiosos contra religiosos inocentes, bem como forças de coalizões militares e paramilitares que lutam com grupos religiosos que se proclamam em guerra em nome de Deus. Há também os conflitos entre seguidores que destroem regiões específicas; grupos extremistas que lutam contra companheiros que renegaram a religião; bombardeios para exterminar o que consideram uma representação do mal; vinganças ocasionadas por citações religiosas em desacordo com as doutrinas tidas como oficiais. Além de tudo isso, existe o secular conflito entre Israel e os palestinos.

> Um dos conflitos que mais geram tensões e preocupações em todo o mundo é o que **envolve judeus e muçulmanos no território de enclave entre Israel e Palestina**. Ambos os lados reivindicam o seu próprio **espaço de soberania**, embora atualmente esse direito seja **exercido plenamente apenas pelos israelenses**. Com isso, guerras são travadas, grupos considerados terroristas erguem-se, vidas são perdidas e uma paz duradoura encontra-se cada vez mais distante. A área de disputa entre os dois lados em questão localiza-se no **Oriente Médio**, mais precisamente nas proximidades do Mar Mediterrâneo, tendo como foco principal a **cidade de Jerusalém**, um ponto de forte potencial turístico religioso que é considerado um lugar sagrado para várias religiões, incluindo o islamismo e o judaísmo. (Pena, 2021, grifo do original)

Alves (2010) pondera que, apesar das muitas avaliações de que se trata de conflitos religiosos, essas manifestações de violência são muito mais conflitos da atualidade entre fanáticos de vários tipos.

Já fizemos menção em capítulos anteriores ao vídeo da ACN, acrônimo do nome em inglês *Aid to the Church in Need*, que fala sobre a liberdade religiosa no mundo. Essa mesma organização publica a cada dois anos um relatório sobre as violações à liberdade religiosa pelo mundo. O último, publicado em 2018, aponta 38 países com eventos de desrespeito e intolerância religiosa.

Essencialmente, a 'Discriminação' envolve habitualmente uma institucionalização da intolerância, normalmente levada a cabo pelo Estado ou pelos seus representantes em diferentes níveis, com maus-tratos enraizados em âmbito legal e de costumes a grupos individuais, incluindo comunidades religiosas.

Enquanto a categoria 'Discriminação' identifica habitualmente o Estado como o opressor, a categoria 'Perseguição' também inclui grupos terroristas e atores não estatais, pois o foco aqui está nas campanhas ativas de violência e subjugação, incluindo homicídio, detenção falsa e exílio forçado, além de danos ou expropriação de bens. De fato, o próprio Estado pode frequentemente ser uma vítima, como se vê por exemplo na Nigéria.

Temos então que a 'Perseguição' é uma categoria de maior infração, pois as violações da liberdade religiosa em questão são mais graves e também tendem a incluir formas de discriminação como subproduto. (ACN Brasil, 2018c, p. 9)

Confira no Quadro 5.1 os países enquadrados na categoria de perseguição a identificação do principal infrator (estatal ou não estatal) e o relato da situação em 2018.

O documento, publicado desde 1998 e atualizado a cada dois anos, traz uma análise da liberdade religiosa em 196 países do mundo, abrangendo não apenas os cristãos, mas todos os grupos religiosos. Os dados de cada país foram pesquisados por jornalistas independentes, acadêmicos e autores que se encontram na região da sua especialidade, incluindo Ásia, África, Europa e Américas. (ACN Brasil, 2018c)

As informações a seguir foram retiradas do Relatório 2018 publicado pela ACN Brasil.

QUADRO 5.1 – Violações à liberdade religiosa no mundo

País/ Categoria/ Principal infrator	Relatos da situação
Afeganistão Perseguição não estatal	Blasfêmia punível com a morte. Conversão do islamismo é ilegal. Não há igrejas públicas. Cristãos e bahá'ís estão entre os grupos que praticam a religião em segredo. Extremistas atacam mesquitas e bairros xiitas. Entre janeiro de 2016 e novembro de 2017, houve 51 ataques a grupos religiosos, de acordo com ONU, e 870 mortes de civis.
Arábia Saudita Perseguição estatal	Sinais de abertura mascaram a opressão sistemática das minorias religiosas. Conversão do islamismo punível com a morte. Proibida a importação e a distribuição de materiais religiosos não islâmicos. Proibição de locais de culto não islâmicos.
Bangladesh Perseguição não estatal	Violência islâmica contra figuras proeminentes. Em julho de 2016, ocorreu um ataque a um café por extremistas islâmicos, que mataram 22 pessoas. entre 2014 e 2018, 40 pessoas foram assassinadas, incluindo 18 intelectuais estrangeiros, acadêmicos e editores, classificados como ateus.
China Perseguição estatal	Maior opressão da atividade religiosa em todo o país. Em abril de 2018, foi introduzido o Regulamento sobre Assuntos Religiosos, altamente restritivo em relação à atividade religiosa *on-line*. A Bíblia foi proibida de ser vendida on-line em abril de 2018. Relatos de janeiro do mesmo ano afirmam que mais de 100 mil muçulmanos uigures estão detidos em campos de "reeducação".
Coreia do Norte Perseguição estatal	Considerado o pior país do mundo para a liberdade religiosa. Há recusa sistemática de cada preceito da liberdade religiosa. Acredita-se que 25% dos cristãos estão em campos de detenção. Os cristãos recebem tratamento especialmente duro. A situação já é extremamente crítica.
Eritreia Perseguição estatal	Falta de informação fidedigna transmitida para fora do país. Governo continua controlando estritamente as instituições religiosas. Assédio de grupos não registrados continua incluindo buscas e prisões de suspeitos. Em 2017, o governo passou a controlar inúmeras escolas religiosas muçulmanas e cristãs ortodoxas.
Iêmen Perseguição estatal, não estatal	É proibido o proselitismo. Conversão do islamismo a outras religiões é proibida. O Iêmen é uma base para grupos islâmicos. Em 2017, a ONU advertiu sobre "escalada recente" da perseguição a bahá'ís. Em 2016, um sacerdote foi sequestrado de um lar de idosos e mantido preso durante 14 meses. Os houttis consideram a comunidade judaica como "inimigo".

(continua)

(Quadro 5.1 – conclusão)

País/ Categoria/ Principal infrator	Relatos da situação
Índia Perseguição estatal, não estatal	Entre 2016 e 2017, ataques a cristãos quase duplicaram, chegando a mais de 700 investidas. A liberdade religiosa na Índia tem tendência decrescente de acordo com os observadores de liberdade religiosa da ACN. Os números estatais de fevereiro de 2018 destacam o agravamento da violência religiosa. Entre os 29 estados do país, seis têm leis anticonversão.
Indonésia Perseguição não estatal	Três igrejas em Surabaya foram atacadas no dia 13 de maio de 2018, matando 13 pessoas. Há perseguição de muçulmanos xiitas e ahmadiyya. Em 2017, um episódio de intolerância ocorreu quando uma budista pediu que o som dos autofalantes de uma mesquita fosse abaixado e, em resposta, um templo budista foi incendiado. Em 2017, pastores fugiram de Aceh Singkil após ameaças de morte.
Iraque Perseguição não estatal	Em 2017, cristãos e outros grupos religiosos regressam às suas terras natais depois do grupo Estado Islâmico ser expulso. O governo respeita a liberdade de culto religioso, mas minorias não estão bem protegidas. A lei do governo do Curdistão de 2016 defende a liberdade religiosa, e o texto provisório da Constituição reconhece direitos de não muçulmanos.
Líbia Perseguição estatal	Embora a liberdade religiosa seja garantida pela Constituição, na prática, a perseguição agrava-se. Há a proibição efetiva do proselitismo. O grupo Estado Islâmico expandiu seu território. Ocorrem ataques regulares a cristãos, incluindo violações e trabalhos forçados, além do aumento de mortes de minorias religiosas.
Mianmar Perseguição estatal	688 mil rohingyas fugiram para o Bangladesh para escapar da violência do exército. De agosto a novembro de 2017, 354 aldeias rohingya foram incendiadas pelos militares. Governo proíbe monges budistas não autorizados. Pelo menos 21 aldeias foram descritas como "zonas sem muçulmanos". 66 igrejas foram destruídas desde 2011.
Níger Perseguição não estatal	Organizações islâmicas vêm ganhando cada vez mais terreno. Muitos centros wahabistas emergiram. Grupos extremistas desestabilizam o país e tornam a vida difícil para as minorias religiosas. O Boko Haram tomou a cidade de Bosso. Dificuldades econômicas forçam pessoas (jovens) a aderirem aos grupos extremistas.

Fonte: Elaborado com base em ACN Brasil, 2018c.

Esse quadro dá exemplos da situação dos países apenas com os casos considerados de extrema gravidade, já que se enquadram na categoria de perseguição. A seguir, veja os países que estão na categoria de discriminação, que igualmente é muito grave. Os dados foram retirados do Relatório ACN (2018c).

Argélia – Discriminação estatal. O proselitismo por não muçulmanos é punível com multa de até 5 anos de prisão. Em 2017, um cristão convertido do islamismo foi acusado de insultar o islamismo e encarcerado. Muçulmanos ahmadis são vítimas de repressão governamental.

Azerbaijão – Discriminação estatal. As leis foram alteradas em maio de 2017 permitindo que cidadãos nacionais e estrangeiros autorizados liderem cerimônias islâmicas. O Estado aumentou restrições a grupos religiosos não autorizados. Em 2016, 26 livrarias e casas foram inspecionadas a fim de apreender livros não autorizados. São aplicadas multas em casos de encontros religiosos não autorizados.

Brunei – Discriminação estatal. Passos foram dados no sentido de aprovar o novo Código Penal da sharia, altamente restritivo. A propagação da fé para além do islamismo é punível com pena de prisão. As celebrações do Natal são proibidas desde 2015. O governo proibiu totalmente o islamismo ahmadiyya, os bahá'ís e as Testemunhas de Jeová.

Butão – Discriminação estatal. Todo proselitismo "estrangeiro" (ou seja, não budista) é proibido. Os religiosos não budistas não são autorizados no país. Religiões não budistas devem ser praticadas em privado. Os cristãos são vistos como uma ameaça à "identidade nacional butanesa".

Catar – Discriminação estatal. A lei criminaliza proselitismo não islâmico. A aprovação de planos para construção de uma igreja evangélica e as conferências sobre o papel dos cristãos na sociedade sugerem que a situação está melhorando. Contudo, continua sendo um país altamente conservador, com restrições à liberdade religiosa no âmbito estatal e social.

Cazaquistão – Discriminação estatal. Novas leis aumentaram restrições à liberdade religiosa, afetando a educação religiosa, o proselitismo e o confisco de materiais não aprovados. As crianças não podem frequentar serviços religiosos sem ser acompanhadas por um familiar. Em 2017, foram realizados mais de 280 julgamentos envolvendo pessoas acusadas de atividade religiosa não autorizada.

Egito – Discriminação estatal, não estatal. A situação estabilizou-se com apelo do presidente a uma reforma antiextremista do islamismo. O governo não reconhece a conversão do islamismo, e a informação sobre religião no bilhete de identidade não pode ser alterada. As leis e políticas discriminam não muçulmanos. A intolerância social está profundamente enraizada contra cristãos.

Irã – Discriminação estatal. Não muçulmanos são proibidos de trabalhar no sistema judicial e polícia. Vestuário islâmico é obrigatório para não muçulmanos. A condenação de fiéis em igrejas domésticas aumentou. Há maior pressão sobre os bahá'í e aumento do número de lojas bahá'í fechadas. Dezenas de sufis detidos. O governo propaga antissemitismo

Laos – Discriminação estatal. O governo interfere nas atividades religiosas criando dificuldades, sobretudo, para os grupos religiosos não registrados, em particular os protestantes. As conversões religiosas são especialmente problemáticas em regiões dominadas por animistas. Ocorrem ataques físicos e legais a líderes de religiões não tradicionais.

Maldivas – Discriminação estatal, não estatal. A nacionalidade é reservada apenas aos muçulmanos. A educação é necessária para "incutir obediência ao Islamismo". Proíbe-se a difusão religiosa não muçulmana. Impossível converter-se a outra religião que não seja o islamismo. Locais de culto cristãos inexistem na região, e a importação de Bíblias é proibida. Ocorrem ataques a pessoas acusadas de promoverem o "ateísmo".

Nigéria – Perseguição não estatal. Com o Boko Haram forçado a retroceder, a situação dos grupos religiosos minoritários melhorou no Nordeste. Contudo, a violência de militantes fulani na região do Cinturão Central aterrorizou cristãos. Um ataque em abril de 2018 a uma igreja durante a Eucaristia resultou na morte de dois sacerdotes e 17 paroquianos.

Paquistão – Perseguição estatal, não estatal. Em 2018, o presidente da Conferência Episcopal Católica descreveu "um aumento alarmante da [...] intolerância e do extremismo violento". O governo luta para conter grupos extremistas que atacam grupos minoritários. Em 2017, as leis antiblasfêmia foram ampliadas para abranger as novas mídias. Houve aumento das minorias que querem deixar o país.

Quênia – Não classificado, não estatal. Mudança de categoria. No relatório de 2016, o Quênia estava na categoria de perseguição. Houve declínio acentuado dos ataques pelo Al-Shabaab.

Palestina – Perseguição não estatal. Em 2018, fontes da Igreja local afirmaram que os cristãos em Gaza diminuíram 75%, de 4.500 para 1.000 em seis anos. Cristãos de Gaza enfrentam novos desafios de militantes do grupo Estado Islâmico que entraram na Faixa de Gaza.

Rússia – Discriminação estatal. A lei Yarovaya de 2016 aumentou restrições a grupos religiosos não autorizados, proibindo a pregação e a divulgação de materiais. Há buscas por materiais religiosos, multas e detenções. Igrejas greco-católicas na Crimeia foram forçadas a deixar o país. Em abril de 2017, a sede das Testemunhas de Jeová e todos os seus 395 centros locais foram proibidos.

Síria – Perseguição estatal, não estatal. Grupos hiperextremistas responsáveis por atacar grupos religiosos perderam a maior parte de seu território. Acontecem abusos de direitos humanos em áreas dominadas pelo governo e em áreas rebeldes. As piores violações da liberdade religiosa ocorreram nas áreas dominadas pelos rebeldes. Em maio de 2017, o grupo Estado Islâmico matou 52 pessoas em aldeias ismaelitas.

Somália – Perseguição não estatal. Há violações à liberdade religiosa em áreas onde o Al-Shabaab ganhou terreno. Pessoas foram apedrejadas até a morte. Em dezembro de 2017, publicou-se um vídeo que apela para que extremistas "persigam infiéis e persigam igrejas". Os ataques por grupos extremistas aumentaram. Em outubro de 2017, o ataque em Mogadíscio deixou quase 600 mortos.

Sudão – Perseguição estatal. Aumento das penas por blasfêmia. Continuação da discriminação e da opressão de grupos religiosos, sobretudo membros de igrejas nos montes Nuba. Governo anunciou planos para demolir 25 igrejas.

Tajiquistão – Discriminação estatal. A lei do extremismo é usada pelo governo para justificar opressão do islamismo não autorizado. Mais de 8 mil mulheres muçulmanas são impedidas de usar o véu. Em 2016, foram proibidos os partidos políticos religiosos. A repressão a todas as formas de dissidência aumentou, enfraquecendo drasticamente a liberdade de expressão.

Tanzânia – Não classificada, não estatal. Mudança de categoria. No relatório de 2016, a Tanzânia estava na categoria de "Perseguição". Declínio na atividade de grupos islâmicos militantes, não tendo ocorrido incidentes graves no período em análise. Outros incidentes, incluindo ações judiciais contra pastores pentecostais, parecem ter tido motivos políticos. Perspectivas da liberdade religiosa melhoraram

Turcomenistão – Perseguição estatal. A lei da religião de 2016 apertou restrições a grupos religiosos que procuram reconhecimento estatal. A lei permite que os grupos registrados abram escolas de formação para o clero. São frequentes as buscas a igrejas, com ameaças, espancamentos, multas, detenções e confiscos. Muitas igrejas e mesquitas foram demolidas nos últimos anos.

Turquia – Discriminação estatal. Pratica-se o islamismo de linha dura, intolerante para com grupos não muçulmanos, crescendo em influência social. O governo turco recusa-se a reconhecer novo Arcebispo Apostólico Armênio. O discurso de ódio contra grupos protestantes aumentou no Natal de 2016. A Turquia vem caminhando para o autoritarismo, o que não prevê boas perspectivas para a liberdade religiosa.

Ucrânia – Discriminação estatal, não estatal. Separatistas em Lugansk, Donetsk e Crimeia assediaram grupos cristãos não ortodoxos. Houve vandalismo contra monumentos em memória do Holocausto, sinagogas e cemitérios judaicos, além de perseguição às Testemunhas de Jeová. Em junho de 2016, as autoridades separatistas adotaram novas leis que proíbem a criação de "seitas". Nova lei em Lugansk proíbe grupos "não tradicionais".

Uzbequistão – Perseguição estatal. Em abril de 2018, foram instituídas novas penalizações para violações da lei da liberdade religiosa, incluindo penas de oito anos de prisão pela prática de outra religião que não o Islã. Todas as comunidades cristãs sofrem algum tipo de perseguição religiosa Entre setembro de 2016 e julho de 2017, foram realizadas 185 buscas policiais a Testemunhas de Jeová. A polícia torturou 15 fiéis. Foram presos milhares de muçulmanos que praticam uma religião não autorizada.

Vietnã – Discriminação estatal. Há restrições severas à evangelização e disputas por terras entre polícia e organizações religiosas.

Em março de 2018, agressores espancaram 24 hmongs recém-convertidos ao cristianismo. O assédio a organizações religiosas e os ataques ao clero e fiéis sugerem que é pouco provável que o governo melhore a abordagem à liberdade religiosa.

Esse panorama é realmente assustador, e, embora algumas situações tenham sido alteradas, pouca coisa mudou em dois anos. O Relatório de 2020 ainda não está disponível, mas há registros na imprensa de eventos preocupantes, como a morte de 32 pessoas na Índia em fevereiro. Esse conflito mais recente (hindus e muçulmanos) tem como causa uma lei que facilita a obtenção de cidadania para estrangeiros não islâmicos.

Cristãos e muçulmanos no continente africano continuam em conflito. Segundo publicações mais recentes, dez países apresentam situações preocupantes na África. O Boko Haram (grupo radical islâmico), que assolava a Nigéria, onde cristãos e muçulmanos disputavam espaços e supremacia, tornou-se uma preocupação regional. No Norte de Camarões, Chade, Tilaberi, Burkina Faso, Mali, Somália, todos assombrados pelos conflitos entre as forças de segurança do país e os militantes do Estado Islâmico. Os conflitos pela África se multiplicaram e é preciso fazer uma análise mais profunda para dissociar o conflito religioso do político.

As disputas religiosas se confundem com as territoriais. São processos que levam pessoas à guerra e, consequentemente, à morte. Tudo porque não existe diálogo e falta conscientização dos direitos das pessoas. Ninguém é obrigado a converter-se, apenas deve-se respeitar a religião do outro. Todos têm direito à prática de suas crenças de acordo com suas tradições, seus costumes e seus valores.

Exercícios resolvidos

O panorama da intolerância religiosa pelo mundo nos mostra dados preocupantes e inacreditáveis. Muitos conflitos são motivados por fundamentalismos. Fundamentalismo é todo movimento religioso que prioriza a interpretação literal dos textos sagrados, da Bíblia cristã e do Corão islâmico. Esses posicionamentos têm servido de motivo para a deflagração de muitos conflitos ditos religiosos. Com relação ao tema, é correto afirmar:

A] O fundamentalismo religioso perdeu a força no mundo porque a Declaração dos Direitos Humanos proíbe rigorosamente a adoção de práticas discriminatórias e radicais.

B] Os conflitos fundamentalistas surgiram quando começaram as interpretações liberais da Bíblia. A partir daí muitos outros eventos sucederam, como a Revolução Islâmica, que transformou o Irã em um Estado teocrático.

C] Todo o fundamentalismo é sinônimo de terrorismo e, em nome da interpretação literal dos ensinamentos divinos, os fundamentalistas realizam ataques brutais pelo mundo afora.

D] O Estado Islâmico é uma democracia, ele foi afiliado da Al-Qaeda no Iraque e é uma organização com pretensões estatais que tem territórios sob seu governo, além de manter um exército numeroso dentro da institucionalidade.

Gabarito: B

***Feedback* do exercício**: Embora a Declaração dos Direitos Humanos condene os conflitos fundamentalistas, eles se mantêm, pois não há uma observância aos direitos da pessoa; no momento em que outros interpretaram a Bíblia de forma mais liberal, os fundamentalistas começaram os conflitos: muitos fundamentalistas não praticam o terrorismo, ele se tornou um pretexto para a violência e as disputas políticas; o Estado islâmico é um califado, ou seja, é governado por um califa.

Outra nação que merece nossa atenção sobre posicionamentos relacionados à liberdade religiosa são os Estados Unidos. O Relatório da Liberdade Religiosa (2018) aponta que a liberdade religiosa nesse país é garantida pela primeira emenda, que assegura:

> "O Congresso não fará nenhuma lei relativa ao estabelecimento de uma religião ou à proibição do livre exercício desta." A 14ª emenda da Constituição garante a proteção igual das leis e o direito ao procedimento adequado para "todas as pessoas nascidas ou naturalizadas nos Estados Unidos e sujeitas à sua jurisdição", incluindo todas as pessoas religiosas e não religiosas. O artigo 6.º da Constituição diz que "nenhum teste religioso pode alguma vez ser exigido como qualificação para qualquer cargo ou lugar público nos Estados Unidos". As constituições dos 50 estados têm mandados semelhantes. (ACN Brasil, 2018a)

De acordo com o Relatório ACN Brasil (2018c), os níveis de violência e discriminação aumentaram em relação às minorias religiosas, mais especificamente muçulmanos e judeus. Em um relatório do FBI, consta que houve 1.538 crimes de ódio por violência religiosa, 55% dos quais chamados antijudeus e 25%, anti-islâmicos. Desde 2014, os crimes de ódio classificados como preconceito religioso aumentaram em 41%, como vandalismo a propriedades, agressões e intimidações. Os crimes anti-islâmicos também cresceram sensivelmente. A verdade é que os atos de violência praticados por motivo religioso estão aumentando nos Estados Unidos, e isso é preocupante.

5.2 Liberdade religiosa no Brasil e manifestações de intolerância

Conhecer e entender os conflitos deve servir de estímulo para exercitarmos a empatia e coibir manifestações de intolerância, bem como para estarmos receptivos àqueles que buscam refúgio em nosso país almejando condições de vida digna. O que não podemos é ignorar essa tragédia mundial que cobre de dor a humanidade.

No Brasil, não temos conflitos como os que estudamos anteriormente e que ocorrem pelo mundo. No entanto, as manifestações de intolerância são inúmeras, com consequências desastrosas, que já culminaram em crimes contra a vida. O relatório reporta sobre a intolerância religiosa:

> Os conflitos não são de natureza intrinsecamente religiosa, mas são afetados por questões religiosas e geram novos antagonismos entre grupos religiosos, tendem a se aprofundar com o aumento da polarização política que vem acontecendo no Brasil devido aos escândalos de corrupção. No país, um dos grupos legislativos considerados mais fortes é a bancada do boi, da bala e da Bíblia (bancada BBB), com apoio eleitoral das igrejas evangélicas e ligada a grandes grupos de interesse político. (ACN Brasil, 2018b)

A Constituição Federal do Brasil garante a liberdade religiosa e o Estado é laico, ou seja, não apoia nem se opõe a nenhuma religião. A análise da ACN Brasil (2018b) aponta os mesmos dados encontrados no Balanço do Disque 100 do Ministério da Mulher, da Família e dos Direitos Humanos (MMFDH) brasileiro, com algumas observações relevantes como: o maior número de ataques ocorre contra as religiões afro-brasileiras; há também agressões a pequenas comunidades consideradas esotéricas (wicca, stregheria, Santo Daime etc.). Outro dado importante diz respeito a ataques feitos por comunidades evangélicas aos adeptos de religiões afro-brasileiras, mencionando, inclusive, a condenação de emissoras de TV que o fizeram.

Analisemos os dados coletados no Disque 100 do Ministério da Mulher, da Família e dos Direitos Humanos. Os dados de 2019 se referem ao primeiro semestre, o que explica o valor mais baixo. Confira o gráfico a seguir.

GRÁFICO 5.1 – Denúncias formalizadas

Denúncias de intolerância religiosa no Brasil

- 2015: 556
- 2016: 759
- 2017: 537
- 2018: 506
- 2019: *

Fonte: Elaborado com base em Ministério da Mulher, Família e Direitos Humanos, 2019.

A maioria dos registros é de São Paulo, do Rio de Janeiro e de Belo Horizonte. Buscamos dados do ano de 2020 e 2021, porém, não há publicação atualizada no *site* do Ministério. Observe o gráfico a seguir.

GRÁFICO 5.2 – Denúncias por religião – 1º semestre 2019

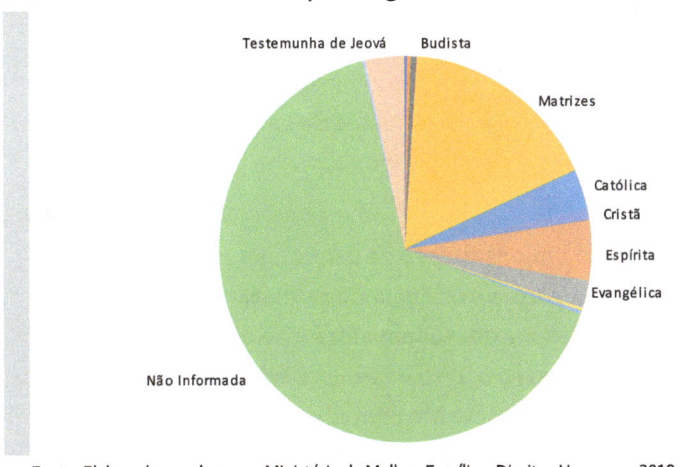

Categorias: Testemunha de Jeová, Budista, Matrizes, Católica, Cristã, Espírita, Evangélica, Não Informada

Fonte: Elaborado com base em Ministério da Mulher, Família e Direitos Humanos, 2019.

As estatísticas apontam que a maior parte das vítimas de intolerância é de religiões de matriz africana. 25% de todos os agressores são identificados como brancos e 9% dos casos de violência são praticados dentro dos lares. Outro dado importante é que existe a denúncia, porém, o denunciante não informa sua religião. Os católicos apostólicos romanos têm 1,8% das denúncias registradas, e 3,8% das denúncias foram registradas pelos protestantes. Os adeptos de religiões de matriz africana (candomblé, umbanda e outras denominações), juntos, representam 1,6% da população brasileira. 64,4% dos brasileiros se denominam católicos, e os protestantes representam 22,2% da população.

Esses números podem ser bem maiores, pois muitas pessoas não fazem denúncias formais, por desconhecimento dos direitos ou por medo de represálias.

> No Brasil, o direito à liberdade de religião ou crença está previsto no artigo 5º, VI, da Constituição Federal, que determina que "é inviolável a liberdade de consciência e de crença, sendo assegurado o livre exercício dos cultos religiosos e garantida, na forma da lei, a proteção aos locais de culto e suas liturgias". Além disso, constitui crime a prática de discriminação ou preconceito contra religiões prevendo pena de reclusão de 1 a 3 anos, além de multa (Lei nº 7.716/1989). (Ministério da Mulher, Família e Direitos Humanos, 2020)

O fato de que o maior número de denúncias está nas religiões de matriz africana é uma evidência da intolerância religiosa em nosso país. O professor e doutor em Semiótica e Linguística Geral Sidnei Nogueira escreveu o livro *Intolerância religiosa*, publicado em 2020. Trata-se de uma relevante contribuição e discussão para o estudo sobre a herança cultural-civilizacional africana.

> O livro mostra-se em consonância com um processo de mudança no foco dos estudos sobre intolerância religiosa no Brasil, ao dar

> maior visibilidade à realidade das religiões afro-brasileiras. Sinal de que as pesquisas têm conseguido captar a realidade da vida social, ao demonstrarem que essas são as expressões religiosas que mais têm sido alvo de ataques atualmente. Nesse sentido, trata-se também de uma mudança de agência e protagonismo endógeno às populações negras e afro religiosas brasileiras. Isso revela o quanto o campo religioso tem se transformado e que populações silenciadas por serem tidas como minorias numéricas agora conseguem publicar suas investigações e demonstrar que foram relegadas à condição de minorias sociológicas por causa do seu pertencimento étnico-racial. (Araújo, 2020, p. 240)

Sidnei Nogueira é negro e babalorixá da Comunidade da Compreensão e da Restauração Ilé Àsé Sàngó (CCRIAS), no Estado de São Paulo. Sua análise tem como base sua experiência de vida como babalorixá, e ele tem se dedicado a revisar as práticas afro-religiosas, propondo uma linguagem que possa extinguir as marcas do racismo secular que levaram essas religiões a um exílio em seu próprio solo. O livro é também um instrumento para o combate do racismo em todas as formas, cultural, subjetivo, objetivo, religioso ou de qualquer outra natureza.

Nogueira (2020) explica as violências que sofrem os membros de Comunidades Tradicionais de Terreiro (CTTro), na maioria das vezes, chamadas de *intolerância religiosa*, mas que, na realidade, são manifestações de racismo. Entretanto, ao expressar suas conclusões, o autor nomeia essa situação de **racismo religioso**, um termo novo, que traduz mais especificamente o que acontece.

> Sidnei apresenta caminhos e estratégias para a sua superação no capítulo "Da perseguição à cura: epistemologia negra como possibilidade de desconstrução do racismo religioso" (:117-136). Ainda em tom de denúncia, ele afirma que "O racismo religioso quer matar existência, eliminar crenças, apagar memórias, silenciar

origens" (:123). Para evitar que isso aconteça, segundo o autor, há que se expandir os cosmossentidos afrodiaspóricos e a alteridade, além de promover a ética do candomblé como cura. Isso se traduz em revisão de práticas, linguagens e condutas, tanto por parte da sociedade mais abrangente quanto por parte dos religiosos e lideranças de CTTro. As epistemologias negras precisariam ser assumidas definitivamente como ferramentas de desconstrução do racismo religioso. Não se trataria, portanto, de uma questão meramente religiosa, e sim epistêmica. (Araújo, 2020, p. 239)

O livro é uma publicação recente e, portanto, traz reflexões muito atuais sobre a intolerância religiosa contra as religiões de matriz africana. Os relatos de praticantes das religiões de matriz africana são sempre semelhantes: quando o negro exercita sua religiosidade, expressando suas tradições, ele é demonizado. No percurso da história, essa demonização cresceu unicamente por ser uma religião preta. Essas constatações demonstram claramente que a intolerância e o racismo são atitudes conectadas neste país. Por essa razão foi criado o Dia Nacional de Combate à Intolerância Religiosa, celebrado em 21 de janeiro. Outra ação tomada nesse sentido foi o lançamento, no ano de 2020, do Manifesto Evangélico Contra a Intolerância Religiosa pela comunidade evangélica. Trata-se de um texto emocionante, que se espera seja um marco para a comunhão entre todas as religiões professadas no Brasil.

Exercícios resolvidos

Os dados a respeito das denúncias no Disque 100, do Ministério da Mulher, Família e dos Direitos Humanos, não mostram a totalidade de casos de intolerância religiosa no Brasil, pois, muitas vezes, não existe formalização da denúncia.

No Brasil vivemos o mito da boa convivência religiosa. Contudo, ao analisarmos a história, inferimos que desde que os colonizadores encontraram nossas terras, sempre tentaram impor seus credos, religiões e costumes, vilipendiando outras etnias e tradições. Este processo se deu com os índios locais, assim como com os negros escravizados e com imigrantes estrangeiros. (Jagun, 2018, p. 53)

Com base nessas considerações e nos dados publicados no Balanço do Disque 100, qual afirmação está **incorreta**?

A] As religiões de matriz africana (umbanda e candomblé) apresentam maior número de denúncias. Os casos de intolerância a essas religiões têm teor racista, o que também é chamado *racismo religioso*.

B] De acordo com o balanço de denúncias, os agressores brancos aparecem com um percentual significativo nas denúncias. Outro dado revela que existem agressões realizadas nos lares dos agredidos.

C] A expressão "mito da boa convivência religiosa" é uma constatação, pois existe uma infinidade de casos de intolerância e, mesmo com ações governamentais e punições previstas por lei, os atos discriminatórios existem.

D] As religiões afro-brasileiras são um problema para o Estado, pois interferem na cultura local, já que seus participantes usam roupas típicas e têm hábitos iguais aos praticados na África. Assim, o Brasil perde sua identidade.

Gabarito: D

Feedback **do exercício**: Os dados do Ministério demonstram que 61% das denúncias são feitas por praticantes de religiões de matriz africana e 9% apontam que as agressões são domésticas. O crime de intolerância religiosa é previsto por lei; em um Estado laico e democrático como o Brasil, existe a liberdade religiosa com a liberdade de culto e de manifestação de qualquer natureza, inclusive indumentária e costumes.

O Relatório ACN Brasil (2018a), em sua análise sobre a liberdade religiosa no Brasil, conclui que não existem conflitos religiosos de gravidade extrema, porém, diante da crise política, econômica e social que o país atravessa, o processo de reconhecimento da intolerância religiosa pode ser prejudicado.

5.3 Intolerância religiosa e xenofobia

Quando discutimos as questões de liberdade de religião e os episódios de intolerância religiosa pelo mundo, não podemos deixar de analisar um aspecto muito importante a respeito dessa questão, que é a xenofobia – a aversão a pessoas ou coisas estrangeiras. A xenofobia pode estar fundamentada em fatores históricos, culturais ou religiosos. Portanto, muitos dos casos de intolerância religiosa são manifestações de xenofobia.

Embora tenhamos muitas notícias de xenofobia nos dias de hoje, essa manifestação é muito antiga. Vejamos o exemplo dos semitas: os judeus historicamente foram vítimas da xenofobia – lembremos o Holocausto, durante a Segunda Guerra Mundial, quando os nazistas exterminaram milhões de judeus nos campos de concentração. Mesmo após o mundo tomar conhecimento das atrocidades da Segunda Guerra, ainda hoje, povos de origem semita são alvo da discriminação xenofóbica: árabes, palestinos e outras denominações islâmicas. Muçulmanos saem do Iraque, da Síria, do Afeganistão e do Irã fugindo dos conflitos armados. É quando se presencia a xenofobia dos povos ocidentais em relação a essas pessoas.

É expressivo o número de imigrantes que chegam à Europa, com maioria originada da África ou da Síria, em virtude da fome e dos conflitos geopolíticos. "A xenofobia na Europa conta com uma antiga história que se iniciou ainda na Idade Média, com a perseguição de judeus e muçulmanos pela Igreja Católica" (Porfírio, 2021).

Como os locais de conflito no Oriente Médio ficam relativamente próximos às cidades europeias, muitas pessoas buscam refúgio nesses centros, o que desperta nos europeus o sentimento xenofóbico, atribuindo aos refugiados os problemas de violência e a crise na economia pelos quais estão passando.

> O resultado disso tem sido negativo. Ataques e agressões motivadas por xenofobia, além da ascensão de grupos neonazistas, têm tomado conta dos noticiários europeus e evidenciado que esse grave problema ainda é fortemente presente no continente. (Porfírio, 2021)

A intolerância religiosa se manifesta na discriminação praticada pelos europeus em relação às práticas religiosas desses refugiados. Perceber os atos de intolerância, xenofobia, discriminação ou perseguição motivados por diferenças de credo e confissão religiosa deve ser um exercício constante. Mas não basta só identificar, é preciso agir contra essas arbitrariedades: ao presenciá-las, deve-se denunciar; é necessário acolher e respeitar sempre toda e qualquer manifestação religiosa. Ninguém tem o direito de profanar o sagrado do outro.

A intolerância religiosa fere a Declaração Universal dos Direitos Humanos, assinada na França em 1948. O Artigo 18 da Declaração estabelece que "todo homem é livre para pensar, ter consciência e religião, com liberdade para mudar de religião ou manifestá-la de forma coletiva ou isoladamente" (ONU, 1948).

5.4 Religião e identidade

Examinar a religião como instituição social proporciona o entendimento do mecanismo social que molda o comportamento humano de maneira diferenciada, visto que a religião não é apenas uma comunidade religiosa, um grupo místico ou uma reunião de fé. Para Liberal (2004, p. 7), "organização religiosa significa um conjunto estruturado de atores que exercem papéis religiosos específicos". Esses atores e seus papéis conferem identidade às religiões com características peculiares.

Dessa forma, esses papeis reproduzem e transformam o sistema religioso. No entanto, a atuação é condicionada pelo seu "vínculo grupal, por sua posição de classe e pelo tipo de sociedade em que [as pessoas] vivem" (Houtart,1994, p. 98, citado por Liberal, 2004, p. 7).

A organização religiosa tem diversas funções, tais como: representação, formação do comportamento ético e expressão da própria organização. Como função de representação, a organização religiosa codifica os escritos religiosos, produzindo novos sentidos religiosos em novas circunstâncias.

Exemplificando

Um exemplo de produção de novos sentidos religiosos, em virtude de uma necessidade ou mudança de circunstância, foi quando a Igreja Católica substituiu o latim pela língua vernácula com o objetivo de tornar a compreensão bíblica pelos fiéis mais fácil e ampliar suas participações. Outro exemplo dessa função são as diversas modificações que o Papa Francisco vem fazendo na Igreja para aproximar-se mais dos fiéis.

Sejam quais forem as mudanças, elas sempre são resultantes de pressão – ou das bases ou dos grupos intelectuais que pensam e analisam o fazer religioso.

> Para enfrentar as mudanças, geralmente orientadas, impulsionadas por teólogos intelectuais, os agentes das instituições religiosas, precisam preocupar-se em adapta-las à nova situação de forma cautelosa para não haver conflitos com os elementos conservadores e tradicionais, bem como para conservar as massas tradicionais.

Os líderes religiosos precisam manter um equilíbrio entre a renovação e a tradição, entre os elementos conservadores e os elementos progressistas. (Liberal, 2004, p. 8)

A organização religiosa define os formatos oficiais de expressões coletivas: celebrações, missas e sacramentos, como batizados e casamentos. Determina também as bases materiais: templos, objetos para as celebrações, vestimentas, entre outros.

No decorrer da história, podemos perceber a função representativa da organização na construção dos templos. Há tipos de construção diferentes em diversas épocas, evidenciando a relação dos significados da religião e seus contextos sociais.

A arquitetura religiosa reflete não só como era a religiosidade de uma época, mas também a relação que existia entre a religião e a sociedade.

> Exemplo: os templos budistas do Sri Lanka, são pequenas construções que se mesclam as demais; sua presença é imanente, mas não dominante. Já as igrejas católicas dominam as cidades com suas altas torres, sobressaem-se em relação as demais construções; analisando as primeiras basílicas romanas, observamos que quando o Imperador Constantino converteu-se ao cristianismo, colocou toda a máquina do Estado, tendo o equipamento a serviço da religião cristã e as grandes basílicas converteram-se em templos religiosos. As catedrais góticas em sua verticalidade significam, expressam a representação vertical do conceito de Deus, bem como o lugar central de destaque da presença religiosa na sociedade (prédios mais altos até que os palácios reais). Na Europa, nas cidades de Bruxelas, Bruges, Gante, nos séculos XV e XVI, em plena fase da expansão da burguesia mercantilista, foram construídos edifícios góticos profanos (até mais altos que a catedral). No sul da Itália, nas vilas onde imperava grande miséria foram edificados templos com torres altíssimas, por vezes com cruzes de ouro, no cimo da

> torre, construídas com a colaboração monetária dos fiéis, por ser a Igreja o símbolo fundamental do grupo, a manifestação expressiva do seu orgulho. Atualmente vemos Igrejas construídas sem tanta pompa, as vezes até sem torre, expressando a concepção da presença de Deus entre os homens, e não mais do Deus altaneiro, dominando tudo. (Liberal, 2004, p. 9)

Os comportamentos éticos também são sugeridos pela organização religiosa e regulam as atitudes coletivas e individuais. Como têm público em diferentes classes sociais, as religiões precisam ditar uma unanimidade de preceitos éticos. A fim de evitar conflitos, a organização religiosa utiliza-se da ética social e, por meio de uma linguagem abstrata, posiciona-se a favor do amor e da paz entre os homens, da justiça universal. Mas para um melhor entendimento, é preciso exemplificar isso de forma concreta de acordo com a sociedade em que se insere.

> Uma instituição religiosa se organiza para transmitir aos fiéis valores éticos aceitos como importantes para todos, para promover os valores do evangelho: o valor do amor, a justiça, a referência a um Deus pai. A evangelização é, portanto, a finalidade do cristianismo, mas além dessa primazia, haverá outras que se relacionem a representação da própria instituição. (Liberal, 2004, p. 11)

O homem é o reflexo dos valores vigentes e do contexto social em que está inserido – assim, a identidade é adquirida. Os grupos sociais têm sistemas de referências próprias e espera-se que não haja comportamentos divergentes dos outros elementos do grupo. Para construir sua identidade, um indivíduo adquire sua visão do cosmo, define suas emoções e atitudes cognitivas de acordo com a sociedade em que vive.

5.4.1 Sobre religião, identidade e pertencimento

Para construir uma identidade, o ser humano participa de uma sociedade que lhe determina papéis a desempenhar, valores grupais, éticos e morais. Os valores religiosos são importantes parâmetros para o estabelecimento das ações do homem, são eles que ditam modelos de comportamento para a atuação no mundo.

O homem busca a participação em um grupo, e essa participação tem objetivos implícitos: o bem-estar e ser parte do grupo. É isso que lhe confere o sentido de pertencimento e realização pessoal. As adequações das Igrejas aos tempos e às necessidades da sociedade se revelaram fatores indispensáveis à participação de fiéis de classes sociais diferentes. Dessa forma, os indivíduos conseguem entender as doutrinas e se sentem pertencentes aos grupos religiosos a que se filiam.

Todas as ações das organizações religiosas são pensadas e realizadas para proporcionar a identificação de seus seguidores de acordo com o contexto social de uma época.

PERGUNTAS & RESPOSTAS

Você sabe o que acontece quando uma pessoa troca de religião? Ela perde sua identidade religiosa e sociocultural?

- Não, ela não perde sua identidade, mas passa por uma transformação da identidade. Pode ser também que, por estar em busca de algum significado, ela apenas transite em outra religião, sem que haja uma conversão. Quando se trata efetivamente de conversão, sim, há uma transformação na identidade religiosa dessa pessoa, que passará a fazer parte de outro grupo religioso, com valores e doutrina diferentes.

> Essa elaboração pode ser uma reorganização dos múltiplos elementos, antigos e novos, ao redor de um novo eixo de significação, e nesse caso temos uma elaboração simbólica, que substitui o simbólico anterior de natureza religiosa ou outra. Mas a elaboração pode também ser um rearranjo dos múltiplos elementos no sentido de reprodução do mesmo, e nesse caso temos uma elaboração imaginária que assimila os elementos novos ao eixo simbólico anterior, de qualquer natureza. Só se poderá, então, falar de transformação da identidade religiosa ou de conversão no caso de convergirem o processo de filiação a um grupo que contrasta com o anterior enquanto grupo religioso e o processo de elaboração simbólica dos novos componentes de ordem cognitivo-afetiva e comportamental propostos. (Paiva, 2004, p. 28)

É claro que muitos dos preceitos adquiridos por essa pessoa em sua religião antecedente ainda podem influenciá-la, porém, em determinadas confissões religiosas, a mudança de princípios pode ser bastante radical.

As ações dos indivíduos são determinadas pelo grupo religioso ao qual eles pertencem. É dessa forma que o sistema religioso se perpetua.

Os valores, as convicções religiosas e os ensinamentos cristãos foram balizadores de muitos comportamentos da humanidade. Foi por meio deles que o homem desenvolveu o senso de justiça social, de comunidade e de democracia, entre muitos outros que constituem a identidade de uma religião.

Tendo em vista essas considerações, podemos perceber o quanto a religião influencia e determina a construção da identidade dos indivíduos, dos grupos sociais e da sociedade como um todo. Essa influência não é exercida apenas no campo religioso, mas também em outras esferas da história da humanidade desde o seu princípio.

Portanto, a identidade religiosa de um indivíduo está condicionada ao seu sentimento de pertencimento a determinado grupo religioso. A identidade cultural desse mesmo indivíduo será formada por uma mescla de sua vivência com seu grupo religioso, pelos valores éticos desse grupo e por outras experiências adquiridas mediante o exercício de seus múltiplos papéis na sociedade.

5.5 Proteção do direito à liberdade religiosa

Para superar as intolerâncias e a discriminação contra religiões, podemos apostar em formas de (con)vivência que (re)conheçam diferenças, respeitem a diversidade e assegurem o conhecimento da história de cada um e suas comunidades, bem como o respeito à identidade, ao desenvolvimento, à religiosidade, aos grupos sociais, aos povos, às etnias, às crenças coletivas e individuais e às culturas (Girardi, 2016).

O pensamento religioso é fundamental para a compreensão que o homem tem de si próprio e da realidade que o rodeia. Em virtude de diferenças históricas e geográficas, as sociedades se mostraram diversificadas, o que proporcionou às pessoas olhares diversos sobre o mundo e as relações sociais e humanas. Assim, cada povo adotou suas religiões, considerando-as únicas e absolutas.

Esse é o contexto da intolerância religiosa. Entretanto, a opressão e a imposição vêm dando lugar à evolução histórica dos direitos humanos e, com eles, a liberdade de escolha da profissão de fé.

> No que tange à religião, passou-se a compreender que as pessoas têm autonomia para escolherem as suas crenças religiosas, ou mesmo não crer em religião nenhuma, e ainda sim serem respeitadas. Um pequeno resquício de tolerância começou a aparecer e, conforme as declarações de direito, coube ao Estado impor esse

respeito, admitindo a liberdade do homem professar suas crenças. Mais que isso: nos Estados democráticos, passou-se a entender que não deveria haver relações entre o governo e as confissões religiosas, para que o poder estatal não se prestasse a privilegiar apenas um modo de pensar, nem se deixasse guiar por dogmas de determinada fé. (Ramos et al., 2013, p. 162)

Já analisamos os contextos sociais em que as religiões se desenvolveram e marcaram sua participação na construção social e política das nações. Destacamos aqui alguns marcos importantes, como a criação da Organização das Nações Unidas (ONU) e a promulgação da Declaração Universal dos Direitos Humanos (ONU, 1948), que proclama, em seu Artigo 18, que:

> Toda a pessoa tem direito à liberdade de pensamento, consciência e religião; este direito inclui a liberdade de mudar de religião ou crença e a liberdade de manifestar essa religião ou crença, pelo ensino, pela prática, pelo culto e pela observância, isolada ou coletivamente, em público ou em particular. (ONU, 1948)

A ONU também proclamou, em 1981, a Declaração sobre a Eliminação de Todas as Formas de Intolerância e Discriminação Fundadas na Religião ou nas Convicções, que, no Artigo 1º, parágrafo 3º, determina:

> §3. A liberdade de manifestar a própria religião ou as próprias convicções estará sujeita unicamente às limitações prescritas na lei e que sejam necessárias para proteger a segurança, a ordem, a saúde ou a moral pública ou os direitos e liberdades fundamentais dos demais. (ONU, 1981)

Portanto, é importante destacar que a liberdade religiosa deve sempre obedecer a limites que têm como base a ordem pública, a ética, a moral e os bons costumes. Para a garantia da liberdade religiosa proposta, o direito desdobra-se em três vertentes, a saber: (1) de culto, (2) de crença e (3) de organização religiosa.

Sobre a liberdade de crença:

> esta abrange o foro íntimo do ser humano e protege o direito que todos têm de crer ou não crer na existência de uma, diversas ou, até mesmo, em nenhuma divindade, compreendendo ainda a possibilidade do indivíduo, a seu livre arbítrio, mudar de religião ou corpo doutrinário. (Pinho, 2002, p. 89, citado por Ferreira, 2017)

A respeito da liberdade de culto:

> assegura proteger-se a exteriorização da crença escolhida seja por meio de cerimônias e rituais. Assim, diferente do que se acredita, não somente os serviços religiosos realizados nos templos são protegidos, mas também os mais diversos atos praticados em espaços públicos, desde que limitado aos valores e princípios constitucionais. (Pinho, 2002, p. 89, citado por Ferreira, 2017)

Quanto à liberdade de organização religiosa, percebe-se que ela está diretamente conectada à ideia de Estado laico:

> Por sua vez, a liberdade de organização religiosa se refere à possibilidade de instituição, configuração e estruturação jurídico-econômica das igrejas ou confissões religiosas. Sob o prisma do Direito, implica a obtenção, pela confissão religiosa, de personalidade jurídica, para o que basta a comprovação de vontade humana de associar-se para fins religiosos, com objetivos lícitos e atendimento às formalidades legais, no que forem harmônicas e submissas à Constituição Federal. (Lelis; Hees, 2016, p. 86, citados por Ferreira, 2017)

Essas liberdades estão separadamente ligadas à principal (liberdade religiosa) para, assim, especificar todo o complexo de obrigações que o direito possa estabelecer.

5.5.1 Direito internacional, leis brasileiras e liberdade religiosa

Existem tratados internacionais com caráter normativo importantes para o direito internacional. Aqui, ressaltamos aqueles dos quais o Brasil é signatário.

São dois os tratados que abordam a liberdade religiosa e de destaque relevante: o Pacto Internacional de Direitos Civis e Políticos, de 1992, e a Convenção Americana sobre Direitos Humanos (Pacto de San José da Costa Rica), de 1969.

O Pacto Internacional de Direitos Civis e Políticos declara, em seu Artigo 18, que:

> "Toda pessoa terá direito a liberdade de pensamento, de consciência e de religião", e este pode ser exercido de maneira pública ou privada, só podendo ser limitado por leis que tenham a finalidade de proteger "a segurança, a ordem, a saúde ou a moral públicas ou os direitos e as liberdades das demais pessoas." (Ferreira, 2017)

O Pacto estabelece também o dispositivo de proteção às minorias:

> Art. 27. Nos Estados em que haja minorias étnicas, religiosas ou linguísticas, as pessoas pertencentes a essas minorias não poderão ser privadas do direito de ter, conjuntamente com outros membros de seu grupo, sua própria vida cultural, de professar e praticar sua própria religião e usar sua própria língua. (Brasil, 1992)

A Convenção Americana de Direitos Humanos expressa, no Artigo 12, o mesmo conteúdo do Pacto que citamos anteriormente:

> Por sua vez, apesar de repetir integralmente o conteúdo do art. 18 do "Pacto Internacional dos Direitos Civis e Políticos" em seu art. 12, a Convenção Americana de Direitos Humanos reveste-se de especial importância porque cria meios de proteção dos

direitos que normatiza, ao prever a existência e regrar a atuação da Corte Interamericana de Direitos Humanos nos artigos 33,b e 52 a 73. (Lellis; Hees, 2016, p. 75, citados por Ferreira, 2017)

Outro documento internacional sobre intolerância é a Declaração sobre Eliminação de Todas as Formas de Intolerância e Discriminação Fundadas na Religião ou nas Convicções. Editado em 1981 pela ONU, apresenta um texto relevante para eliminar a discriminação, embora não tenha força de ordenamento jurídico:

Artigo 4°

§1. Todos os Estados adotarão medidas eficazes para prevenir e eliminar toda discriminação por motivos de religião ou convicções, no reconhecimento, do exercício e do gozo dos direitos humanos e das liberdades fundamentais em todas as esferas da vida civil, econômica, política, social e cultural.

§2. Todos os Estados farão todos os esforços necessários para promulgar ou derrogar leis, segundo seja o caso, a fim de proibir toda discriminação deste tipo e por tomar as medidas adequadas para combater a intolerância por motivos ou convicções na matéria. (ONU, 1981)

Já mencionamos inúmeras vezes a prerrogativa legal na Constituição Federal de 1988 (Brasil, 1988), que prevê o livre exercício dos cultos religiosos e assegura a proteção desses locais e suas práticas (art. 5°, VI); igualmente proíbe que todos os entes federativos estabeleçam vínculos de qualquer espécie com cultos religiosos e igrejas, a não ser que seja por colaboração de interesse público (art. 19, I).

No entanto, episódios de intolerância são registrados frequentemente, evidenciando que existem muitas barreiras para que esse direito seja concretizado, seja por pessoas em particular, seja por atitudes governamentais. A verdade é que, apesar de o direito estar assentado na Constituição, não se garante a efetividade de sua concretização. Os mais atingidos são os grupos religiosos minoritários, que não pertencem a uma ideologia dominante.

5.5.2 Combate à intolerância por meio de instrumentos jurídicos

A liberdade religiosa tem um sinônimo: **tolerância**. A Declaração de Princípios sobre a Tolerância da Organização das Nações Unidas para a Educação, a Ciência e a Cultura (Unesco), em seu Artigo 1º, diz o seguinte:

> Artigo 1º
>
> 1.1 A tolerância é o respeito, a aceitação e o apreço da riqueza e da diversidade das culturas de nosso mundo, de nossos modos de expressão e de nossas maneiras de exprimir nossa qualidade de seres humanos. É fomentada pelo conhecimento, a abertura de espírito, a comunicação e a liberdade de pensamento, de consciência e de crença. A tolerância é a harmonia na diferença. Não só é um dever de ordem ética; é igualmente uma necessidade política e jurídica. (Unesco, 1995)

Portanto, a tolerância é o dever de respeitar as crenças e as convicções alheias. O sentido jurídico está vinculado a essa concepção. Para sua efetivação, é preciso que sejam instituídos instrumentos jurídicos que combatam efetivamente a intolerância.

A Constituição Federal de 1988 instituiu um meio de grande relevância para a proteção à liberdade religiosa: a escusa de consciência, que pode ser entendida como "a objeção ou escusa de consciência consiste no direito de não prestar o serviço militar obrigatório ou qualquer outra obrigação legal a todos imposta por motivo de crença religiosa, filosófica ou política" (Cunha, 2001, p. 75, citado por Ferreira, 2017).

A escusa de consciência está prevista no art. 5°, inciso VIII, da Constituição Federal:

> Ninguém será privado de direitos por motivo de crença religiosa ou de convicção filosófica ou política, salvo se as invocar para eximir-se de obrigação legal a todos imposta e recusar-se a cumprir prestação alternativa, fixada em lei. (Brasil, 1988)

A escusa da consciência é um direito líquido e certo. Portanto, a prestação alternativa não é um privilégio, e sim um direito previsto por lei. Contudo, mesmo com a previsão constitucional, foi necessário criar legislações que tipificassem condutas para coibir atos de intolerância religiosa. Na legislação penal, são previstos crimes de intolerância, conforme vemos no quadro a seguir.

QUADRO 5.2 – Proteção na legislação penal

Níger -Perseguição não estatal	Condutas
Crime de ultraje aculto e impedimento ou perturbação de ato a ele relativo	As condutas são o escarnecimento (zombaria) por motivo de crença ou função religiosa; o impedimento ou perturbação de cerimônia ou culto religioso e o vilipêndio (menoscabo) público de ato ou objeto de culto religioso.
Crime de abuso de autoridade	Atentado: à liberdade de consciência e de crença; ao livre exercício do culto religioso.
Intolerância religiosa (incluída na legislação dos crimes de racismo)	Todo aquele que pratica, induz ou incita qualquer ato discriminatório com fundo religioso incorrerá nas penas previstas.
Crime de genocídio	Todo aquele que tenha o dolo de destruir determinado grupo religioso, no todo ou em parte. Crime internacional contra a humanidade, em que não se busca proteger apenas a vida ou a integridade física ou mental das pessoas atingidas, mas a própria existência de determinado grupo étnico, cultural, religioso ou segmento social.

Fonte: Elaborado com base em Ferreira, 2017.

Tanto no Código Penal quanto na jurisprudência, é possível encontrar as penas previstas para tais crimes. Existem penas mínimas e máximas, mas também dependem da interpretação legal do julgador.

Exercícios resolvidos

A Constituição Federal de 1988 assegura a liberdade de consciência e de crença de forma inviolável. O livre exercício dos cultos religiosos é assegurado, bem como a proteção aos locais de culto e a suas liturgias. Em virtude disso, ninguém pode perder seus direitos por motivos de crença religiosa nem ser tolhido em sua liberdade de manifestar essa religião ou crença pelo ensino, pela prática ou pelo culto. Essas diretrizes estão na Declaração Universal dos Direitos Humanos, adotada pelos 58 Estados-membros das Nações Unidas (1948). Com base nesse texto, está **incorreto** o que se afirma em:

A] O desprezo e a violação dos direitos humanos e das liberdades fundamentais – em particular o direito à liberdade de pensamento, de consciência, de religião ou de qualquer convicção – causam, direta ou indiretamente, guerras e grandes sofrimentos à humanidade.

B] Os direitos humanos são internacionais, de natureza jurídica obrigatória, estabelecem obrigações governamentais à proteção desses direitos dos homens e promovem o controle internacional.

C] Para que se alcance a harmonia do ser humano com a sociedade, é preciso respeito ao caráter multicultural da família. Só assim haverá paz, o que proporciona desenvolvimento e democracia.

D] As manifestações de umbanda e candomblé não contêm os traços necessários de uma religião, como um texto-base (Corão, Bíblia etc.), não têm estrutura hierárquica e apresentam a ausência de um Deus a ser venerado. As manifestações religiosas afro-brasileiras não se constituem em religiões.

Gabarito: D

***Feedback* do exercício:** A ausência de consideração pelas crenças alheias gera desavenças, como guerras e violência; o direito humano internacional deve ditar as prerrogativas legais; é preciso exercitar a tolerância para promover a paz, a justiça e a democracia; cada manifestação religiosa pode ter suas doutrinas, liturgias e rituais; não se pode caracterizar uma religião seguindo parâmetros de outras já estabelecidas.

Vivemos em um mundo de disputas, e as pessoas buscam seus espaços e querem garanti-los. São traços culturais revelados na cultura e na religião. Existem muitos conflitos pelo mundo afora com consequências desastrosas, conflitos cujos herdeiros, por vezes, sequer sabem exatamente o porquê dessa luta.

Leis e declarações de organismos internacionais que se unem em torno de um objetivo comum buscam promover a tolerância, o respeito à liberdade de culto e de escolha de uma religião. O direito à liberdade religiosa é uma conquista de diversas sociedades que conseguiram atingir esse patamar. Infelizmente, existem ainda muitos países que não admitem esse princípio e sofrem com as mais absurdas formas de violência.

O conceito de liberdade religiosa tem em sua essência a luta contra a intolerância religiosa. O direito reivindicado pelos indivíduos deve ser o mesmo direito que se garante ao outro. As religiões têm diferenças, porém os direitos devem ser iguais.

SÍNTESE

- O fundamentalismo religioso pode ser encontrado em todas as religiões, e a religião não é um campo fechado.
- O fundamentalismo surgiu nos Estados Unidos e pregava a interpretação literal da Bíblia. Com a teoria de da evolução de

Darwin, surgiu o conceito de interpretação liberal da Bíblia e, em virtude disso, iniciaram-se os conflitos.
- O fundamentalismo passou a ser estigmatizado a partir da criação do Estado Islâmico e seus atos terroristas.
- De acordo com o relatório da Aid to the Church in Need (ACN) de 2018, 38 países praticam atos de violação de liberdade religiosa.
- O Brasil não apresenta casos extremos de intolerância religiosa, mas as religiões afro-brasileiras são as mais atacadas com atos contra a liberdade religiosa, os quais podem ser classificados como "racismo religioso".
- Existem episódios de ataques à liberdade religiosa que são também manifestações de xenofobia.
- As organizações religiosas têm algumas funções, e entre elas estão a de representação, a formação do comportamento ético e de expressão, que definem os formatos de expressão coletiva. São essas funções que determinam a identidade das religiões e que se refletem na identidade sociocultural de uma sociedade.
- Existem diversos mecanismos legais de proteção ao direito de liberdade religiosa, entre eles, as leis, as declarações internacionais, a jurisprudência e os organismos de fiscalização.

Estudo de caso

Texto introdutório

Ao estudarmos religiões, cultura e identidade, um ponto crucial está relacionado à diversidade religiosa e ao modo como as pessoas se comportam no exercício do respeito, da aceitação do outro e de suas crenças.

Em maiores e menores proporções, os casos de intolerância religiosa estão em todos os cantos do mundo, e, para coibir tais abusos, alguns países dispõem de mecanismos institucionais de proteção e penas previstas por lei. No entanto, outros são totalmente desprovidos de proteção e, quando possível, contam com ações de grupos defensores dos direitos humanos. O Brasil está no grupo que, ao menos, apresenta proteção e previsão legal. Este estudo de caso propõe uma ação que provoque reflexão para eliminar o preconceito e a intolerância religiosa contra aqueles que estatisticamente sofrem mais ataques: as religiões de matriz africana.

Texto do caso

> Há um ano o terreiro Asé Ojú Oyá, da ialorixá (mãe de santo) Claudia Rosa, na Zona Leste de São Paulo, foi invadido. Durante a madrugada, pessoas entraram no local e roubaram utensílios domésticos e eletroeletrônicos. Mas o mais grave, segundo a ialorixá, foi o ingresso nos roncós (quartos específicos para recolhimento dos filhos de santo), onde os agressores quebraram louças, pertences e mexeram em objetos sagrados. "Quando você percebe que foi roubada, a sensação de violência é muito forte. Mas quando percebe o desrespeito a uma casa de axé, é desolador", ela define. Claudia chamou a polícia diversas vezes, mas nenhum agente compareceu ao local. Ela nunca conseguiu fazer o boletim de ocorrência. (Portal Aprendiz, 2019)

Esse é um dos muitos casos ocorridos no Brasil e também um dos que não entram nas estatísticas por não haver o registro formal. Na mesma reportagem, encontramos dados estatísticos semelhantes aos que estudamos. São dados retirados do Disque 100 (Ministério da Mulher, Família e dos Direitos Humanos) e processados pelo DataLabe, a saber: 59% do total de casos registrados de 2011 a junho de 2018 eram referentes a religiões como a umbanda e o candomblé; 20%, a religiões evangélicas; 11%, a espíritas; 8%, a católicos; e 2%, a ateus.

Os dados do Governo Federal são bastante divergentes dos apurados pelos estados e, mesmo assim, muitos episódios não são registrados oficialmente, o que dificulta muito a realização de ações de políticas públicas.

As religiões afro-brasileiras sofrem com perseguições constantes e sistemáticas, e a intolerância religiosa existe desde a colonização. A diferença é o cenário e as pessoas.

Para os sujeitos das religiões, pais e mães de santo, babalorixás e ialorixás, a intolerância está também associada ao racismo, em virtude de as religiões de matriz africana terem a identificação com os negros. Segundo eles, trata-se de "racismo religioso" aliado à perseguição à cultura africana e que, muitas vezes, acontece de forma institucional, pois reflete interesses políticos.

Ivanir dos Santos, babalaô e pós-doutorando em História Comparada, declara:

> "As ações de intolerância religiosa, racismo e preconceito estão relacionadas ao interesse dos homens, a partir do seu lugar de poder e dominação. A intolerância religiosa é uma questão mais política do que espiritual" (Portal Aprendiz, 2019).

Outra observação sobre o caso apresentado é de que se trata do relato uma mulher responsável por um terreiro de uma religião afro-brasileira. Diversas pesquisas constatam que o preconceito contra os umbandistas e candomblecistas é muito mais acirrado contra as mulheres, portanto, é um conjunto de preconceitos: raça, religião e gênero. Uma mãe de santo atacada em São Paulo afirma: "Nossa religião foi formada por mulheres negras, sequestradas e escravizadas" (Portal Aprendiz, 2019).

Com base nessas declarações e estatísticas, bem como em tudo que já foi discutido sobre intolerância religiosa, busque uma sugestão que minimize os efeitos dessa prática e que trace possibilidades para o futuro. Lembre-se de que soluções possíveis podem ser pequenas ações, mas que realmente surtam efeito.

O objeto de estudo, aqui, são as religiões de matriz africana. Portanto, considere o contexto social em que tais práticas estão inseridas.

Resolução

O episódio descrito é certamente um entre os muitos que acontecem Brasil afora e que precisam de ações contundentes para que não se repitam, porém certas medidas só podem ser tomadas pelos poderes institucionais, que, ao que parece, muitas vezes são omissos. Todavia, a sociedade organizada pode, com certeza, mudar esse estado de intolerância e violência. A seguir, apresentamos algumas ações a serem desenvolvidas individualmente, mas que podem se multiplicar em muitas vozes.

- Não se cale ao presenciar um ato de intolerância, racismo ou discriminação. Denuncie, busque ajuda e não pense que o "problema não é seu".
- Reflita sobre o termo *tolerância* e use mais o termo *respeito*, pois ele é mais abrangente e condiz mais com as atitudes que devem ser adotadas com relação às religiões afro-brasileiras.
- Quanto tempo você dedica às suas redes sociais? Reserve um minuto e poste alguma coisa que faça as pessoas refletirem sobre o assunto. Seja um influenciador do bem.
- Posicione-se sempre! Você não precisa entrar em confronto, mas todos precisam saber que você não é preconceituoso nem intolerante.
- Informe-se muito sobre o tema. Assim, você sempre terá argumentos para defender e afirmar o direito à liberdade de religião.
- Nos depoimentos das pessoas que sofrem intolerância, sempre há queixas quanto à ausência do Estado, portanto, tenha como critério para seu voto candidatos que sejam declaradamente defensores da liberdade religiosa.
- Cobre do Poder Público o cumprimento das leis.

- Associe-se a grupos que trabalham para combater a violência, o preconceito e a intolerância, contribua da forma que puder.
- Participe de eventos, congressos, seminários que discutam a liberdade de religiões.
- Esteja atento a casos de racismo, injúria racial e intolerância religiosa e, independentemente do espaço onde estiver escola, trabalho ou lazer, não permaneça indiferente.
- Não alimente, em hipótese alguma, discursos de ódio manifestados seja por que for, nem mesmo se for para se opor à intolerância, pois não se combatem atos violentos com outra violência.
- Dedique algumas horas para escrever sobre o tema, submeta suas anotações a opiniões e, depois, publique-as.

Dica 1

Ouvir os representantes das religiões de matriz africana é uma excelente medida para combater o preconceito. Se você não faz parte de uma dessas religiões, deve conhecê-las. Assista ao vídeo e entenda melhor essa cultura e a história do povo negro. O documentário do canal Unidiversidades é bastante esclarecedor.

As religiões afro-brasileiras são aquelas que têm origem nas tradições dos negros africanos trazidos para o Brasil como escravos. Essas crenças têm maior ou menor grau de influência europeia e indígena e nascem da cultura de diversas etnias africanas, como iorubás, lundas e ashantis. As mais conhecidas são o candomblé e a umbanda.

Enriqueça seus conhecimentos e reflita assistindo ao vídeo disponível em: <https://youtu.be/uA7_b_tZzFE>. Acesso em: 22 set. 2021.

Dica 2

O Centro de Estudos das Relações do Trabalho e Desigualdades (CEERT) mantém um *site* com diversas publicações sobre as religiões de matriz africana.

Nele, você encontra leis, eventos, livros e vídeos bastante esclarecedores e inspiradores.

Criado em 1990, o CEERT é uma organização não governamental que produz conhecimento, desenvolve e executa projetos voltados para a promoção da igualdade de raça e de gênero. Disponível em: <https://ceert.org.br/buscar?q=religi%C3%B5es>. Acesso em: 22 set. 2021.

Dica 3

Ao sugerirmos um conjunto de ações individuais para combater o preconceito e a intolerância religiosa contra as religiões de matriz africana, estamos reafirmando uma máxima bastante conhecida: comece sempre por você. Se você deseja uma sociedade solidária, seja solidário; se você deseja ser tratado com educação, seja educado. Além disso, reafirmamos o fato de que, para defender, é preciso conhecer.

O programa Tertúlia, da TV Democracia, propôs um debate muito relevante sobre o tema intolerância religiosa. O jornalista Fábio Pannunzio e a cientista política Juliana Fratini recebem a ialorixá Adriana de Nanã, o rabino Gilberto Ventura e o bispo Dom Angélico Sândalo para falar sobre intolerância religiosa no Brasil. Ainda conversam por Skype com o Babalawo Ivanir dos Santos e os jornalistas Jamil Chade, Cynthia Van De Kamp e Madeleina Lacsko, contando com a participação especial da jornalista Barbara Gancia no estúdio. Assista ao vídeo disponível em: <https://youtu.be/veV9_vvRNs8>. Acesso em: 19 jul. 2021.

COMUNICAÇÃO NAS RELIGIÕES, FÉ, MÍDIA E TECNOLOGIA

Introdução do capítulo

Comunicação, religião, fé, mídia e tecnologia: esses temas são profundamente interligados, seja pela forma como as instituições religiosas conduzem seu diálogo com a sociedade, seja pela utilização da tecnologia e da mídia para propagar e perpetuar a sua fé, seja a fim de ressignificar seus conceitos ou atualizar seus métodos de inserção nas comunidades, ou ainda pela forma massiva de propagar a fé por intermédio de ícones midiáticos. As religiões já não se sustentam isoladamente, cada vez mais é preciso ampliar os horizontes, e dialogar com as outras religiões se tornou uma premissa. Em um mundo onde a informação está na ponta dos dedos de todos, é preciso trocar informações, aprender e entender como os outros pensam. Isso é respeito à diversidade. Desse modo, muitas religiões passaram a exercitar o diálogo e a buscar a integração nessas novas realidades.

Neste capítulo, vamos explorar esses aspectos, entendendo as conexões, interpretações e suas influências na sociedade e na construção das identidades culturais.

Conteúdos do capítulo
- Conceito de diálogo inter-religioso.
- Como acontecem os diálogos inter-religiosos.
- Fé no século XXI.
- Mídia e religião: diversidade na comunicação com o mundo.
- Religião do século XXI: influenciadores digitais religiosos.
- Uso da tecnologia associado às religiões.

Após o estudo deste capítulo, você será capaz de :
1. compreender o conceito de diálogo inter-religioso;
2. conhecer as ações e os mecanismos adotados pelas religiões para estabelecer o diálogo inter-religioso;
3. identificar as manifestações de fé no século XXI;
4. reconhecer as mudanças sociais que influenciam o comportamento religioso no século XXI;
5. analisar as formas de comunicação midiática das religiões em virtude das transformações socioculturais na contemporaneidade;
6. identificar os novos caminhos das religiões e o fenômeno dos influenciadores digitais;
7. reconhecer o uso dos equipamentos tecnológicos como elemento de interação entre membros de uma comunidade religiosa, propagação e reafirmação da fé.

6.1 Conceituando diálogo inter-religioso

Em um cenário plural e em constante mudança, a sociedade do século XXI está em busca de valores, respostas e experiências transcendentais. A comunicação massiva proporciona aos sujeitos a possibilidade de transitar pelas mais diversas confissões de fé e, em um mundo conectado, é possível experienciar todas as manifestações religiosas disponíveis. O homem contemporâneo vive a individualização de suas vontades, ao mesmo tempo em que compartilha compulsivamente sensações, ideias e opiniões.

Fala-se em Deus customizado, fé líquida. Frequentemente ouvimos algo como: "O *meu* Deus". Por que essa apropriação? Não seria o Deus de todos? A crença tem limites? Como estão as religiões e suas manifestações no mundo digital?

Vamos buscar as respostas para essas e outras perguntas em nossa jornada pelo conhecimento neste capítulo.

Na atualidade, convivem as diversidades de credos e crenças. Em um único espaço público, é possível encontrar budistas, muçulmanos, católicos, evangélicos, ateus, umbandistas, agnósticos, entre muitos outros.

Nesse contexto, é preciso estabelecer o diálogo inter-religioso para que se possibilitem aprendizados, crescimento e harmonia.

O estudo da diversidade religiosa por uma perspectiva filosófica pode ser feito por meio de três abordagens, as quais também são explicadas pela teologia das religiões: (1) exclusivismo, (2) inclusivismo e (3) pluralismo.

A teologia das religiões é uma parte da teologia cristã que procura explicar, de acordo com sua teoria e interpretação bíblica, os fenômenos das religiões acerca da existência de um Deus, da salvação e do mundo em que vivemos.

A seguir, apresentamos resumidamente essas três escolas.

O **exclusivismo** defende, resumidamente, que a verdade e/ou a salvação só pode ser encontrada em uma única religião mundial ou, ao menos, não há nenhum problema lógico e/ou epistemológico em fazer tal afirmação. Essa foi, por exemplo, a posição adotada pela Igreja Católica até o Concílio Vaticano II, através da doutrina *extra ecclesiam nulla salus* (fora da igreja, não há salvação) [...] (Spica, 2018, p. 135, grifo nosso)

Para os exclusivistas, só a sua religião conduz a Deus e à salvação, e não se admite que haja outra forma de aproximar-se de Deus. Eles descartam todas as outras religiões argumentando que são ideias falsas.

O **inclusivismo**, por outro lado, defende, resumidamente, que mesmo que exista uma única religião verdadeira e, em consequência, uma doutrina que seja a verdadeira, os que não concordam com essa doutrina podem ser salvos. (Spica, 2018, p. 135, grifo nosso)

A teoria afirma que todas as religiões podem levar a Deus, desde que sigam os preceitos do evangelho de Jesus Cristo. Assim, o devoto que tenha uma experiência em Cristo estará conectado com Deus. Deus salva as pessoas por intermédio de Cristo.

A terceira abordagem é a do pluralismo:

O filósofo e teólogo inglês **John Hick** é um dos pioneiros na defesa de um **pluralismo** religioso de princípio. Sua hipótese pluralista traduz uma perspectiva bem distinta com respeito às posições tradicionais identificadas seja com o exclusivismo, seja com o inclusivismo. Trata-se de uma perspectiva que traduz uma reação contra a reivindicação cristã de ser a religião de superioridade última. Na alternativa pluralista, as outras religiões passam a ser vistas como "contextos autênticos de salvação/libertação", ou seja, espaços propícios de realização da transformação salvífica da vida humana, no sentido do questionamento do autocentramento problemático e de abertura a uma nova orientação centrada na realidade divina. As diversas tradições religiosas são reconhecidas por Hick como meios bem diferentes, mas igualmente válidos, de experimentar e responder à Realidade última que no cristianismo é reconhecida como Deus. (Teixeira, 2012)

Dessa forma, o pluralismo religioso entende que todas as religiões levam a Deus, independentemente do caminho. Em resumo: para o pluralismo, todas as religiões conduzem a Deus; no exclusivismo, apenas uma religião é capaz de fazê-lo; e para o inclusivismo, mesmo que exista uma única doutrina, as outras poderão conduzir a Deus se seguirem os preceitos de Jesus Cristo. Para tratar de diálogo inter-religioso, vamos nos ater à teoria pluralista, porque ela nos permitirá entender tais possibilidades.

Victoria Harrison, também pluralista, emprega outra interpretação, a do **pluralismo internalista**, que ela assim define:

> Uma adaptação, aos domínios religiosos, do realismo internalista – uma teoria primeiramente defendida por Hilary Putnam. Como o realismo interno putniano, o defensor do pluralismo internalista sustenta que seja qual for o objeto que pode ser dito existir, ele é dependente de um esquema conceitual e seja qual for o significado de um objeto existir, ele é igualmente dependente de um esquema conceitual. (Harrison, 2008, p. 98, citado por Spica, 2018, p. 142)

A explicação para essa tese é de que as declarações e realidades religiosas só podem ser entendidas com base em um esquema conceitual particular. Assim, não há um centro em volta do qual as religiões particulares giram. O pluralismo interno propõe que "cada afirmação religiosa tem sentido dentro da sua instância de fé" (Spica, 2018, p. 143).

A verdade e a não verdade das religiões são determinadas pelos esquemas conceituais que formam a realidade. Dessa maneira, não podem existir disputas entre as diferentes religiões, pois não há uma "legítima disputa entre diferentes sistemas de crenças sobre a objetividade de suas respectivas reivindicações, a menos que eles entrem genuinamente no sistema de crenças um do outro" (Harrison, 2006, p. 293, citado por Spica, 2018, p. 143)

Um diálogo inter-religioso não significa cada religião falando sobre sua doutrina. Pensemos nesse diálogo como uma reflexão sobre suas práticas e crenças, de modo que seja possível encontrar e trocar experiências, cada uma respeitando a doutrina da outra, mas percebendo que podem ter objetivos comuns e coexistir sem conflitos.

Se analisarmos essa questão à luz das teorias de Hick e Harrison, perceberemos que tanto uma quanto a outra têm posições que não promovem o diálogo verdadeiro. Pela teoria de Hick, haveria apenas uma exposição de doutrinas, sem nenhuma mudança nas convicções de cada religião, pois, após a discussão, todos terminariam da mesma forma como começaram: com as crenças do início.

> Na verdade, temos uma tese onde tudo é válido, porque nada é verdadeiro. Num cenário como esse, fica difícil entender qual seria a função de uma possível troca de conhecimentos e experiências. Ora, a tese de Hick, ao contrário do que aparenta, não parece ser uma perspectiva interessante para promover um diálogo inter-religioso autêntico e frutífero. (Spica, 2018, p. 147)

Se analisarmos a possibilidade de diálogo à luz da teoria de Harrison, as religiões têm, cada uma, seu esquema conceitual, sem uma perspectiva única, são diferentes e não é possível distinguir claramente religiões de algumas manifestações humanas. Assim, as religiões continuam como são e estão, vivendo suas crenças com seus sistemas de crenças e verdades objetivas internas (Spica, 2018).

Tendo em vista tais considerações, podemos perceber que, embora tenhamos a convicção da necessidade de um diálogo entre as religiões, é preciso buscar uma "atualização" das teorias pluralistas, elaborando outra teoria que desenvolva o respeito à diversidade e possibilite o diálogo, sem que haja a imposição de uma ou de outra.

6.2 Diálogo inter-religioso: ações que transformam

Faz-se necessário encontrar um ponto em comum que mantenha a independência entre os sistemas que cada religião estabeleceu. Talvez esse ponto seja o próprio ser humano e sua busca por um mundo melhor. *Diálogo* significa troca, entendimento, absorção de conhecimento. Ao discorrermos sobre diálogo inter-religioso, devemos, obrigatoriamente, pensar nisto: nenhuma religião pode descaracterizar-se para um diálogo, mas precisa estar disponível para ser receptiva às experiências positivas da outra religião. Acreditamos que, se houver o princípio do bem comum, haverá o diálogo.

> **EXEMPLIFICANDO**
>
> Encontros entre líderes e fiéis de diversas confissões de fé são realizados frequência cada vez maior. Existem ainda vários fóruns de discussão sobre o tema que sempre geram conhecimentos, aprendizados e ações em benefício de suas comunidades.
>
> A seguir vemos alguns eventos realizados recentemente:
>
> - XXIV Encontro Ecumênico Regional Sul 1;
> - Semana de oração pela Unidade dos Cristãos 2020;
> - 1º Diálogo Inter-religioso MS;
> - I Encontro da Fraternidade sem Fronteiras;
>
> Outro exemplo são os órgãos que promovem o diálogo inter--religioso:

- Conselho Nacional de Igrejas Cristãs (Conic);
- Curso Ecumênico de Formação e Atualização Litúrgico-Musical (Celmu);
- Conselho de Ensino Religioso do Estado de São Paulo (Coner/SP);
- Movimento de Fraternidade de Igrejas Cristãs (Mofic);
- Comissão para o Ecumenismo, Diálogo, Religião na Arquidiocese (Cedra);
- Comissão Nacional de Diálogo Religioso Católico-Judaico (DCJ);
- Comissão Nacional Anglicano-Católica Romana (Conac) (Casa da Reconciliação, 2021).

A Igreja, como instituição, reconhece que, para o verdadeiro e efetivo "anúncio da Palavra", o diálogo e a colaboração entre todas as pessoas de boa vontade são essenciais. Na prática, podemos dizer que o diálogo inter-religioso é a busca pelo conhecimento do outro. A existência humana é dialógica e, portanto, fechar-se a isso é fechar-se à própria natureza humana.

O diálogo inter-religioso pode também ser visto como a proposta de uma agenda comum entre as religiões, que é a busca efetiva pela paz. Ele permite o compartilhamento dos valores evangélicos entre todas as religiões. Assim, mesmo com dificuldades, a Igreja mantém seu propósito de continuidade de diálogo compartilhamento e aprendizado.

Todavia, conflitos entre grupos religiosos diferentes se apresentam nas mais diversas áreas sociais. Outro dado que merece atenção é o número de pessoas que se autodeclaram "sem religião".

Pensando sob a perspectiva de pluralismo religioso, podemos questionar: De que forma as diferentes realidades religiosas podem incidir em quadros sociais e políticos? É possível, em um mesmo espaço social, coexistirem práticas sociais e religiosas que não dialogam com aquelas dispostas e abertas ao diálogo e defensoras da pluralidade? Como as formas ecumênicas interagem com suas questões e limitações internas?

O QUE É?

Ao estudarmos religiões, são mencionados dois termos: *pluralismo* e *ecumenismo*. Eles são diferentes? São similares? Vejamos o que diz o dicionário a respeito de ecumenismo

Ecumenismo: "Substantivo masculino: Tendência à universalidade da união; em particular, à união de todas as igrejas cristãs numa única igreja universal" (Ecumenismo, 2021a).

> O ecumenismo procura estabelecer boas relações de amizade entre pessoas e igrejas diferentes. Realiza trabalhos em conjunto para ajudar os necessitados e lutar por justiça. Realiza celebrações e orações em conjunto para causa da unidade, e realiza estudos sobre as doutrinas das várias igrejas, em busca de métodos novos para tratar as divergências. (Ecumenismo, 2021b)

Analisando os conceitos, concluímos que existe diferença entre ecumenismo e pluralismo religioso. O pluralismo busca entender as diversidades religiosas e suas múltiplas interpretações, ao passo que o ecumenismo busca a união das religiões, pensando em uma unidade das igrejas cristãs. Podemos afirmar que há uma complementaridade entre os termos.

O diálogo inter-religioso é uma pauta relativamente recente. Um dos motivos para discuti-la é a realidade sociocultural que imprime maior visibilidade às religiões e suas diferenças, tanto no Brasil quanto no mundo.

Segundo Ribeiro (2018), são muitos os estudos feitos sobre o tema. O autor explica sua pesquisa sobre as possibilidades de inserção religiosa nos processos de globalização contra-hegemônica analisando as experiências inter-religiosas em nosso país e sua influência nas críticas à lógica do poder vigente no mundo. A análise busca entender como a busca pela paz, pela justiça e pela integridade da criação podem articular-se com a crítica e as formas de expressão de dominação.

Ribeiro (2018) destaca os movimentos inter-religiosos marcados por uma tradição teológica cristã latino-americana que estão presentes no contexto sociocultural e que criticam e se opõem às relações de exclusão e dominação socioeconômica que se instauraram pelo poder capitalista dominante. A pesquisa aponta:

> As práticas dos movimentos inter-religiosos analisados na pesquisa, em função de suas pautas no campo dos direitos e ações sociopolíticas articuladas com iniciativas de reforço da democracia, podem ser consideradas, juntamente com diferentes movimentos sociais, forças contra hegemônicas expressivas. (Ribeiro, 2018, p. 277)

Eis um aspecto importante do diálogo inter-religioso, com destaque para a América Latina, que mostra que os ideais de igualdade, justiça e paz estão presentes nas confissões de fé cristã e são elos entre as religiões, fortalecendo a diversidade. Isso possibilita que grupos se organizem com o objetivo de contrapor a lógica política social e econômica em vigor. Assistimos e participamos, então, de um debate em que religião e democracia são os protagonistas – isso muito em razão da laicidade que as leis conferem ao Estado.

Percebemos que, à medida que o diálogo inter-religioso se instaura, outros grupos de diferentes categorias sentem-se fortalecidos para implementar suas lutas, sejam elas de classe, gênero etnia, sejam de qualquer outra minoria.

Essa é uma das facetas do diálogo inter-religioso que devemos conceber como resultado positivo. O empoderamento, o esclarecimento e a consciência que os fiéis adquirem sobre o papel que exercem na sociedade.

Deve ficar claro que essa pesquisa se ateve a alguns grupos religiosos em especial, os quais não vamos enumerar aqui, pois o importante é o destaque ao resultado, que pode, com certeza, modificar toda uma sociedade. Trata-se do diálogo entre religiões do ponto de vista de grupos de fiéis adeptos de algumas crenças, os quais, unidos, organizam-se em movimentos que atuam na sociedade, modificando ou sugerindo mudanças sociais, culturais e até econômicas.

Outra questão importante a ser destacada é o diálogo que se estabelece entre líderes religiosos. Este serve para um maior conhecimento das doutrinas de cada religião, constituindo-se no exercício do encontrar-se no outro, de entender a maneira como o outro se relaciona com Deus. É por meio desses diálogos que surgem os grandes aprendizados.

Vivemos tempos em que líderes religiosos buscam a harmonia e percebem a vantagem do diálogo inter-religioso, conhecendo as diversas doutrinas, realizando trocas e incentivando o crescimento. Esses líderes podem, com suas diretrizes e aconselhamentos, conduzir suas comunidades no caminho da tolerância e do respeito.

Cada vez mais assistimos a eventos em que líderes religiosos encontram-se para discutir suas religiões, expor suas dores, dificuldades e conquistas e, em conjunto, delinear caminhos para suas participações e contribuições com relação à sociedade em geral. São desses encontros que surgem os princípios para uma fraternidade universal, para uma convivência harmoniosa de fé, mas, principalmente, para a concretização dos anseios de quem se preocupa com o outro. Declarações, cartas de intenção, documentos ecumênicos: todos constituem um compilado de decisões que podem direcionar as ações para a construção de um mundo mais justo.

Exercício resolvido

Há diversas formas de estudar as religiões, suas influências, características e formação. A teologia das religiões faz parte da teologia cristã e busca explicar bíblica e teologicamente os fenômenos religiosos sobre a existência de um Deus, a salvação e o mundo em que vivemos. Nesse estudo, a teologia das religiões tem três vertentes: (1) o pluralismo, (2) o exclusivismo e (3) o inclusivismo. Acerca disso, é **incorreto** afirmar:

A] Para o exclusivismo, as outras tradições são vistas com diversos níveis de erro e de confusão. No inclusivismo, todas as religiões pregam a mesma coisa e, assim, cada uma tem em si o cerne da doutrina, da moral e do culto verdadeiros.

B] Para o pluralismo, as religiões, se forem cristãs, conduzem a Deus, mesmo que sejam muito numerosas. O exclusivismo realça a confissão de todas as religiões e a afirmação da posição religiosa pessoal, exclui a possibilidade de qualquer outra religião que compartilhe a verdade e o acesso à transcendência de modo igual ou de comparável valor.

C] O pluralismo concebe as religiões com uma atitude mais objetiva: descrever e entender o sentido e a origem da pluralidade das formas religiosas, admitindo que todas as religiões podem revelar Deus e levar à salvação.

D] O pluralismo internalista afirma que todas as religiões podem conduzir à salvação porque cada uma é verdadeira em sua fé. Portanto, todas as religiões têm seus esquemas conceituais e são válidas dentro deles.

Gabarito: B

Feedback **do exercício:** O exclusivismo exclui todas as possibilidades de verdade das outras religiões. No inclusivismo, mesmo os que não concordam com a doutrina da religião verdadeira podem ser salvos. O pluralismo postula que não há problema nenhum em defender crenças ou credos de diferentes naturezas, pois todos levarão a Deus. O pluralismo internalista defende que, seja qual for a religião, ela é verdadeira dentro de seu esquema conceitual e, portanto, conforme sua concepção de fé, ela conduz à salvação.

Entender o diálogo inter-religioso como uma ferramenta importantíssima de construção social, cultural e até mesmo econômica é fundamental para adotar posturas de tolerância e defesa do direito ao pluralismo cultural e à diversidade religiosa. Só defendemos aquilo que entendemos, e é por isso que, ao falarmos de religião, cultura e identidade, sempre reforçamos a questão da tolerância. Tolerância é acolhimento, empatia, alteridade, devendo ser sinônimo de humanidade.

6.3 Fé no século XXI

Padrões, conceitos, convicções e relações vêm sendo modificados em um século de transformações voláteis. Em que lugar da humanidade está instalada a fé dos homens no século XXI? Onde habita o sagrado? Como é Deus nesse contexto? São muitos os questionamentos e, para tentar responder a tantas perguntas, precisamos de algumas reflexões.

Para pensarmos a fé, as religiões e suas interações neste século, recorreremos às formulações propostas por um renomado sociólogo que sugere uma visão muito interessante acerca desse assunto, Zigmunt Bauman. Em uma entrevista para Maria Lúcia Garcia Pallares-Burke, ele faz considerações a respeito de um conceito bastante relevante: o da modernidade sólida, que já conhecemos como pós-modernidade. Em Pallares-Burke (2004), Bauman afirma que é característica da modernidade sólida a percepção de que as maiores ameaças para a existência humana são palpáveis, óbvias e concretas: "Os perigos eram reais, palpáveis, e não havia muito mistério sobre o que fazer para neutralizá-los ou, ao menos, aliviá-los. Era óbvio, por exemplo, que alimento, e só alimento, era o remédio para a fome" (Pallares-Burke, 2004, p. 309). Um exemplo citado por Bauman: "na época da modernidade sólida, quem entrasse como aprendiz nas fábricas da Renault ou da Ford iria com toda a probabilidade ter ali uma longa carreira e se aposentar após 40 ou 45 anos" (Pallares-Burke, 2004, p. 322).

Esse *status* da sociedade conferia estabilidade e previsibilidade à condição humana. Da mesma forma, a fé e as religiões, embora sofrendo transformações, seguiam essas características.

Mas o que queremos discutir, à luz da teoria de Bauman, não é o que se passou nos séculos XIX e XX. O que pretendemos é entender como a fé e as religiões se mostrarão no século XXI. Esse período e os comportamentos atuais são por ele denominados *modernidade líquida*.

> Tudo está agora sendo permanentemente desmontado, mas sem perspectiva de alguma permanência. Tudo é temporário. É por isso que sugeri a metáfora da "liquidez" para caracterizar o estado da sociedade moderna: como os líquidos, ela caracteriza-se pela incapacidade de manter a forma. Nossas instituições, quadros de referência, estilos de vida, crenças e convicções mudam antes que tenham tempo de se solidificar em costumes, hábitos e verdades "auto-evidentes". Sem dúvida a vida moderna foi desde o início "desenraizadora", "derretia os sólidos e profanava os sagrados", como os jovens Marx e Engels notaram. Mas enquanto no passado isso era feito para ser novamente "re-enraizado", agora todas as coisas – empregos, relacionamentos, know-hows etc. – tendem a permanecer em fluxo, voláteis, desreguladas, flexíveis. A nossa é uma era, portanto, que se caracteriza não tanto por quebrar as rotinas e subverter as tradições, mas por evitar que padrões de conduta se congelem em rotinas e tradições. (Pallares-Burke, 2004, p. 322)

A proposta conceitual de Bauman contrapõe-se à ao conceito da sociedade vivida anteriormente – a Modernidade (modernidade sólida). Para ele, as relações, hoje, são efêmeras, o homem traça uma jornada individualista e consumista que enriquece vorazmente aqueles que muito têm.

> "Escolhi chamar de modernidade líquida a crescente convicção de que a mudança é a única coisa permanente e a incerteza, a única certeza." A frase, repetida pelo sociólogo em textos e palestras, é irmã de outra, mais popular, que ele usava com foco nas conexões pessoais em tempos que levam o indivíduo a associações menos duradouras: "Hoje os relacionamentos escorrem por entre os dedos". (Menezes, 2019)

É nesse contexto que buscaremos entender as tendências das religiões, da fé e suas implicações.

Para saber mais

Conhecer melhor as ideias de Zygmunt Bauman é fundamental para entender o mundo atual, com suas relações e interações.

> O sociólogo polonês Zygmunt Bauman faleceu em janeiro de 2017, aos 91 anos. Suas mais de 50 obras e diversos artigos se dedicam a temas como o consumismo, a globalização e as transformações nas relações humanas.
>
> [...] Para definir as condições da pós-modernidade e discutir as transformações do mundo moderno nos últimos tempos, o sociólogo sempre preferiu usar o termo "modernidade líquida", por considerar "pós-modernidade" um conceito ideológico. (Abdo, 2017)

Selecione alguns livros escritos por ele para iniciar suas reflexões sobre o tema. Para motivar-se, assista à entrevista concedida pelo filósofo ao *Observatório da Imprensa*, disponível em: <https://youtu.be/kM5p8DqgG80>. Acesso em: 22 set. 2021.

De que maneira a fé se manifesta no mundo digital? As redes sociais são uma nova forma de comunidade religiosa? Nos dias de hoje, a tecnologia cria um novo espaço para o que chamamos de *sagrado*. As redes sociais se transformaram em espaços de compartilhamento de fé e, nelas, é possível professar a fé, curtir e compartilhá-la. Por meio dessas redes, modificou-se a forma de vivenciar a fé.

Na era digital, nossos perfis nas redes sociais refletem o que parece ser nossa vida, pois são construídos por nós mesmos, da mesma forma que recriamos nosso Deus, que tem a medida e o perfil adequados exatamente à nossa crença. O Deus digital é criado de acordo com nossos desejos e necessidades, e não mais como o que aprendemos: "nós somos criados à imagem e semelhança de Deus".

Vários estudiosos têm se manifestado a respeito de uma "customização da fé", na qual o homem elabora seus conceitos de acordo com sua carência e seu desejo. Dessa forma, constrói-se a imagem de um deus bondoso, que satisfaz aos anseios de todos.

Leandro Karnal (2018) discutiu esse tema em uma das edições do programa Café Filosófico. A seguir, a transcrição de um trecho no qual ele discorre sobre a fé líquida.

> O grande fenômeno atual é a customização da fé. Se se disser que parte da filosofia abandonou a ideia de uma verdade fora do discurso, parte dos religiosos abandonou a existência de um deus fora da sua própria biografia, o que significa isso? Ao invés de um esvaziamento humano para um preenchimento da plenitude divina – vou dialogar aqui com o cristianismo por ser dominante no Brasil –, há um esforço da minha subjetividade [para] me preencher, dos meus desejos, da minha consciência. Como funciona essa *anti knosis*? Se eu quero prosperidade, Deus também quer. Se eu quero que meus inimigos pereçam, Deus abençoa. Deus sempre quer

o que eu quero. Deus nunca me contraria, nunca pensa diferente de mim. (Karnal, 2018)

Karnal (2018) reflete sobre esse fenômeno que se apresenta em um mundo retratado virtualmente e individualizado, em que tudo é perfeito, e destaca a crença em um deus que não contraria e que considera todas as atitudes humanas perfeitas, um deus que nunca vai divergir do "meu eu". Assim, o historiador questiona se esse deus customizado é realmente Deus ou, simplesmente, a manifestação do Narciso de cada pessoa.

Essa é a fé customizada, ou a fé líquida, que muda a cada momento e se apresenta de acordo com as conveniências dos indivíduos. Uma fé que escorre por entre os dedos, personalizada por e para e cada indivíduo, perdendo o sentido da universalidade. É claro que não se trata da fé nomeada pelas escrituras. A controvérsia reside em querer que Jesus Cristo seja como os humanos, em vez de os homens buscarem a santidade de Jesus.

PARA SABER MAIS

Karnal ainda comenta suas reflexões sobre a fé líquida e customizada:

> Entre os místicos como Mestre Eckhardt e a análise da religião-mercadoria de Marx, o que pode ser dito no mundo de 2018? Seria hoje a exposição e a fama das redes uma nova forma de transcender? O selfie seria um ícone sagrado de uma crença narcísica? A nova busca de espiritualidade é a forma de consumo contemporâneo de sentido que torne o homem adequado ao mundo que vive e inserido em retóricas de felicidade pessoal e profissional? O oposto da mística religiosa seria o materialismo ou a autoajuda? A fé de 2018 seria o like? Afinal, isso é tudo?

Assista o vídeo na íntegra disponível em: <https://youtu.be/YnQ1LAFJ3-4>. Acesso em: 22 set. 2021.

Outra interpretação sobre a fé no século XXI é a tendência, na atualidade, a pregar a busca por Deus sem pertencer a nenhuma Igreja. São pessoas que creem em alguma divindade, mas não se envolvem com nenhuma religião organizada. Talvez esteja incluída na tese anterior, a da fé customizada, pois, ao não se identificar com doutrina alguma, não é preciso seguir a um deus diferente daquele idealizado.

No entanto, muitos se consideram participantes do fenômeno de crer sem pertencer e que tem características bem particulares. Movimentos de religiosos sem religião já existem organizadamente, ou seja, essas pessoas não se tornaram ateias. A leitura dos textos sagrados e a crença na vida após a morte continuam sendo práticas frequentes. Isso corrobora com a afirmação de que há uma fé desvinculada da prática religiosa.

> Todavia, há outra questão que merece ser mencionada: o campo da religião na web pode ser interpretado como o efeito não só das inéditas possibilidades oferecidas pelo desenvolvimento tecnológico aplicado à comunicação, também religiosa, mas como uma mudança mais profunda que caracteriza uma nova modalidade de se colocar na posição de indivíduo em relação ao sagrado. A religião em rede, em outros termos, ao mesmo tempo registra e incentiva uma mudança que os sociólogos da religião rotularam como passagem "da religião à espiritualidade". Um deslocamento de atenção que se coloca no sulco ao longo da "revolução silenciosa" descrita por Inglehart como passagem dos valores materialistas aos valores pós-materialistas: da segurança física e econômica, à ênfase sobre a autorrealização pessoal e sobre necessidades intelectuais e estéticas. Uma passagem que evidencia tanto o crescente papel do indivíduo dentro das diversas dinâmicas sociais, como também o declínio da legitimidade reconhecida à autoridade hierárquica e às instituições em geral, inclusive as religiosas. (Pace et al., 2012, p. 418)

Essa reflexão é muito pertinente e podemos dizer que está, em parte, relacionada com a fé customizada. No entanto, com um olhar mais atento, observamos que se fala em uma busca individual, isto é, tornar-se sujeito de si mesmo, sem a busca por um ponto para fixar-se, um deus ou uma doutrina. Trata-se de uma busca interna para descobrir-se a si mesmo. Essa busca pelo bem-estar individual leva o sujeito a interpretar o sentido da existência sem que haja necessidade de compromissos ou obrigação moral.

É claro que a escolha por tal comportamento ou forma de vida pode excluir o preceito religioso tradicional, já que é possível que a fé esteja calcada apenas nos princípios, e não em quem os dita.

Essa nova percepção que o indivíduo tem de si mesmo foi bastante discutida por sociólogos e filósofos entre o fim dos anos 1990 e o início deste século. Havia uma preocupação relacionada às implicações que isso teria sobre o aspecto individual, bem como sobre o coletivo. Pace et al. (2012) analisam o aprofundamento na "cultura de si", que consiste na negação do homem contemporâneo em dedicar sua existência a cumprir papéis que lhe são impostos por agentes externos, tendo como objetivo estar em sintonia com o "si profundo", que sugere como proceder, que tarefas executar, que compromissos assumir.

Parece muito complicado? Talvez. É uma discussão bastante complexa que requer um aprofundamento, mas que pode ser simplificada apenas afirmando que esse posicionamento reflete um homem que busca o bem-estar pessoal, sem ter de seguir padrões definidos por outros, sendo autêntico e buscando uma verdade mais subjetiva. "Esta virada da exterioridade à interioridade leva consigo uma atenção específica para as emoções, os sentimentos, os sonhos, a lembranças, o corpo, a compaixão, as experiências individuais da vida" (Pace et al., 2012, p. 434).

São muitas informações, metamorfoses sociais, econômicas, tecnológicas e estruturais em um contexto que se transforma a uma velocidade cada vez maior.

As religiões buscam alinhar-se a essas realidades com vistas a permanecer presentes em suas comunidades, adaptam-se e se reinventam usando todos os recursos possíveis, como programas de TV, canais na internet, religiosos que se transformam em influenciadores digitais e tantos outros mecanismos para manter seus fiéis.

6.4 Mídia e religiões

Estudos diversos afirmam que a presença religiosa na mídia brasileira cresce exponencialmente desde 1980, principalmente no rádio e na TV. Em 2011, os programas religiosos ocupavam cerca de 140 horas na programação das principais redes de TV do país. Em 2017, o Media Owneship Monitor (MOM) publicou uma pesquisa que revelou que, dos 50 veículos apurados, 9 pertenciam a lideranças religiosas – todas de confissão cristã, dominante no Brasil.

> Dos nove veículos de propriedade de lideranças religiosas listados na pesquisa, cinco direcionam todo o seu conteúdo para a defesa dos valores de sua religiosidade específica: **as redes de rádio Aleluia, Novo Tempo e RCR e as emissoras de TV da Rede Gospel e da Rede Vida**. Isso não significa que a grade de horários seja formada exclusivamente por programas definidos formalmente como religiosos, como transmissão de missas, cultos e outras cerimônias, mas que há uma variedade de programas, como jornalismo, entretenimento e entrevistas, produzidos a partir de uma visão de mundo e de valores que esses grupos definem como cristãos. (Repórteres sem Fronteiras, 2017, grifo do original)

As religiões, na era global, conquistaram um papel de destaque. As mídias se tornaram fonte de informação sobre as doutrinas religiosas, sobre as tendências e as ideias religiosas. A religião faz parte do entretenimento, está presente no noticiário e na cultura.

Torna-se, assim, importante a reflexão sobre como os meios de comunicação influenciam conteúdos e práticas religiosas. Para Silva (2016), o uso da internet para publicação de conteúdos e práticas religiosas mudou o comportamento dos fiéis em sua relação com a religião.

> Ao observar a interação entre a religião e o ciberespaço deve-se ter em mente que esta relação é gerada pelos imperativos de uma revolução tecnológica que alterou de forma radical o modo como nos comunicamos e interagimos na contemporaneidade. Esta revolução tem afetado todos os âmbitos da sociedade, inclusive o âmbito religioso. Os fiéis agora também são internautas e tem acesso aos conteúdos religiosos mais diversos de uma forma bastante simples. Basta fazer uma busca na internet que diversos conteúdos surgem como opções de resposta àquilo que as pessoas buscam em termos de informação, entretenimento, estudo, trabalho e também espiritualidade e religião. Essas novas formas de interação e de contato com o conhecimento tem trazido benefícios e desafios às instituições religiosas que cada vez mais correm contra o tempo para se adaptar aos novos contextos onde estão inseridas. (Silva, 2016, p. 49)

A vida cotidiana em todas as suas esferas tornou-se virtual. É claro que o fenômeno da virtualização está muito presente nas religiões, pois as ferramentas tecnológicas interativas e comunicativas se intensificam e se tornam instrumentos efetivos para expressar o sagrado e o sentido das experiências religiosas.

Para a comunidade evangélica, todas essas ferramentas tecnológicas são de extrema importância para a manutenção e a ampliação dos círculos de fé. Muitos comparam essa realidade com o surgimento da imprensa, na Idade Média, que contribuiu muito para a divulgação e a expansão do luteranismo na época. Por esse motivo, os neopentecostais dedicam uma atenção especial às mídias e ao seu conhecimento, além de buscarem aprimorar o aproveitamento desses veículos.

Lutero teve a imprensa como grande responsável pela popularização de sua teoria reformista. Hoje, os influenciadores digitais assumem um papel importante no cenário evangélico. Com eles, um sem número de artistas, cantoras(es) e grupos musicais firmam suas mensagens no cenário musical, com participações não apenas em programas religiosos específicos, mas na mídia em geral. Silva (2016) observa que os *blogs* evangélicos, ou *cristãos* (como preferem ser chamados), apresentam uma ampla gama de conteúdos que vão desde os que abordam o tema específico *religião* até os que deixam a religião como pano de fundo para tratar de assuntos relevantes na atualidade. É importante destacar que, nessa categoria, ocorrem discussões fundamentais acerca de questões de gênero, saúde, política, entre outros.

Podemos ampliar o estudo de Silva (2016) para as outras confissões religiosas e perceber que essa diretriz está presente na atualidade, e isso é uma constante. Talvez pela necessidade de atualização, para não perder fiéis ou captar outros, ou simplesmente porque quem faz as religiões são pessoas que estão inseridas na sociedade e, como tal, participam do mundo midiático.

De fato, a ciência e a tecnologia evoluíram de tal forma que ninguém poderia imaginar, no início do século XX, que, em menos de 100 anos, a evolução tecnológica possibilitaria que a informação chegasse a qualquer lugar em tempo real. Quando a mudança começou, acreditava-se que religião seria afetada, não havendo futuro para as crenças, mas tais previsões não se concretizaram e, mesmo com muitas adversidades econômicas e políticas e com certo desencantamento das pessoas pela humanidade, ainda é possível afirmar que

> a religiosidade dos últimos tempos é manifesta intensamente na vida privada das pessoas, em formas afetivas e emocionais, sem referência à doutrina ou à instituição eclesiástica. O fenômeno religioso em curso sobrepujou a categoria de "religião perdida" para o "religioso por todas as partes".
>
> Com efeito, parece-nos à primeira vista, que a religião teria voltado, com ânimo total, à conjuntura política no seio das sociedades ocidentais, evidenciando o investimento religioso na mobilização política e cultural por meio de novos movimentos sociais e dos diversos movimentos religiosos. Para alguns pesquisadores da religião, tal fato vem, notadamente, contrariar a ideia de uma modernidade "racionalmente desencantada". (Jurkevics, 2004, citado por Patriota, 2009).

A prova da revitalização das religiões é sua intensa participação na mídia brasileira, que começou na década de 1990, na impressa e rádio televisiva, quando os grupos neopentecostais começaram a crescer surpreendentemente. Junto ao crescimento do número de adeptos, houve o aumento da divulgação midiático-religiosa. Vimos, então, o surgimento de uma vida religiosa cada vez mais apresentada como espetáculo midiático.

Patriota (2009) aponta, em sua pesquisa, que o modelo que antes era apenas comercial, aplicado aos sistemas econômicos – isto é, o da disputa pelo consumidor –, passa também a fazer parte da religiosidade moderna, e as igrejas contemporâneas começam a oferecer produtos e serviços religiosos buscando inovação, atualização e renovação, com o intuito de não perder o "cliente".

A comunicação religiosa adquiriu novas características em virtude da comunicação massiva. As igrejas se desdobram em busca de novos apelos midiáticos para satisfazer as exigências de suas comunidades. Instaurou-se uma nova forma de anunciar a fé cristã, e não apenas de veicular uma propaganda ideológica e doutrinária. A religião tornou-se um espetáculo.

> Sendo assim, os líderes religiosos, por conta da formatação espetacularizada das transmissões de cultos e missas, estruturam suas falas de modo a interagir, exatamente como qualquer apresentador de TV em meio às luzes, brincando com os fiéis, contando histórias e até piadas, em um claro esforço para não perder a atenção dos espectadores do "show". (Patriota, 2009)

O discurso religioso na mídia está representado pelos setores das Igrejas católicas e protestantes, que concentraram seus esforços no exercício de seu poder, por meio da aquisição de redes de comunicação cujas finalidades são diversas, como a difusão do evangelho ou a própria comercialização da fé.

O grande movimento midiático iniciou-se pelas igrejas neopentecostais, mas hoje o uso da mídia já faz parte de todas as religiões. As que têm menor poder aquisitivo e não conseguem, por exemplo, estar em uma emissora de TV, têm à sua disposição a internet, além das concessões de rádios comunitárias que existem em profusão pelo país. Mesmo assim, são as neopentecostais que produzem os grandes shows da fé, tanto na TV quanto no rádio e na mídia impressa, e é assim que elas conquistam mais e mais fiéis, anunciando curas fantásticas e ensinado fórmulas "divinas" de prosperidade e riqueza.

Todo esse mercado confessional acabou por provocar uma fragilidade com relação à fidelidade às denominações religiosas. Então, os líderes religiosos travam uma verdadeira guerra de discursos entre si a fim de atrair e manter adeptos. Patriota (2009) explica que, para isso, os produtos religiosos precisam ser apresentados em embalagens cuidadosamente elaboradas. Desse modo, o campo das mídias religiosas se profissionalizou.

O que constatamos é que esse "mercado" vem crescendo visivelmente em todo o país. Ao redor do mundo, incontáveis igrejas são inauguradas por semana, o que nos faz compreender que é o discurso acessível e aceito pelas massas e funciona como atrativo para essas novas denominações que se valem dos recursos da comunicação midiática.

Quanto aos programas religiosos, percebemos a existência de uma aliança entre a religiosidade contemporânea e a mídia. Esse pacto tem como resultado:

> O aparecimento de dois fenômenos híbridos: o primeiro é a contaminação da mídia pelo universo religioso, com os abundantes conteúdos religiosos veiculados nela. Já o segundo, é o consumo e a experiência de absorver uma religiosidade midiática que se constrói a partir de um discurso que ressalta o tempo todo a sua função como tal, mas que se orienta esteticamente pela cultura de massa, provendo conteúdo capaz de disputar em "pé de igualdade" com a audiência de qualquer programa secular. (Patriota, 2009)

A pesquisa de Patriota (2009) concentrou-se mais nos neopentecostais, mas sabemos o quanto as outras religiões se engajam nesse tema, já que é uma realidade irreversível e que só tende a evoluir e a crescer. Nessa evolução, podemos citar, por exemplo, as religiões que desenvolvem aplicativos para celular nos quais é possível fazer uma confissão, mensurar um pecado ou pagar uma penitência. É o sinal dos tempos!

6.5 Religião do século XXI: os influenciadores digitais religiosos

No decorrer de nossos estudos, analisamos a evolução das religiões e sua trajetória no decorrer dos tempos, sempre em busca de conquistar ou apenas entregar aos homens a possibilidade de uma vida plena em contato com o sagrado. Vimos, ainda, que as instituições religiosas dedicam seu aprendizado às inovações ou às renovações de sua fé, entendendo que é preciso estar alinhado às tendências socioeconômicas e políticas do momento, seja para apoiá-las, seja para questioná-las, a fim de alcançar o bem-estar da humanidade.

O mundo mudou. Vivemos o que Klaus Schwab, um dos fundadores e presidente executivo do Fórum Econômico Mundial, definiu como a Quarta Revolução Industrial: o mundo interconectado ao homem e à máquina. Nesse sentido, as religiões e a Igreja precisam estar alinhadas à nova realidade. Assim como existe um modelo de fé caracterizado pelas mudanças do século XXI, há também os novos paradigmas de evangelistas e pregadores da era da internet.

No início dos anos 2000, o fenômeno midiático preponderante era a TV, que se mantém nos dias de hoje. Já nesta segunda década do século, o fenômeno de maior relevância é o da internet e suas várias formas de manifestação.

EXERCÍCIO RESOLVIDO

Zygmunt Bauman foi um sociólogo e filósofo polonês que desenvolveu o conceito de **modernidade líquida**. Ele propôs essa definição para diferenciá-la de termos que causam muita confusão, como *pós-moderno*, *pós-modernidade* e *pós-modernismo*, os quais, apesar de semelhantes em sua grafia, são diferentes conceitualmente. Bauman dizia ter dedicado seus estudos à sociedade da pós-modernidade, que ele também chamou de *modernidade sem ilusões*. Resumidamente, a "modernidade líquida" refere-se:

A] à tendência de que os homens têm de se deixar dominar pela imaginação das mídias eletrônicas; à exaltação do consumo como expressão pessoal; ao universo colonizado pelos mercados.

B] ao fato de que, nesse período, os problemas, as ameaças para a humanidade eram bastante óbvios, concretos e palpáveis, sem mistério, e as soluções eram muito claras; havia a doença e o remédio, a fome e a necessidade de comer.

c] à incapacidade de manter a forma. Nossas instituições, quadros de referência, estilos de vida, crenças e convicções mudam antes de que tenham tempo de se solidificar em costumes, hábitos e verdades autoevidentes.

d] ao uso da razão, quando homem se liberta dos dogmas e se emancipa das leis divinas; à ruptura com os valores arcaicos, fazendo com que a razão se torne uma forma autônoma de construção de conhecimento, desligando-se de preceitos teológicos.

Gabarito: C

Feedback **do exercício:** O conceito de pós-modernidade caracteriza-se pela forma como o homem se deixa dominar pela imaginação e pela mídia. As ameaças para a humanidade eram bastante óbvias, concretas e palpáveis, e isso faz parte do conceito de modernidade sólida de Bauman. Na modernidade líquida, não há como manter forma, costumes, crenças e convicções que se diluem rapidamente; a modernidade tem como características o uso da razão, a construção do conhecimento e a emancipação do homem.

As mídias digitais modificaram a experiência religiosa, proporcionando a independência do espaço físico (templo) ou dos programas de TV. Com elas, não há a limitação da temporalidade do culto, e as comunidades se configuram conforme os perfis e os interesses dos "fiéis-seguidores" (internautas).

> O tempo na era da internet é muito mais dinâmico e veloz que em qualquer outro período do processo de midiatização da sociedade. [...] Além de mudar os vínculos dos indivíduos com as instituições, o acesso à internet redimensionou o modo como se realizam a compreensão do conhecimento e da cultura pela gramática do hipertexto. O hipertexto combina textos, imagens, sons, organizados de forma não linear. Sua leitura requer a capacidade de

associar ideias, conceitos e códigos distintos, logo, novos tipos de leitores surgem com percepção não linear, com capacidades desenvolvidas pelo hipertexto. (Souza; Pereira, 2019, p. 3)

Essas novas formas de religiosidade contemporânea crescem, principalmente, em virtude das novas formas de acesso ao conhecimento e das novas possibilidades de relacionamento estabelecidas pela inovação tecnológica da mídia. Nesse contexto, discursos, símbolos e posicionamentos religiosos assumem incontáveis configurações. "Nas mídias digitais, os religiosos, sobretudo, desejam aprender mais sobre sua fé e compartilhá-la, discutir sobre isso e manter contato com outros que comungam da mesma crença" (Souza; Pereira, 2019, p. 1).

Religiosos representantes das mais diversas denominações conquistam milhões de seguidores no Twitter, Instagram e Facebook. Esse grande número de seguidores jamais caberia no espaço físico de um culto. Em maio de 2020, o *Jornal Estado de Minas* publicou uma matéria sobre o assunto, na qual se afirmava que: "Brasileiro está no topo da lista entre os maiores influenciadores cristãos do mundo. Mensagens do Pastor Antonio Junior alcançam diariamente audiência média de 1 milhão de pessoas" (PGMF Press Global, 2020). A reportagem continua relatando que o canal no YouTube do pastor tornou-se o maior canal de mensagens cristãs do mundo, alcançando 4,5 milhões de inscritos.

O jornal aponta, ainda, os maiores canais evangélicos do YouTube no Brasil e no mundo, não considerando os artistas como cantores e atores religiosos. Confira o *ranking*:

Brasil

1] Pastor Antonio Junior: 4,5 milhões de inscritos;
2] Deive Leonardo: 3,6 milhões de inscritos;
3] Pastor Paulo Junior (*Defesa do Evangelho*): 1,46 milhões de inscritos;

4) Jesus Copy: 1,2 milhões de inscritos;
5) Pastor Silas Malafaia: 1,1 milhão de inscritos;
6) Pastor Claudio Duarte (*A Graça que mudou a minha vida*): 885 mil inscritos.

Mundo

1) Pastor Antonio Junior: 4,5 milhões de inscritos;
2) Joel Osteen: 1,4 milhões de inscritos;
3) John Piper (*Desiring God*): 507 mil inscritos;
4) Benny Hinn: 208 mil inscritos;
5) Joyce Meyer: 133 mil inscritos. (PGMF Press Global, 2020).

Essa lista refere-se aos *youtubers* religiosos, mas é claro que esses *influencers* não se restringem ao YouTube: eles se fazem valer de outras as mídias em voga.

Além deles, Edir Macedo, Valdomiro Santiago, Marco Feliciano, o Papa Francisco, Padre Fábio de Melo e outros tantos não divulgam suas filiações, mas integram um grande número de comunidades no ciberespaço. Observamos que não se trata de um comportamento apenas dos evangélicos: a Igreja Católica, por meio do movimento criado pelo Papa Francisco, tem propagado sua fé e suas doutrinas em multiplataformas digitais.

Perguntas & respostas

Na revolução tecnológica da comunicação das religiões, podemos também incluir a música *godspel*?

- Sim, o mercado da música *godspel* cresceu muito, e grande parte desse crescimento está creditado às possibilidades infinitas de compartilhamento. Usamos o termo *mercado* porque é um negócio que movimenta milhões e, por isso, cresce visivelmente o número de cantores, cantoras e bandas. Confira os dados:

- A associação de Empresas e Profissionais Evangélicos estima que o gospel conta hoje com aproximadamente 5.000 cantores e bandas. Esse número aumenta em paralelo ao crescimento de evangélicos no Brasil, que segundo o IBGE foi ampliado em 61% nos últimos 10 anos; [...]
- De acordo com a pesquisa do YouTube Insights de 2017, o gospel é o sexto gênero musical mais visto entre os que consomem música na plataforma, atingindo 26% dos usuários do Brasil; [...]
- Igrejas tem um papel fundamental nas oportunidades de shows desse mercado, seja realizando eventos internos ou estando à frente de realizações externas. O posicionamento digital tem sido importante nesse ponto; [...]
- O *streaming* de áudio *godspel* está aumentando consideravelmente. (Soares, 2019)

Mesmo com toda essa presença e atividade na sociedade, ainda se levanta questionamento acerca da validade e da relevância do estudo científico dessas manifestações e relações entre mídia, religião e sociedade.

> Se a religião pouco importa na vida cotidiana, o que fazem milhares de fiéis nos templos das mais diversas seitas religiosas? Como se formam 'bancadas evangélicas' nas câmaras legislativas, interferindo ativamente no cenário político, costurando alianças e indicando candidatos? (Martino, 2003, p. 47, citado por Souza; Pereira, 2019, p. 2)

Já constatamos a grande influência que a religião tem nos mais diversos aspectos e campos da sociedade, como na política, no comportamento social, na ética e na moral, fortalecendo as crenças e o sagrado.

Souza e Pereira (2019) fizeram uma pesquisa sobre os influenciadores digitais, buscando entender como eles influenciam realmente e como isso pode refletir-se na sociedade. Os resultados são bastante relevantes e mostram os pontos principais do assunto. As postagens dos *influencers* seguem a lógica de suas religiões:

- Representantes da Igreja Católica publicam mensagens de autoajuda a respeito de assuntos da atualidade e sobre atuações comunitárias e raramente doutrinárias.
- As religiões protestantes revelam, por meio de seus representantes, sua intencionalidade mercadológica. São postagens sobre relações com o mercado de produtos *godspel* que intensificam a cultura *godspel pop*, com cantores ídolos e pastores *superstars*.
- Os discursos de perseguição ao grupo LGBTQI+ como bandeira política e postagens relacionadas a diversas bandeiras políticas, principalmente contra o que classificam como esquerda, fazem parte da agenda de muitas igrejas evangélicas, que promovem grande mobilização política em suas redes sociais.

Na pesquisa de Souza e Pereira (2019), vemos toda a metodologia utilizada pelos digital *influencers* estudados, as estatísticas levantadas e muito mais, concluindo que:

> Pela observação já realizada podemos reconhecer que a religiosidade brasileira caminha com a crise das instituições, com o fortalecimento das personalidades, principalmente nas dimensões terapêuticas, mercadológicas e política, ou seja, dimensões já presentes nas ações religiosas, mas que ganham novos sentidos na sociedade em vias de midiatização. (Souza; Pereira, 2019, p. 15)

O aumento de *youtubers* reflete a multiplicidade de comportamentos que concede voz a uma juventude que carece de legitimidade e precisa falar de sua fé e proclamá-la às comunidades cristãs.

A internet possibilitou que muitas pessoas que estavam fora da institucionalidade religiosa pudessem se manifestar, conhecer líderes e compartilhar experiências de fé e religiosidade. Entretanto, como em todos os segmentos, existem os usos questionáveis e, dentro dessa modernidade líquida, em que tudo é efêmero, mutável e muitas vezes superficial, é preciso estar atento às manifestações midiáticas. Devemos exercitar a crítica, buscar, comparar, procurar a verdade, não apenas tomá-la por verdadeira porque alguém com milhares de seguidores proclamou-a.

O universo dos influenciadores digitais adquiriu o *glamour* que era conferido apenas às estrelas do mundo artístico. Hoje, uma celebridade surge de um dia para o outro e, da mesma forma, deixa de existir. São as celebridades instantâneas.

O processo que constitui um influenciador digital é bem mais complexo e ocorre de forma gradativa. É preciso produzir conteúdo que seja relevante dentro do tema proposto, desenvolver técnicas para a produção, estabelecer e manter relações com seus seguidores, criar um vínculo com determinado tipo de comunidade e provocar debates a respeito de temas que atraem esse público, lançar ideias, produtos, serviços, ditar comportamentos e atitudes. Portanto, é um trabalho árduo e contínuo, que exige esforço constante para ganhar e não perder seguidores.

6.6 Tecnologia nas religiões

Depois de tantas reflexões e da constatação da irreversibilidade da relação midiática com as religiões, analisaremos brevemente o uso das tecnologias como ferramentas para o exercício desses novos comportamentos diante de uma nova postura de fé.

O grande impulso das tecnologias digitais, conferido às relações e às interações religiosas, gerou um novo tipo de comportamento nas pessoas. Equipamentos tecnológicos fazem parte do cotidiano e das práticas religiosas, e sabemos que *smartphones*, *tablets* e computadores fazem parte da vida da maioria das famílias, bem como suas conexões à internet – embora se tenha constatado, com a pandemia de covid-19, que, no Brasil, por exemplo, muitas famílias não têm acesso a esses dispositivos nem à internet. Mas também é correto dizer que, sem os instrumentos tecnológicos e a internet, o prejuízo causado pela pandemia teria sido infinitamente maior.

Segundo dados do *Relatório Economia Móvel 2019*, da Associação Global do Ecossistema Móvel (GSMA), 5,1 bilhões de pessoas no planeta têm algum tipo de aparelho celular e, dessas, 204 milhões estão no Brasil (Da Redação, 2019).

As instituições religiosas estão plenamente cientes dessa realidade, atualizando-se e profissionalizando-se para explorar esses recursos da forma mais efetiva possível. A Igreja Católica, por exemplo, já havia recebido essa orientação do Papa João Paulo II. Ele soube muito bem fazer uso desses recursos, reunindo o digital e o espiritual, encontrando espaços para que as expressões de fé não ficassem apenas no campo dos rituais, como nas igrejas, mas também atuando como coadjuvantes no cotidiano dos fiéis e como um alívio nas horas em que não é possível o conforto presencial.

> A espiritualidade virtual atua como uma igreja doméstica: o nicho onde eram colocados os santos foi substituído pela tela do computador que, juntamente com o santo, traz a sua oração; os pedidos não precisam ser levados até o altar da estátua no templo. Basta clicar e lá se pode mandar, via e-mail, todas as preces que se queira. Multiplicam-se *chats*, conversas *on-line* com o padre ou o pastor, espaços para deixar testemunhos e graças alcançadas. E aqui chegamos a um paradoxo: ao descobrir que a tecnologia não é portadora de sentido, já que se supera tanto que não oferece porto seguro, é ali que o homem, cansado de um mundo que circula em alta velocidade, encontra um *lugar de salvação*. Ali o sujeito pode

clicar e *aceitar Jesus* sem sair de casa e nem frequentar igreja; em outras palavras, ali pode transcender, e para facilitar o encontro com o infinito, o crente escuta músicas e vê imagens que servem como ponte de inspiração. (Veiga, 2007, p. 2, grifo do original)

Essa citação data de 2007. De lá para cá, muita coisa evoluiu, o celular tornou-se um aparelho indispensável para as pessoas, e sabemos que as religiões estão atentas a esse fenômeno, fazendo dele um aliado na busca pela manutenção da fé.

Encontramos na literatura algumas referências específicas para o uso dos equipamentos tecnológicos como auxiliares nas práticas religiosas. Uma pesquisa publicada na *Revista Comunicação, Mídia e Consumo*, intitulada "A religião dos celulares: consumo de tecnologia como expressão de fé entre evangélicos e umbandistas", levantou dados e apresentou considerações muito relevantes.

Silva (2015) pesquisou sobre o uso de celulares em comunidades evangélicas e afro-brasileiras em um grupo em situação de vulnerabilidade social e pobreza. Ela afirma que a inserção da tecnologia faz parte da vivência da religiosidade dessa comunidade. Segundo a pesquisa, uma das justificativas pode ser: "tal como a religião, os telefones celulares aliviam, em certa medida, o sentimento de impotência e abandono comum na experiência da pobreza" (Mariz, 1994, citado por Silva, 2015, p. 112).

A autora frequentou durante 11 meses a comunidade, convivendo com os moradores, participando do dia a dia e também das celebrações nos espaços de culto, tanto na igreja quanto no terreiro (Silva, 2015). Por meio dessa convivência, foi possível entender algumas maneiras de integração dos telefones celulares à vivência religiosa e aos discursos evangélicos.

A pesquisadora constatou que, para aquelas pessoas, há algo inquestionável: o poder absoluto de Deus, que atua beneficiando os fiéis de diversas formas. Uma das pessoas entrevistadas menciona que Deus agiu para que sua patroa comprasse para ela um celular. Segundo essa pessoa, para Deus, nada é impossível. Silva (2015) transcreve o depoimento de outra devota, que, por estar doente, lamenta por não pode ir ao culto e não dispor do momento de oração e, ao mesmo tempo, sente muita dor. Ela orou muito para que Deus atuasse em sua vida proporcionando-lhe o conforto de que precisava, então, segundo o depoimento de Edineia, o milagre aconteceu.

> Nisso o meu celular toca, eu atendo e ninguém fala! E eu sem entender nada, com aquela dor... Mas aí eu presto atenção e escuto os louvores, e depois a voz do irmão Saulo pregando. Deus agiu através do celular para que eu estivesse no culto aqui com vocês. Deus agiu fazendo o celular do meu marido ligar para mim, e ele sem saber de nada. Porque ele chegou em casa e eu perguntei, "Tu ligou para mim, sabia"? E ele disse que não, o celular ficou o tempo todo no bolso. Mas eu disse para ele: "Deus agiu para aliviar a minha tribulação". Ele fez o celular apertar o botão da discagem rápida, tem o meu número armazenado. Isso é porque o Senhor sabe como trabalhar. Só para vocês verem o poder que Ele tem na nossa vida. (Silva, 2015, p. 116)

No mesmo culto, outra devota afirma, após um estudo bíblico no templo, que o celular é uma invenção de Deus. Assim, se o Senhor sabe como demonstrar sua presença por meio do telefone celular, certamente seus fiéis encontrarão maneiras de incorporá-lo às práticas religiosas. Para os pentecostais, "o poder de Cristo é panaceia para todos os males terrenos" (Mariano, 1999, citado por Silva, 2015, p. 116).

É com o celular que os fiéis mantêm suas participações e suas práticas, como nas correntes de oração, que são realizadas duas vezes por dia pela senhora X, e da qual participam a família e outros agregados. O marido, quando está trabalhando, acompanha e participa pelo celular. Da mesma forma, outros irmãos também o fazem. Eles telefonam para os celulares dos fisicamente ausentes e começam suas orações. À distância, os fiéis acompanham o culto e, no momento dos louvores, manifestam-se levantando a voz em oração pelo telefone. A senhora X explica que os participantes fazem uso da mesma operadora de celular, o que permite as ligações gratuitas ou o recebimento de crédito para ligações. Essas vantagens servem para minimizar os gastos que geram dificuldades econômicas em virtude de a família prestar ajuda espiritual aos moradores da comunidade, sejam eles evangélicos ou não, fazendo diversos atendimentos pelo celular.

> O aconselhamento espiritual por telefone faz parte da rotina do casal: "A gente ajuda as pessoas e já mostra para quem é 'do mundo' o caminho da salvação do Senhor", diz Saulo. A maior parte são ligações recebidas, mas, dependendo da gravidade do caso, ambos fazem chamadas do celular: "Quando é de outra operadora, por amor a Deus a gente liga". Edinéia está sempre com dois celulares e duas baterias, pois não pode ficar incomunicável ("tinha três celulares, um agora eu dei para minha filha"); o marido, também. Ambos recebem várias ligações por dia de pessoas pedindo orações e ajuda. (Silva, 2015, p. 117)

Silva (2015) apresenta uma série de relatos sobre como os evangélicos daquela comunidade utilizam o celular para difundir suas doutrinas e práticas, e também para conquistar mais fiéis. Ela menciona, ainda, o ensino do uso adequado dessa tecnologia, da ética e da moral, pregados pelo pastor. Os celulares são também veículos para difusão dos hinos e das músicas populares da religião, o que também influencia os jovens a se interessarem por músicas evangélicas em detrimento de outra consideradas inadequadas e "do mundo".

A autora realizou a pesquisa em outro grupo da mesma comunidade, adeptos de religiões afro-brasileiras. Nesses grupos, o celular também tem papel importante, porém, diferentemente do que ocorre com os evangélicos, os aparelhos não são bem-vindos durante as práticas nos terreiros, pois, segundo relatos de pais e mães de santo, os orixás, pretos velhos e outras entidades, na maioria das vezes, não aprovam seu uso. Muitos umbandistas e candomblecistas também atribuem a seus santos a possibilidade de adquirir seus aparelhos ou de trocá-los por outros mais modernos (Silva, 2015).

Um uso do celular bastante comum e visto como positivo por esses grupos diz respeito às mensagens por SMS e *bluetooth*, o que permite compartilhamento de pontos (cantos de rituais) novos, fotos de entidades ou ainda fotos de companheiros "virados" (incorporados) – como eles se referem aos praticantes quando recebem espiritualmente uma entidade, desde que a entidade tenha dado permissão para isso. Conhecer muitos pontos confere, a grupos e membros da religião, *status* e valor. Então, o celular acaba por se tornar um poderoso aliado. Um pai de santo mencionou que não aprova as filmagens de sessões e publicações no YouTube, por exemplo, considerando que quem assiste aos vídeos não tem o entendimento necessário acerca dessas práticas. Outra importante constatação é a do uso de imagens dos santos como papel de parede nas telas dos celulares. Isso desperta nos filhos de religião a sensação de proteção, como se carregassem consigo a própria entidade ou um amuleto.

Tendo em vista as considerações apresentadas pela pesquisa, é possível compreender a grande influência que os aparelhos celulares exercem sobre uma comunidade. Isso demonstra uma mudança na cultura e na identidade das pessoas e de seus grupos, que, por meio desse recurso, tornam suas participações mais efetivas. Silva (2015), por fim, conclui que a vivência religiosa das comunidades afeta e é afetada pelo uso dos celulares nas redes sociais; que a apropriação dos celulares por evangélicos, umbandistas e candomblecistas é culturalmente significativa e interfere objetivamente em suas crenças e em seus valores religiosos; que tantos os membros da Assembleia de Deus quanto os praticantes das religiões afro-brasileiras ressignificam o uso dos *smartphones* nas práticas religiosas do dia a dia e em seus discursos de fé, observando os preceitos e as normas de cada crença, conferindo ao consumo da tecnologia um sentido religioso.

EXERCÍCIO RESOLVIDO

A tecnologia está presente em todos os segmentos da sociedade. Seu uso, cada vez mais popular e democrático, possibilita soluções criativas inimagináveis. Quando se analisa a inserção de equipamentos tecnológicos (celular, *smartphone*, computador, *smart TV* etc.) na prática cotidiana dos membros de diversas confissões religiosas, bem como a adoção desses equipamentos pelas próprias instituições religiosas como um "auxiliar doutrinário", é correto afirmar:

A] Não se trata de uma prática incorporada à cultura e à identidade das comunidades religiosas, pois não é possível aliar a tecnologia à espiritualidade, já que aquela não conta com elementos sagrados.

B] Em virtude da crise econômica, é muito difícil para as pessoas adquirirem algum desses equipamentos; falta dinheiro e, portanto, as instituições se recusam a utilizá-los.

C] Cada vez mais, as instituições religiosas fazem uso da tecnologia para alcançar mais fiéis, que ressignificam seu uso atribuindo-lhe um sentido religioso.

D] Para os religiosos, a tecnologia é um artefato do demônio, não podendo, de modo algum, contribuir para a propagação da fé e da Palavra; por isso, celulares e outros equipamentos são proibidos.

Gabarito: C

***Feedback* do exercício:** O uso da tecnologia está cada vez mais incorporado às práticas religiosas, conectando os fiéis com a espiritualidade. Apesar da crise econômica, os membros de diversas comunidades religiosas conseguem adquirir seus equipamentos e até consideram que essa conquista seja um favor divino. O uso da tecnologia nas religiões é uma realidade irreversível e está presente na identidade cultural e religiosa das comunidades. Os líderes religiosos, há muito tempo, vêm percebendo a necessidade de estarem aliados à tecnologia, pois se trata de um recurso indispensável para a manutenção e a ampliação de suas religiões.

Estamos no século XXI, vivemos a modernidade líquida que Bauman definiu, nossos equipamentos tecnológicos (*smartphones*, *tablets*, computadores, etc.) são parte integrante de nossas vidas. Temos informação ao nosso alcance a qualquer momento e somos bombardeados com conceitos, ideias e tendências. A tecnologia parece conhecer nossos anseios, afinal, a inteligência artificial tem esta função: compreender nossas intenções e fazer com que surjam na tela magicamente.

As religiões estão cientes desses fenômenos e procuram estar alinhadas à atualidade, pois, se não o fizerem, estarão fadadas ao isolamento.

Síntese

- O diálogo inter-religioso é necessário para a compreensão entre as religiões, seus líderes e seus membros.
- O diálogo inter-religioso deve ser pensado sob uma perspectiva de pluralismo inter-religioso e pode transformar as relações entre as religiões e a relação destas com a sociedade.

- À medida em que as religiões dialogam, encontram pontos em comum, como paz, igualdade e justiça, o que possibilita o surgimento de lutas contra-hegemônicas e mudanças sociais.
- A fé no século XXI caracteriza-se pela liquidez, pela mudança constante e pela busca por uma fé que satisfaça desejos individuais. Outra característica é a prática de uma religiosidade sem que se tenha uma religião.
- As religiões precisaram adequar-se aos tempos e inserir-se no mundo midiático. As religiões estão atuando em todas as plataformas digitais.
- Os influenciadores digitais religiosos transformaram-se em ídolos e, hoje, ditam comportamentos e padrões para milhões de seguidores.
- A tecnologia, mais especificamente os *smartphones*, assumiram um papel importante nas comunidades religiosas, atuando como elementos de comunicação e difusão das práticas religiosas.

ESTUDO DE CASO

Texto introdutório

Por meio das ciências das religião, é possível desenvolver pesquisas sobre religiões e suas influências em comunidades ou espaços em que existam práticas religiosas, bem como entender os papéis e os significados exercidos pelas religiões sobre grupos, pessoas, entidades e organizações.

Texto do caso

Uma ONG que trabalha para minimizar os efeitos da violência e da pobreza em comunidades socialmente vulneráveis contratou Lúcia, uma profissional de ciências da religião, para elaborar um estudo sobre os conflitos religiosos existentes entre os habitantes de determinada comunidade, e solicitou a essa profissional que, com base na pesquisa, elaborasse um projeto de intervenção comunitária para redimensionar as relações e dirimir os conflitos existentes. Lúcia realizou uma pesquisa de campo, entrevistando os moradores e utilizando um aplicativo de mensagens instantâneas, por meio do qual, voluntariamente, os moradores se inseriam no grupo para responder às perguntas sobre as relações entre eles e suas religiões. Foi apurado que, na comunidade, existem templos das seguintes confissões de fé:

- Assembleia de Deus;
- budistas;
- candomblecistas;
- Católica Apostólica Romana;
- Espírita Kardecista;
- Evangelho Quadrangular;
- umbandistas.

Verificou-se que outras denominações têm adeptos, porém não existem núcleos nessa comunidade.

Na comunidade, os maiores conflitos ocorrem entre os adeptos da Igreja Assembleia de Deus e umbandistas, candomblecistas e espíritas.

Os adeptos das religiões do Evangelho Quadrangular e Assembleia de Deus não reconhecem a umbanda, o candomblé e o espiritismo como religiões e, inclusive, atribuem essas práticas ao "demônio".

Os budistas afirmaram que aceitam todas as manifestações e que estão vibrando positivamente para a resolução do conflito.

Os católicos disseram que aceitam todas as religiões, mas não conseguem entender essas práticas.

Houve ainda diversos católicos e espíritas que afirmaram frequentar os terreiros de umbanda e candomblé, e que isso não interferia em sua crença em Deus.

Os conflitos na comunidade chegaram ao ponto de agressões físicas entre os membros das religiões afro-brasileiras e Assembleia de Deus e Quadrangular, bem como depredação mútua dos espaços de culto. Com base nesses dados, Lúcia elaborou o Projeto de Intervenção na Comunidade.

Resolução

O contexto da comunidade em estudo é frequente em muitas comunidades brasileiras, e não só em comunidades em situação de vulnerabilidade social, o que acontece em diversos espaços, como escolas, trabalho etc.

O projeto proposto começou por uma campanha de esclarecimento sobre a histórias dessas religiões com painéis espalhados pelo bairro, entrevistas na rádio comunitária e mensagens enviadas pelas redes sociais. A história de todas as religiões era contada de modo muito visual e de fácil entendimento para todos.

As escolas do bairro também foram envolvidas com atividades de esclarecimento e de reconhecimento dos elementos culturais de cada religião manifestados no dia a dia de todos. Lúcia compareceu a várias atividades, levando o conhecimento que tinha sobre as religiões e colocando-se à disposição para esclarecer pontos mais controversos.

Em um domingo à tarde, em um ponto central do bairro, a ONG organizou uma ação social inter-religiosa, com diversas atrações como: *show* de música godspel, danças e cantos afro-brasileiros, teatro sobre passagens do segundo testamento, degustação de comidas (comidas afro, preparações do budistas, comidas veganas etc.) e a apresentação de um painel com líderes religiosos das religiões em questão, em que todos falaram sobre suas práticas e sobre a importância da união e do respeito às religiões.

A partir de então, outras ações foram geradas, tais como mutirão para recuperar espaços depredados, bate-papos em que os moradores identificavam elementos de todas as religiões presentes em seu cotidiano, como expressões, costumes, alimentos, hábitos e até crendices populares que se originaram em religiões. Os moradores perceberam-se em todas as religiões, como ao dizer: Graças a Deus, ou vestir-se de branco no ano novo, ou ascender incensos em casa. Costumes que originaram em alguma prática religiosa, mas que são realizados por qualquer pessoa.

Todo o desenvolvimento do projeto resultou em um relatório coletivo, que foi sistematizado por Lúcia e, posteriormente, publicado para servir como subsídio para outras comunidades que necessitassem de intervenções semelhantes.

O trabalho de Lúcia foi fundamental para organizar e mediar o conhecimento sobre as religiões, esclarecendo não só aos moradores, mas também às autoridades, a necessidade de adoção de uma postura conciliadora junto aos conflitantes. Outra contribuição esteve na sistematização do relatório, que possibilitou traçar um perfil socioeconômico e cultural dos moradores sob a lente da religião adotada e, assim, demonstrar a essa comunidade sua identidade cultural.

Dica 1

Na resolução do problema apresentado neste estudo de caso, a proposta foi de implantar um projeto social. Veja como se estrutura um projeto social e inspire-se para realizar essa iniciativa em uma das muitas comunidades existentes Brasil afora, colocando seus conhecimentos em prática.

Acesse este guia prático de como elaborar projetos sociais disponível no *link*: <https://blog.risu.com.br/montar-projeto-social/>. Acesso em: 22 set. 2021.

Dica 2

Um curta-metragem instigante e emocionante retrata cinco crianças, como tantas que conhecemos, cada uma com uma religião diferente, cada uma em uma parte do mundo, com crenças, costumes e rituais diversos. Porém, podemos perceber que são muitas as semelhanças entre budismo, judaísmo, cristianismo, hinduísmo e islamismo. Todos celebram o amor!

Filme produzido pela dupla de cineastas The Mercadantes.

O vídeo pode servir como inspiração, mas também ser exibido em um evento que discuta religiões. Assista acessando o *link*: <https://youtu.be/hQRdLtB2mwk>. Acesso em: 22 set. 2021.

Dica 3

Informação é fundamental para realizar qualquer projeto. Não é possível falar de cultura e identidade sem analisar as religiões e a forma como elas são vistas pela sociedade em geral.

Casos de discriminação e intolerância religiosa ainda são frequentes, mesmo que a Constituição Federal, desde 1997, preveja casos de intolerância religiosa como crime sem fiança e que não prescreve. Os movimentos juvenis de base das diversas igrejas e religiões podem ser os agentes dessa transformação, para, no futuro não tão distante, a prática religiosa seja mais pacífica e respeite as diferenças. Por que respeitar a opção religiosa do outro continua sendo um tabu? No vídeo, são entrevistados: Pedro Suares, pedagogo e católico; Marcos Lord, pastor da ICM Rio; e Monique Ossunyoyin, analista de sistemas e candomblecista. Apresentação: Larissa Werneck. Disponível em: <https://youtu.be/sWQm7gbi8Ds>. Acesso em: 22 set. 2021.

BIBLIOGRAFIA COMENTADA

Horizonte – Revista de Estudos de Teologia e Ciências da Religião da PUC Minas.
Trata-se de uma publicação do Programa de Pós-Graduação em Ciências da Religião da Pontifícia Universidade Católica de Minas Gerais (PUC-Minas), classificada como A1 no QUALIS de sua área, ciências da religião e teologia (Plataforma Sucupira – CAPES-Brasil).
A revista *Horizonte* tem publicações de extrema relevância para o tema religiões, cultura e identidade. Muitos artigos utilizados na pesquisa e na elaboração deste livro estão publicados na revista. Até agora, ela conta com 54 edições, reunindo trabalhos científicos que contribuem para o avanço da pesquisa e para a ampliação de conhecimentos sobre ciências da religião e teologia. Disponível em: <http://periodicos.pucminas.br/index.php/horizonte/index>. Acesso em: 22 set. 2021.

VERNANT, J.-P. **Mito e religião na Grécia Antiga.** Tradução de Joana Angelica D'Avila Melo. São Paulo: M. Fontes, 2006.
Para compreender a religião de hoje, precisamos compreender as religiões do passado: a religião grega, a mitologia, os cultos de mistério, uma religião sem igreja e sem clero. A religião grega é uma religião cívica, não há divisão entre vida pública e religiosa. Entenda o Panteão grego, as explicações para os mistérios da vida que os gregos davam por meio de seus deuses. Nessa obra, Vernant, aponta as especificidades da religião grega que podem nos auxiliar a entender as outras religiões e seus processos de formação.

Religião & Sociedade, publicação de Instituto de Estudos da Religião, Rio de Janeiro, RJ.
É uma revista quadrimestral dedicada ao tema da religião em todas as suas possibilidades de relações com a sociedade. Foi criada em 1977, pelo Centro de Estudos da Religião (CER) e pelo Instituto de Estudos da Religião (ISER), o qual atualmente a edita. Nela, são publicados resultados inéditos de pesquisas e de reflexões conceituais e metodológicas, além de resenhas de obras recentes na sua temática.

Na construção desta obra, foram utilizados diversos artigos dessa publicação, todos de grande contribuição científica. A revista está publicada na base SciELO. Disponível em: <https://www.scielo.br/scielo.php?script=sci_serial&pid=0100-8587&lng=pt>. Acesso em: 22 set. 2021.

NOGUEIRA, S. **Intolerância religiosa**. Rio de Janeiro: Pólen, 2020. (Coleção Feminismos Plurais).
Mestre e doutor em Linguística pela Universidade de São Paulo (USP), o babalorixá Sidnei Nogueira apresenta um histórico da intolerância religiosa no Brasil, lembrando de momentos importantes da história da humanidade marcados pela dominação religiosa. Ele levanta a discussão sobre a intolerância religiosa, expressão que trata de atitudes ofensivas a crenças, rituais e práticas religiosas consideradas não hegemônicas.

BAUMAN, Z. **Modernidade líquida**. Tradução de Plínio Dentzien. Rio de Janeiro: Zahar, 2003.
Bauman aborda a transição da modernidade sólida para a modernidade líquida, propondo conceitos e esquemas cognitivos usados para descrever a experiência individual humana e sua história conjunta.

Esse e outros livros de Bauman fomentam uma importante discussão sobre a sociedade moderna e suas transformações, que passam pelo individualismo, pelas relações profissionais, pela vida em comunidade e pela família. Por meio dessa reflexão, é possível analisar as relações humanas que permeiam a história da humanidade.

CONSIDERAÇÕES FINAIS

Estudar religião sem estabelecer conexões com a história e sem entender as diversas interpretações sobre Deus é impossível.

A diversidade religiosa, cultural e identitária está sempre condicionada aos contextos em que se apresentam.

Começamos este estudo com as concepções de religião, seus entendimentos filosóficos, identificando as fases de poder relacionadas à religião no século XIX e observando a importância da discussão sobre religião e suas diversidades, para, dessa forma, compreender a cultura e a identidade de um povo.

Por meio da divisão estrutural dos períodos históricos, traçamos um panorama geral da história das religiões, analisando as correntes sobre suas origens e identificando os fenômenos religiosos e suas influências na cultura e na sociedade.

Esses conhecimentos nos permitiram avançar para, então, identificar e diferenciar conceitos de identidade cultural, de língua e linguagem, de religião e religiosidade, todos eles fundamentais para a compreensão da diversidade em todos os aspectos, como elementos de harmonia e de respeito em uma sociedade igualitária.

Para um melhor entendimento, à luz de diversos autores, trouxemos concepções sobre conceitos de igreja, seita, movimento, crença, costumes e dogmas, bem como a tipologia que classifica as religiões e os movimentos, os quais geram diversas outras denominações religiosas e desenvolvem métodos e dinâmicas para atuações inovadoras na sociedade.

Em seguida, buscamos entendimento para um polêmico conceito: o de fundamentalismo religioso. Reconhecemos o complexo panorama sobre os conflitos religiosos pelo mundo, com seus principais focos de violação de direito à liberdade religiosa e os mecanismos de proteção desse direito. Identificamos também como as identidades das religiões se formam e como interferem nas sociedades em que estão inseridas.

Também reunimos os conhecimentos absorvidos para a identificação de conceitos e aplicações como o diálogo inter-religioso e como as comunidades religiosas o realizam, reconhecemos as manifestações de fé neste século XXI, onde a mídia tecnológica é elemento fundamental, desde o uso do celular e da TV até a participação estelar de blogueiros, vlogueiros representados pelos influenciadores digitais religiosos.

Evidenciamos, em todos os capítulos, a questão da diversidade religiosa e suas influências na cultura e na identidade. O fator respeito e tolerância religiosa permeou nossos estudos, pois consideramos que este é o papel da educação em qualquer instância: gerar conhecimento crítico para a construção de um mundo melhor.

Finalizamos falando sobre a modernidade, sobre os sentimentos líquidos, sobre uma sociedade imediatista em que tudo se dilui muito rapidamente. Mesmo sabendo que essa é uma característica desta época, esperamos que nossas reflexões gerem conceitos sólidos e permanentes, apenas com o viés da busca por atualização para atender a sociedade e, principalmente, o ser humano.

Em alguns momentos deste livro, afirmamos que "conhecimento é poder", sim, mas esse poder só tem sentido se for exercê-lo para fazer o bem. Então, você tem muito poder, pois adquiriu muito conhecimento. Utilize esse poder para transformar as pessoas, as relações, os espaços. Seja um multiplicador do respeito, da tolerância e do acolhimento à liberdade de manifestação religiosa.

REFERÊNCIAS

ABDO, H. Três reflexões para entender o pensamento de Zygmunt Bauman. **Galileu: Revista Digital**, 2017. Disponível em: <https://revistagalileu.globo.com/Sociedade/noticia/2016/12/3-reflexoes-para-entender-o-pensamento-de-zygmunt-bauman.html#:~:text=O%20soci%C3%B3logo%20polon%C3%AAs%20Zygmunt%20Bauman,as%20transforma%C3%A7%C3%B5es%20nas%20rela%C3%A7%C3%B5es%20humanas>. Acesso em: 22 set. 2021.

ACN BRASIL. **Estados Unidos**: Relatório da Liberdade Religiosa (2018). 2018a. Disponível em: <https://www.acn.org.br/estados-unidos/>. Acesso em: 22 set. 2021.

ACN BRASIL. **Brasil**: Relatório da liberdade religiosa (2018). 2018b. Disponível em: <https://www.acn.org.br/brasil/>. Acesso em: 21 set. 2021.

ACN BRASIL. Países com violações significativas da liberdade religiosa. **Relatório da Liberdade Religiosa**, 2018c. Disponível em: <https://www.acn.org.br/relatorio-liberdade-religiosa>. Acesso em: 22 set. 2021.

AGNOLIN, A. **História das religiões na cultura moderna**. São Paulo: Hedra, 2005.

ALVES, J. A. L. Coexistência cultural e "guerras de religião". **Revista Brasileira de Ciências Sociais**, v. 25, n. 72, p. 21-35, fev. 2010. Disponível em: <https://www.scielo.br/pdf/rbcsoc/v25n72/v25n72a03.pdf>. Acesso em: 22 set. 2021.

ALVES, L. M. Evolucionismo cultural: correntes antropológicas do século XIX. **Ensaios e Notas**, 15 dez. 2015. Disponível em: <https://ensaiosenotas.com/2015/12/15/evolucionismo-cultural-correntes-antropologicas-do-seculo-xix/>. Acesso em: 22 set. 2021.

ALVES, L. M. Difusionismo: correntes antropológicas do século XIX. **Ensaios e Notas**, 2016. Disponível em: <https://wp.me/phDzN-qq>. Acesso em: 22 set. 2021.

ANDRADE, P. F. C. de. Sinais dos tempos: Igreja e seitas no Brasil. **Perspectivas teológicas**, Campinas, p. 223-240, 1991. Disponível em: <http://www.faje.edu.br/periodicos/index.php/perspectiva/article/view/1281/1679>. Acesso em: 22 set. 2021.

ARAÚJO, P. C. A denúncia negra da verdade branca sobre a intolerância religiosa no Brasil: Resenha. **Religião e Sociedade**, Rio de Janeiro, v. 40, n. 2, p. 237-240, 8 jul. 2020. Disponível em: <https://www.scielo.br/scielo.php?script=sci_arttext&pid=S0100-85872020000200237>. Acesso em: 22 jul. 2021.

AZEVEDO, C. A. de. A procura do conceito de religio: entre o relegere e o religare. **Religare**, Juiz de Fora, p. 90-96, mar. 2010. Disponível em: <https://periodicos.ufpb.br/ojs2/index.php/religare/article/download/9773/5351/>. Acesso em: 22 set. 2021.

BAGNO, M. **Glossário CEALE**: linguagem. Brasília: UnB, 2020. Disponível em: <http://www.ceale.fae.ufmg.br/app/webroot/glossarioceale/verbetes/linguagem>. Acesso em: 22 set. 2021.

BELLOTTI, K. K. História das religiões: conceitos e debates na era contemporânea. **História: Questões e Debates**, Curitiba, n. 55, p. 13-42, jul./dez. 2011. Disponível em <https://revistas.ufpr.br/historia/article/download/26526/17686>. Acesso em: 22 set. 2021.

BERNARDI, C. J.; CASTILHO, M. A. de. A religiosidade como elemento do desenvolvimento humano. **Interações**, Campo Grande, v. 17, n. 4, p. 745-756, dez. 2016. Disponível em: <https://www.scielo.br/pdf/inter/v17n4/1518-7012-inter-17-04-0745.pdf>. Acesso em: 22 set. 2021.

BEZERRA, K. O. A religião na pré-história. **Cliografia**, Pernambuco, 21 dez. 2012. Disponível em: <http://www.cliografia.com/2012/12/21/a-religiao-na-pre-historia/>. Acesso em: 22 set. 2021.

BÍBLIA. (Antigo Testamento). Deuteronômio. Português. **Biblia On-Line.** Cap. 9, vers. 10. Disponível em: <https://www.bibliaonline.com.br/vc/dt/9>. Acesso em: 22 set. 2021a.

BÍBLIA. (Novo Testamento) Lucas, Atos. Português. **Biblia On-Line.** Cap. 20, vers. 28.Disponível em: <https://www.bibliaonline.com.br/vc/atos/20?b=acf>. Acesso em: 22 set. 2021b.

BÍBLIA. (Novo Testamento) Mateus. Português. **Biblia On-Line.** Cap. 28, vers. 19-20. Disponível em: <https://www.bibliaonline.com.br/acf/mt/28?q=mateus>. Acesso em: 22 set. 2021c.

BRASIL. Constituição (1988). **Diário Oficial da União**, Brasília, DF, 5 out. 1988. Disponível em: <http://www.planalto.gov.br/ccivil_03/constituicao/constituicao.htm>. Acesso em: 22 set. 2021.

BRASIL. Decreto n. 119-A, de 7 de janeiro de 1890. Código de Processo Penal. **Diário Oficial da União**, Poder Executivo, 7 jan. 1809. Disponível em: <http://www.planalto.gov.br/ccivil_03/decreto/1851-1899/D119-A.htm>. Acesso em: 22 set. de 2020.

BRASIL. Decreto n. 592, de 6 de julho de 1992. Código de Processo Penal. **Diário Oficial da União**, Poder Executivo, 6 jul. 1992. Disponível em: <http://www.planalto.gov.br/ccivil_03/decreto/1990-1994/d0592.htm>. Acesso em: 22 set. 2021.

CASA DA RECONCILIAÇÃO **Diálogo inter-religioso.** Disponível em: <http://casadareconciliacao.com.br/dialogo-inter-religioso/>. Acesso em: 22 set. 2021.

CASTILHO, A. T. de. O que se entende por língua e linguagem? **Museu da Língua Portuguesa**, São Paulo, p. 1-6, 2017. Disponível em: <http://museudalinguaportuguesa.org.br/wp-content/uploads/2017/09/O-que-se-entende-por-li%CC%81ngua-e-linguagem.pdf>. Acesso em: 22 set. 2021.

CASTRO, C. **Evolucionismo cultural**: textos de Morgan, Tylor e Frazer. São Paulo. Jorge Zahar Editor, 2005.

CATANA, T. O.; AMARAL, S. T. Liberdade religiosa é um direito absoluto que deve ser mantido. **Consultor Jurídico**, 2006. Disponível em: <https://www.

conjur.com.br/2006-out-21/liberdade_religiosa_mantida_todo_custo>. Acesso em: 22 set. 2021.

CATECISMO da Igreja Católica: a profissão de fé. In: **A Igreja no desígnio de Deus**: os nomes e as imagens da Igreja. 2021. Cap. 3, p. 751-752. Disponível em: <http://www.vatican.va/archive/cathechism_po/index_new/p1s2cap3_683-1065_po.html>. Acesso em: 22 set. 2021.

CEERT – Centro de Estudos das Relações de Trabalho e Desigualdades. **Liberdade Religiosa**: a proteção da fé: direitos e prerrogativas das religiões afro-brasileiras. 2011. Disponível em: <https://ceert.org.br/publicacoes/direito/24/liberdade-religiosa—a-protecao-da-fe?gclid=CjwKCAjwtNf6 BRAwEiwAkt6UQsigA3ga-zHowT4Qrfz8BokXzSozO1BF1ufUcOFVWVy1 YkX1HvN2bBoC1NEQAvD_BwE>. Acesso em: 22 set. 2021.

CENTRO RAMAKRISHNA VEDANTA. A história do hinduísmo. **Vedanta Sociedade**, Curitiba, p. 2-4, 2013. Disponível em: <https://www.vedantacuritiba.org.br/txt/sintese_hinduismo.pdf>. Acesso em: 22 set. 2021.

CERTEAU, M. de. **A invenção do cotidiano**. Tradução de Ephraim Ferreira Alves. 5. ed. Petrópolis: Vozes, 1994. v. 1: Artes de fazer.

COMISSÃO DE DIREITOS HUMANOS E MINORIAS. **Declaração sobre a Eliminação de Todas as Formas de Intolerância e Discriminação Fundadas na Religião ou nas Convicções**. 1981. Disponível em: <https://www.camara.leg.br/Internet/comissao/index/perm/cdh/Tratados_e_Convencoes/Discrimina%C3%A7ao-Racismo/decl_elimin_formas_intoler.htm>. Acesso em: 22 set. 2021.

COELHO, I. L. et al. **Sociolinguística**. Florianópolis: UFSC, 2012. Disponível em: <https://ppglin.posgrad.ufsc.br/files/2013/04/Sociolingu%C3%ADstica_UFSC.pdf>. Acesso em: 22 set. 2021.

CONCÍLIO DE TRENTO. Montfort Associação Cultural. Disponível em: <http://www.montfort.org.br/bra/documentos/concilios/trento/#sessao3>. Acesso em: 22 set. 2021.

CRENÇA. **Editorial Conceitos**. São Paulo, 2016. Disponível em: <https://conceitos.com/crenca/>. Acesso em: 22 set. 2021.

CRUZ, S. M. da. **Suméria, uma história longínqua**. Disponível em: <https://meuartigo.brasilescola.uol.com.br/historia-geral/sumeria-uma-historia-longinqua.htm>. Acesso em: 10 out. 2021.

CULTO. In: **DICIO – Dicionário Online de Português**. Disponível em: <https://www.dicio.com.br/culto/>. Acesso em: 22 set. 2021.

DA REDAÇÃO. 5,1 bilhão de pessoas têm celular no planeta, sendo 204 milhões no Brasil. **Veja**, 8 set. 2019. Disponível em: <https://veja.abril.com.br/economia/51-bilhao-de-pessoas-tem-celular-no-planeta-sendo-204-milhoes-no-brasil/#:~:text=Em%20todo%20o%20planeta%2C%205,a%2067%25%20da%20popula%C3%A7%C3%A3o%20mundial>. Acesso em: 22 set. 2021.

DAMIÃO, V. **História das religiões**. Rio de Janeiro: CPAD, 2003.

DOGMATISMO. **Editorial Conceitos**. São Paulo, 2015. Disponível em: <https://conceitos.com/dogmatismo/>. Acesso em: 22 set. 2021.

DOUTRINA. In: **Significados**, 24 jul. 2014. Disponível em: <https://www.significados.com.br/?s=doutrina>. Acesso em: 22 set. 2021.

DURKHEIM, E. **As formas elementares da vida religiosa**. São Paulo: Paulus, 2001.

EAGLETON, K. **O culto cristão**. Escola Teológica Batista Livre, Campinas, p. 1-24, 2013. Disponível em: <https://docplayer.com.br/9810521-O-culto-cristao-pr-kenneth-eagleton-escola-teologica-batista-livre-etbl-campinas-sp.html>. Acesso em: 22 set. 2021.

EDUCABRAS. **A religião**. 2020. Disponível em: <https://www.educabras.com/vestibular/materia/sociologia/aulas/a_religiao#:~:text=O%20soci%C3%B3logo%20%C3%89mile%20Durkheim%20definiu,une%20uma%20comunidade%20de%20religiosos.&text=O%20soci%C3%B3logo%20Max%20Weber%20enxergava,apoio%20a%20outras%20institui%C3%A7%C3%B5es%20sociais>. Acesso em: 22 set. 2021.

ECUMENISMO. In: **DICIO – Dicionário Online de Português**. Disponível em: <https://www.dicio.com.br/ecumenismo/>. Acesso em: 22 set. 2021a.

ECUMENISMO. In: **Significados**. Disponível em: <https://www.significados.com.br/ecumenismo/>. Acesso em: 22 set. 2021b.

FERREIRA, I. de V. A religião como necessidade social. **Revista Cogitationes**, Juiz de Fora, v. III, n. 7, 2012. Disponível em: <http://www.educadores.diaadia.pr.gov.br/arquivos/File/abril2013/ensreligioso_artigos/religiao_necessidade_ferreira.pdf#:~:text=Assim%2C%20independente%20de%20institui%C3%A7%C3%B5es%20ou,dando%20respostas%2C%20mas%20tamb%C3%A9m%20interpelando>. Acesso em: 22 set. 2021.

FERREIRA, T. T. G. M. Liberdade religiosa e o combate à intolerância. **Conteúdo Jurídico**, Brasília, 6 jun. 2017. Disponível em: <https://conteudojuridico.com.br/consulta/Artigos/50226/liberdade-religiosa-e-o-combate-a-intolerancia>. Acesso em: 22 set. 2021.

FURTADO, C. M. N. M. et al. Língua–Sociedade–Cultura: uma relação indissociável. **Principia**, João Pessoa, n. 14, p. 92-96, dez. 2006. Disponível em: <http://periodicos.ifpb.edu.br/index.php/principia/article/download/282/239>. Acesso em: 22 set. 2021.

GIRARDI, C. Os desafios da Escola Pública Paranaense na perspectiva do professor. **Cadernos PDE**, Paraná, 2016. Disponível em: <http://www.diaadiaeducacao.pr.gov.br/portals/cadernospde/pdebusca/producoes_pde/2016/2016_pdp_geo_unioeste_claudetegirardidepruencia.pdf>. Acesso em: 22 set. 2021.

HAAS, F. Concepção de religião, segundo Emile Durkheim. **Dom Total**, 2019. Disponível em: <https://domtotal.com/direito/pagina/detalhe/23867/concepcao-de-religiao-segundo-emile-durkheim>. Acesso em: 22 set. 2021.

HALL, S. **A centralidade da cultura**: notas sobre as revoluções culturais do nosso tempo. Porto Alegre: Educação & Realidade, 1997.

HALL, S. **A questão da identidade cultural**. Campinas-SP: Unicamp, 1998.

HUNT, L. **Nova história cultural**. São Paulo: M. Fontes, 1995.

IHU – Instituto Humanitas Unisinos. Pluralismo religioso: entre a diversidade e a liberdade. Entrevista especial com Wagner Lopes Sanchez. **Revista IHU**, 2010. Disponível em: <http://www.ihu.unisinos.br/entrevistas/34166-pluralismo-religioso-entre-a-diversidade-e-a-liberdade-entrevista-especial-com-wagner-lopes-sanchez>. Acesso em: 22 set. 2021.

JAGUN, M. de. **Intolerância religiosa**: negligências seculares e providências emergenciais. Intolerância religiosa no Brasil – relatório e balanço, p. 52-56, fev. 2018. Disponível em: <https://www.geledes.org.br/wp-content/uploads/2018/08/relatorio-final-port-2.pdf>. Acesso em: 22 set. 2021.

KADLUBITSKI, L.; JUNQUEIRA, S. Cultura e diversidade religiosa: diálogo necessário em busca da fraternidade universal. **Interações**, Uberlândia, v. 5, n. 8, p. 123-139, dez. 2010. Disponível em: <http://periodicos.pucminas.br/index.php/interacoes/article/view/6444/5898>. Acesso em: 22 set. 2021.

KARNAL, L. Fé líquida. **Café Filosófico**, 2018. Disponível em: <https://youtu.be/YnQ1LAFJ3-4>. Acesso em: 22 set. 2021.

KARNAL, L. Confrontos religiosos e fundamentalismos. **Café Filosófico**, 2009. Disponível em: <https://youtu.be/dscsUHkfyWE>. Acesso em: 22 set. 2021.

KOSLOWSKI, A.; SANTOS, V. Revisão do conceito de "ateísmo" na literatura contemporânea. **Sapere Aude,** Belo Horizonte, v. 7. n. 14. p. 810-826. 2016. Disponível em: <http://periodicos.pucminas.br/index.php/SapereAude/article/view/P.2177-6342.2016v7n14p810/10822>. Acesso em: 22 set. 2021.

KROMBAUR, S.; SOARES, A. Preconceito linguístico e a identidade social. **Cadernos PDE**: Os desafios da escola pública paranaense, Paraná, v. 1, p. 1-12, 2016. Disponível em: <http://www.diaadiaeducacao.pr.gov.br/portals/cadernospde/pdebusca/producoes_pde/2016/2016_artigo_port_unioeste_silvanakrombaur.pdf>. Acesso em: 22 set. 2021.

LIBERAL, M. M. C. de. **Religião, identidade e sentido de pertencimento**. VIII Congresso Luso-Afro-Brasileiro de Ciências Sociais: A questão do novo milênio. Coimbra, Portugal, 1-18, set. 2004. Disponível em: <https://www.ces.uc.pt/lab2004/pdfs/MarciadeLiberal.pdf>. Acesso em: 22 set. 2021.

LÍNGUISTICA. In: AULETE, C. **Dicionário da Língua Portuguesa**. Porto Alegre: L&PM, 2007.

LOIACONO, M. O que é a Igreja Ortodoxa? **Revista USP**, São Paulo, n. 67, p. 116-131, 2005. Disponível em: <https://core.ac.uk/download/pdf/268320322.pdf>. Acesso em: 22 set. 2021.

MACHADO, C. Introdução ao dossiê Religião e Mídia. **Religião e Sociedade**, Rio de Janeiro, n. 34. v. 2 p. 139-145, 2014. Disponível em: <https://www.scielo.br/pdf/rs/v34n2/0100-8587-rs-34-02-0139.pdf>. Acesso em: 22 set. 2021.

MARIMON, M. Feminismo e religião: Católicas pelo Direito de Decidir. **Cidadão Cultura**, 2017. Disponível em <https://www.cidadaocultura.com.br/feminismo-e-religiao-catolicas-pelo-direito-de-decidir-2/>. Acesso em: 22 set. 2021.

MARTINS, E. Novos movimentos religiosos: duas questões. **Teologia e Espiritualidade**, Curitiba, v. 4. n. 8. p. 7-16. 2017. Disponível em: <https://faculdadecristadecuritiba.com.br/storage/2018/11/Numero-8-Dezembro-2017-Art1.pdf>. Acesso em: 22 set. 2021.

MASSENZIO, M. **A história das religiões na cultura moderna**. São Paulo: Hedra, 2005.

MATHEWS, G. **Cultura global e identidade individual**. Bauru: EDUSC, 2002.

MENEZES, P. et al. **Alta Idade Média e Baixa Idade Média**. 2020. Disponível em: <https://www.diferenca.com/alta-e-baixa-idade-media/>. Acesso em: 22 set. 2021.

MENEZES, T. Z. B. Zygmunt Bauman: pensamentos profundos num mundo líquido. **Superinteressante**, 30 out. 2019. Disponível em: <https://super.abril.com.br/cultura/zygmunt-bauman-pensamentos-profundos-num-mundo-liquido/>. Acesso em: 22 set. 2021.

MINISTÉRIO DA MULHER, FAMILIA E DIREITOS HUMANOS. **Ministério celebra o dia nacional da religião e dia nacional de combate à intolerância religiosa**. Brasília, 2020. Disponível em: <https://www.gov.br/mdh/pt-br/assuntos/noticias/2020-2/janeiro/ministerio-celebra-o-dia-mundial-da-religiao-e-dia-nacional-de-combate-a-intolerancia-religiosa>. Acesso em: 22 set. 2021.

MINISTÉRIO DA MULHER, FAMILIA E DIREITOS HUMANOS. **Balanço geral 2011 ao 1º semestre de 2019: discriminação religiosa**. Brasília, 2019. Disponível em: <https://www.gov.br/mdh/pt-br/acesso-a-informacao/ouvidoria/balanco-disque-100>. Acesso em: 22 set. 2021.

MONTEIRO, R. B. As reformas religiosas na Europa moderna: notas para um debate historiográfico. **Varia História**, Belo Horizonte, v. 23, n. 37, p. 130-150, 2007. Disponível em: <https://www.scielo.br/scielo.php?script=sci_arttext&pid=S0104-87752007000100008&lang=pt>. Acesso em: 22 set. 2021.

MOREIRA, A. da S. O futuro da religião no mundo globalizado: painel de um debate. In: MOREIRA, A. da S.; OLIVEIRA, I. D. (Org.). **O futuro da religião na sociedade global**: uma perspectiva multicultural. São Paulo/Goiânia: Paulinas/UCG, 2008. p. 17-35.

NASCIMENTO, L. A religião como fenômeno cultural à luz da Constituição Federal de 1988. **Meritum**, Belo Horizonte, v. 13, n. 2 p. 394-419, 2018. Disponível em: <http://www.fumec.br/revistas/meritum/article/download/6391/pdf>. Acesso em: 22 set. 2021.

NOGUEIRA, S. **Intolerância religiosa**. Rio de Janeiro: Pólen, 2020. (Coleção Feminismos Plurais).

OLIVEIRA, W. V. de et al. Intolerância étnica e racial: o pensamento eugenista no brasil e o ideal de "purificação" das raças. **Mobilizadores.org**, Brasil, p. 1-12, jul. 2015.

ONU – Organização das Nações Unidas. **Declaração sobre Eliminação de Todas as Formas de Intolerância e Discriminação Fundadas na Religião ou nas Convicções**. 25 nov. 1981. Disponível em: <https://www.camara.leg.br/Internet/comissao/index/perm/cdh/Tratados_e_Convencoes/Discrimina%C3%A7ao-Racismo/decl_elimin_formas_intoler.htm>. Acesso em: 22 set. 2021.

ONU – Organização das Nações Unidas. **Declaração Universal dos Direitos Humanos**. 10 dez. 1948. Disponível em: <https://declaracao1948.com.br/declaracao-universal/declaracao-direitos-humanos/>. Acesso em: 22 set. 2021.

PACE, E. et al. A religião como comunicação na era digital. **Civitas**, Porto Alegre, v. 12, n. 3, p. 418-438, 2012. Disponível em: <https://revistaseletronicas.pucrs.br/ojs/index.php/civitas/article/view/13008>. Acesso em: 22 set. 2021.

PAIVA, G. J. de. Identidade e pluralismo: identidade religiosa em adeptos brasileiros de novas religiões japonesas. **Psicologia: Teoria e Pesquisa**, São Paulo, p. 21-29. 2004. Disponível em: <https://www.scielo.br/pdf/ptp/v20n1/a04v20n1.pdf>. Acesso em: 22 set. 2021.

PALLARES-BURKE, M. L. G. Entrevista com Zigmunt Bauman. **Tempo Social**, São Paulo: USP, p. 301-325, 2004. Disponível em: <https://www.scielo.br/pdf/ts/v16n1/v16n1a15.pdf>. Acesso em: 22 set. 2021.

PATRIOTA, K. R. M. P. A aliança entre a religião e a mídia. **Tempo e Presença Digital: Mídia Sacralizada e Religião Secularizada**, Brasil, ano 4, n. 15, 2009. Disponível em: <http://www.koinonia.org.br/tpdigital/detalhes.asp?cod_artigo=302&cod_boletim=16&tipo=Artigo>. Acesso em: 22 set. 2021.

PENA, R. F. A. O conflito entre Israel e Palestina. **Mundo Educação**. Disponível em: <https://mundoeducacao.uol.com.br/geografia/o-conflito-entre-israel-palestina.htm#:~:text=Com%20a%20rea%C3%A7%C3%A3o%20dos%20pa%C3%ADses,da%20Jord%C3%A2nia%20e%20a%20Cisjord%C3%A2nia>. Acesso em: 22 set. 2021.

PGMF PRESS GLOBAL. Brasileiro está no topo da lista dos maiores canais cristãos do YouTube mundial. **Estado de Minas**, MG, 25 set. 2020. Disponível em: <https://www.em.com.br/app/noticia/economia/mf-press/2020/05/25/mf_press_economia_economia,1150551/brasileiro-esta-no-topo-da-lista-dos-maiores-canais-cristaos-do-youtub.shtml>. Acesso em: 22 set. 2021.

PORFÍRIO, F. Xenofobia. **Mundo Educação**. Disponível em: <https://mundoeducacao.uol.com.br/sociologia/xenofobia.htm>. Acesso em: 22 set. 2021.

PORTAL APRENDIZ. **Terreiros são alvo de intolerância religiosa e racismo no Brasil**. 17 jul. 2019. Disponível em: <https://portal.aprendiz.uol.com.br/2019/07/17/terreiros-sao-alvo-de-intolerancia-religiosa-e-racismo-brasil/>. Acesso em: 22 set. 2021.

PORTAL LUTERANOS. **Guia Nossa Fé – Nossa Vida**: Culto. Disponível em: <https://www.luteranos.com.br/conteudo/culto-e-liturgia>. Acesso em: 22 set. 2021.

PORTAL SÃO FRANCISCO. **Pentecostalismo**. Disponível em: <https://www.portalsaofrancisco.com.br/historia-geral/pentecostalismo>. Acesso em: 22 set. 2021.

PRATES, L. Monoteísmo cristão: aproximação teológica. **Revista de Cultura Teológica**, p. 47-67, 2008. Disponível em: <https://revistas.pucsp.br/culturateo/article/view/15503/11582>. Acesso em: 22 set. 2021.

PIERCE, R. F. Y. **Pictured Truth**. Ada, Michigan: Revell Co., 1985.

RAMOS, E. M. B. et al. Liberdade religiosa como direito fundamental: uma análise inicial. **Revista do Curso de Direito**, São Luís, ano III, n. 6, p. 161-185, 2013. Disponível em: <http://www.periodicoseletronicos.ufma.br/index.php/rcursodedireito/article/view/5246>. Acesso em: 22 set. 2021.

RECK, V. **Pluralismo religioso**: diálogo e alteridade no ensino religioso. 86 f. 2009. Dissertação (Mestrado em Teologia) – Pontifícia Universidade do Rio Grande do Sul, Porto Alegre, 2009. Disponível em: <https://repositorio.pucrs.br/dspace/bitstream/10923/5288/1/000413563-Texto%2BCompleto-0.pdf>. Acesso em: 22 set. 2021.

REPORTERES SEM FRONTEIRAS. Participação religiosa na mídia brasileira. **MOM Brasil**, 2017. Disponível em: <https://brazil.mom-rsf.org/br/destaques/participacao-religiosa-na-midia/>. Acesso em: 22 set. 2021.

RIBEIRO, C. de O. Movimentos inter-religiosos no Brasil e globalização contra-hegemônica. **Reflexão**, Campinas, v. 43, n. 2, 2018. Disponível em: < https://www.redalyc.org/journal/5765/576567053007/html/>. Acesso em: 22 set. 2021.

RITO. In: **Significados**. Disponível em: <https://www.significados.com.br/?s=rito>. Acesso em: 22 set. 2021.

ROSA, F. D. Edward Tylor e a extraordinária evolução religiosa da humanidade. **Cadernos de Campo**, São Paulo, 1991, v. 19, n. 19, p. 297-308, 30 mar. 2010. Disponível em: <https://www.cesadufs.com.br/ORBI/public/uploadCatalago/09591208102012Historia_Medieval_II_Aula_02.pdf>. Acesso em: 22 set. 2021.

ROSENBERG, Marshall B. **Comunicação não violenta: técnicas para aprimorar relacionamentos pessoais e profissionais**. 4. ed. São Paulo: Ágora, 2006.

SAGRADO. In: **Léxico**: Dicionário de Português On-line (Brasil). Disponível em: <https://www.lexico.pt/sagrado/>. Acesso em: 22 set. 2021.

SANTAHELENA, R. **Sapiens e a revolução cognitiva**: a incrível capacidade humana de criar realidades imaginadas. 7 out. 2017. Disponível em: <https://medium.com/@raulsantahelena/sapiens-e-a-revolu%C3%A7%C3%A3o-cognitiva-ce2f804af4b8>. Acesso em: 22 set. 2021.

SANTOS, L. dos. As identidades culturais: proposições conceituais e teóricas. **Revista Rascunhos Culturais**, Coxim/MS, v. 2, n. 4, p. 141-147, 2011a. Disponível em: <http://revistarascunhos.sites.ufms.br/files/2012/06/Rascunhos-Culturais-V2-N4.pdf>. Acesso em: 22 set. 2021.

SANTOS, M. Pragmática: uma proposta de ensino de língua estrangeira 1 M. **Revista Desempenho**, Brasil, v. 12, n. 1, p. 133-167, 2011b. Disponível em: <https://periodicos.unb.br/index.php/rd/article/download/9456/8354/>. Acesso em: 22 set. 2021.

SANTOS et al. **As Cruzadas**. História Medieval II. 2020. Disponível em: <https://www.cesadufs.com.br/ORBI/public/uploadCatalago/09591208102012Historia_Medieval_II_Aula_02.pdf>. Acesso em: 22 set. 2021.

SHAFTIEL, A. A. **Mitologia assírio-babilônica**. 2020. Disponível em: <https://docero.com.br/doc/nsns8s0>. Acesso em: 22 set. 2021.

SEITA. In: **DICIO – Dicionário Online de Português**. Disponível em: <https://www.dicio.com.br/seita/>. Acesso em: 22 set. 2021.

SILVA, A. Igreja do evangelho quadrangular. **InfoEscola**, 2020. Disponível em: <https://www.infoescola.com/religiao/igreja-do-evangelho-quadrangular-ieq/>. Acesso em: 22 set. 2021.

SILVA, D. N. O que é Estado Islâmico? **Brasil Escola**. Disponível em: <https://brasilescola.uol.com.br/o-que-e/historia/o-que-e-estado-islamico.htm>. Acesso em: 22 set. 2021.

SILVA, D. N. Religião Viking. **Brasil Escola**, 2020. Disponível em: <https://brasilescola.uol.com.br/historiag/religiao-viking.htm>. Acesso em: 22 set. 2021.

SILVA, E. M. da. Religião, diversidade e valores culturais: conceitos teóricos e a educação para a cidadania. **Rever: Revista de Estudos de Religião**, São Paulo, p. 1-14, 2014. Disponível em: <http://www.educadores.diaadia.pr.gov.br/arquivos/File/2010/artigos_teses/ENSINORELIGIOSO/artigos1/religiao_diversidade.pdf>. Acesso em: 22 set. 2021.

SILVA, J. B. da; SILVA, L. B. da. Relação entre religião, espiritualidade e sentido da vida. **Logos & Existência**: Revista da Associação Brasileira de Logoterapia e Análise Existencial, Brasil, n. 3, p. 203-215, mar. 2014. Disponível em: <https://periodicos.ufpb.br/ojs2/index.php/le/article/view/22107>. Acesso em: 22 set. 2021.

SILVA, J. As raízes das religiões afro. **SuperInteressante**, 2019. Disponível em: <https://super.abril.com.br/historia/as-raizes-das-religioes-afro/#:~:text=N%C3%A3o%20%C3%A9%20vi%C3%A1vel%20precisar%20o,quando%20uma%20religi%C3%A3o%20africana%20come%C3%A7ou>. Acesso em: 22 set. 2021.

SILVA, J. C. L. e. Religião, gênero e ciberespaço: relações moldadas pela modernidade. **Caderno Espaço Feminino**, Uberlândia, v. 29, n. 4, p. 43-61, 2016. Disponível em: <http://www.seer.ufu.br/index.php/neguem/article/view/35984>. Acesso em: 22 set. 2021.

SILVA, S. R. da. A religião dos celulares: consumo de tecnologia como expressão de fé entre evangélicos e umbandistas. **Comunicação, Mídia, Consumo**, São Paulo, v. 12, n. 35, p. 110-128, 2015. Disponível em: <http://revistacmc.espm.br/index.php/revistacmc/article/download/1048/503>. Acesso em: 22 set. 2021.

SILVESTRE, A. A. Concílio de Trento. **InfoEscola**, 2020. Disponível em: <https://www.infoescola.com/historia/concilio-de-trento/>. Acesso em: 22 set. 2021.

SILVESTRE, A. A. Politeísmo. **InfoEscola**. Disponível em: <https://www.infoescola.com/religiao/politeismo/>. Acesso em: 22 set. 2021.

SOARES, V. O que você precisa saber sobre a música gospel. **Palco Digital**, 2019. Disponível em: <https://opalcodigital.com.br/site/o-que-voce-precisa-saber-sobre-a-musica-gospel/>. Acesso em: 22 set. 2021.

SOUSA, R. A Reforma Luterana. **Mundo Educação**, 2020. Disponível em: <https://mundoeducacao.uol.com.br/historiageral/reforma-luterana.htm>. Acesso em: 22 set. 2021.

SOUZA, C. R. P.; PEREIRA, L. da S. **Influenciadores digitais religiosos**: Modus vivendi na sociedade em midiatização. XV ENECULT: Encontro multidisciplinar de cultura, Salvador, p. 1-15, 2019. Disponível em: <http://www.xvenecult.ufba.br/modulos/submissao/Upload-484/112036.pdf>. Acesso em: 22 set. 2021.

SPICA, M. A. Pluralidade e diálogo inter-religioso: possibilidades e limites das atuais abordagens pluralistas. **Trans/Form/Ação**, Marília, v. 41, n. 4, p. 135-154, 2018. Disponível em: <https://www.scielo.br/pdf/trans/v41n4/0101-3173-trans-41-04-0135.pdf>. Acesso em: 22 set. 2021.

STOLOW, J. Religião e mídia: notas sobre pesquisas e direções futuras para um estudo interdisciplinar. **Revista, Religião e Sociedade**, Rio de Janeiro, n. 34. v. 2, p. 146-60, 2014. Disponível em: <https://www.scielo.br/pdf/rs/v34n2/0100-8587-rs-34-02-0146.pdf>. Acesso em: 22 set. 2021.

TEIXEIRA, F. John Hick e o pluralismo religioso. **Revista IHU on-line**, 13 fev. 2012. Disponível em: <http://www.ihu.unisinos.br/noticias/506496-john-hickeopluralismo-religioso>. Acesso em: 22 set. 2021.

UNESCO – Organização das Nações Unidas para a Educação, a Ciência e a Cultura. **Declaração de Princípios sobre a Tolerância**, 16 nov. 1995. Disponível em: <http://www.dhnet.org.br/direitos/sip/onu/paz/dec95.htm>. Acesso em: 22 set. 2021.

VEIGA, A. C. da. Tecnologia e espiritualidade: a arte religiosa na era virtual. **Revista Histórica**, São Paulo, n. 24, ed. 3, p. 2-25, 2007. Disponível em: <http://www.arquivoestado.sp.gov.br/site/assets/publicacao/anexo/historica24.pdf>. Acesso em: 22 set. 2021.

VERNANT, J.-P. **Mito e religião na Grécia Antiga**. São Paulo: M. Fontes, 2006.

WILSON, B. R. Tolerância religiosa e diversidade religiosa. **Scientology**, Inglaterra, 1995. Disponível em: <https://www.scientologyreligion.pt/religious-expertises/religious-toleration/toleration-in-the-christian-tradition.html>. Acesso em: 22 set. 2021.

XR, M. V. **Religião**: em busca da transcendência. 2003. Disponível em: <http://www.xr.pro.br/religiao.html>. Acesso em: 22 set. 2021.

SOBRE OS AUTORES

Tania Maria Sanches Minsky é coordenadora pedagógica e professora de Literatura, Comunicação e Metodologia. Tem pós-graduação em Educação para o Profissional do Futuro pela Faculdade SENAI/SC e é graduada em Letras pela Universidade da Região da Campanha – RS. Atua como docente há muitos anos em todas as modalidades de ensino, desde o fundamental até a pós-graduação. Criou e ministrou diversos cursos na área de Comunicação Empresarial. É docente de Metodologia e Técnicas de Pesquisa no Instituto Ibem de Pós-Graduação. Recentemente, coordenou o Curso de User eXperience Design na Faculdade SENAI Florianópolis. É sócia-consultora na Pyuva – Inovando Educação (consultoria para educação inovadora).

Pablo Rodrigo Ferreira é mestre em Turismo e Hotelaria pela Universidade do Vale do Itajaí (Univali, 2005), com licenciatura em História pela Universidade de Franca (2015). Tem bacharelado em Teologia pela Universidade Presbiteriana Mackenzie (2014) e bacharelado em Turismo pela Universidade Estadual do Oeste do Paraná (Unioeste, 2002)

Os papéis utilizados neste livro, certificados por instituições ambientais competentes, são recicláveis, provenientes de fontes renováveis e, portanto, um meio responsável e natural de informação e conhecimento.

FSC
www.fsc.org
MISTO
Papel | Apoiando
o manejo florestal
responsável
FSC® C103535

Impressão: Reproset